TODO SOBRE TU PERRO

Hovawart, rubio

Bullterrier, blanco con señales negras

Bobtail, de dos años

Afganos, negro plata y crema

Gran caniche (o caniche real), blanco

Pointer, blanco y negro

Bóxer, rojo guinda y blanco con las orejas cortadas

Jóvenes cachorros dorados de Retriever, de ocho semanas

San Bernardo, de pelo corto

Kromfohrländer, blanco y negro

Terrier de Yorkshire

Ulrich Klever explica en este GRAN MANUAL PRÁCTICO cómo puede usted convertirse en un experto conocedor de todo lo referente al cuidado y el adiestramiento de su perro. Con 180 fotografías en color de ejemplares galardonados de las más diversas razas.

Ulrich Klever

TODO SOBRE TU PERRO

EDITORIAL EVEREST, S. A.
MADRID • LEON • BARCELONA • SEVILLA • GRANADA • VALENCIA
ZARAGOZA • LAS PALMAS DE GRAN CANARIA • LA CORUÑA
PALMA DE MALLORCA • ALICANTE – MEXICO • BUENOS AIRES

Contenido

◁
Dobles páginas anteriores, 2/3: Montañero bernés; 4/5: Afgano.

La educación del perro para su integración en casa 73

El perro y su alimentación 87

Cuando el perro cae enfermo 95

De viaje con el perro 108

El perro de la A a la Z 112

Capítulo de razas - Retratos de los perros de raza preferidos 128

Para consultar 167

Tratar al perro de modo comprensivo

Unas palabras preliminares

El título que antecede a este preámbulo es un compendio de lo que constituye el programa de este libro, en el que se dice a quienes tienen perro todo lo que deben saber sobre él para facilitar la convivencia. En el mismo instante en que un perro entra en casa, se firma un «contrato inderogable de por vida»; el hombre se convierte para el perro en el jefe de la manada, en su familia y, por tanto, en el centro de su vida.
Mentalícese de que vivir en compañía de un perro exije:

- Los mismos esfuerzos que la educación de un niño.
- Dedicarle mucho tiempo.
- Desembolsar una buena cantidad de dinero al año.

Como usted puede ver, la adquisición de un perro es algo que se debe pensar muy detenidamente (→ capítulo «Mantener un perro sin problemas», pág. 10). No tome decisiones a la ligera al comprar un perro: recapacite primero sobre la clase de perro que le iría mejor, sobre sus propias costumbres y sobre si su vivienda reúne las debidas condiciones. Tenga siempre presente que un perro es por naturaleza un animal corredor y que, por consiguiente, necesita moverse mucho todos los días. Otro tanto puede decirse de la comida: el perro no es un animal al que se deba alimentar con los restos de la comida del hombre, sino que requiere una alimentación razonable y adecuada. Y por último, asuma la responsabilidad de cuidarle en cuanto a aseo, salud y bienestar. (→ «Indicaciones importantes», pág. 175); todo lo que tiene especial importancia en este sentido se detalla en el capítulo «La vida diaria con el perro» (→ pág. 27). Además de consejos para la práctica diaria, este libro le ofrece la oportunidad de conocer a fondo la naturaleza y manera de ser de un perro. Es cierto que a los perros se les educa para que convivan con el hombre de acuerdo con su forma de vida, pero su comportamiento sigue estando determinado por la naturaleza de su antepasado el lobo. En los capítulos «El perro tiene su propia personalidad» y «El perro y su comportamiento», se habla de cómo ve el perro al ser humano y de las consecuencias que pueden surgir si vemos al perro como si fuera un ser humano, lo que le ayudará a comprender mejor a su perro y sus reacciones. Al mismo tiempo, aprenderá a interpretar los idiomas corporal y fónico de su perro y a reaccionar correctamente frente a su comportamiento típico. Porque sé por propia experiencia cuánto depende del adiestramiento del perro joven, he dedicado a este tema todo un capítulo de este libro. (→ «Educar al perro para hacer de él un buen convecino», pág. 73). He escrito este libro sobre perros como un compendio de todas mis experiencias, de las prácticas que aprendí durante toda una vida dedicada a los perros, de mis conocimientos acumulados como zoólogo y como autor de numerosos libros sobre perros que han alcanzado grandes éxitos. Con todo ello, este libro debe servirle de ayuda para conseguir que su perro sea obediente, crezca sano y que entre usted y él se establezca una feliz relación hombre-animal; quizá también una amistad que en ocasiones no necesite ni palabras ni signos externos para manifestarse.

Ulrich Klever

▷
Página de enfrente: El juego es media vida tanto para el niño como para el perro. La foto muestra a Andrés jugando con su Yorkshire.

Mantener al perro sin problemas

Tan pronto como un perro entra en su casa, se firma un «contrato irrevocable de por vida»: Usted le da familia al perro que, por naturaleza, es un animal de manada y necesita vivir junto a sus congéneres. Con el paso del tiempo, ese «sólo poder vivir en compañía de otro» lo transmitió al hombre. El perro llegó a ser nuestro amigo de cuatro patas. Privar al perro de esa relación al cabo de un cierto tiempo, resultará terrible para él. Tenga, pues, siempre presente que la compañía de un perro:

- dura seguramente unos 10 años
- cuesta mucho dinero año tras año
- da tanto que hacer como criar un niño
- requiere diariamente 2 a 3 horas de su tiempo
- Presupone disponer de bastante espacio para un alojamiento adecuado, que le permita libertad de movimientos.

Sólo quien quiera y pueda cumplir esos requisitos reúne las condiciones adecuadas para convivir con un perro. Aconsejo expresamente que nunca compre un perro siguiendo un impulso espontáneo. Jamás adquiera un perro por simple compasión, por un sentimiento de «¡qué bonito es...!», por seguir la moda o, incluso, porque se quiera dar una sorpresa a la familia. La adquisición de un perro es algo que debe ser meditado muy detenidamente y, a ser posible, planificado de acuerdo con toda la familia.

El futuro dueño de un perro debería tener, al menos, alguna relación con los animales en general y con los perros en particular. De lo contrario, la compra de un perro podría resultar así:

El «mordedor» Scottie

Un joven terrier escocés es vendido a una señora que nunca tuvo un perro ni relación alguna con otros animales. No sabía, por tanto, que los perros jóvenes —y su Scottie, naturalmente—, al jugar, tratan de morder los talones a las personas, como lo hicieron con su madre. Cuando el perrito quiso jugar, la señora corrió gritando mientras el perro iba tras de ella alborozado. La señora afirmó que el pequeño Scottie que tenía apenas 12 semanas, había intentado tirarla al suelo. El perro fue devuelto de nuevo a su criadora. Ahora tiene apenas un año, es completamente normal y se ocupa de cosas más importantes que de morder los tacones de las señoras. Si hubiera seguido junto a la asustadiza dama, podría haberse convertido en un perro agresivo. ¡La que tan poco tiempo fue dueña del incomprendido Scottie afirma con seguridad que los terrier escoceses son perros mordedores!

Cuestiones previas a la adquisición

Todo el que haya adquirido o vaya a adquirir un perro por primera vez tiene que enfrentarse a una serie de cuestiones; para que no se conviertan en un problema, las expongo y contesto en este capítulo. Mi experiencia de largos años, tanto práctica como teórica, me acredita y me capacita para ello. El que en la mayoría de los casos opte expresamente por una solución concreta y evite en todo lo posible la ambigüedad de la frase «aunque también...», se debe al trato intensivo que he tenido con los perros. Los perros exigen autoridad. Mis consejos le facilitarán la convivencia con su perro.

¿Dónde comprar un perro?
Como entre los distintos miembros de la familia habrá, seguramente, opiniones diversas sobre la clase de perro deseado, su adquisición deberá ser meditada y discutida entre todos. A la hora de elegir deben estar presentes los dos cónyuges y los hijos mayores. Esto es de especial importancia si se va a adoptar un perro adulto de un hogar para perros abandonados (→ pág. 12), para evitar que el perro se encariñe espontáneamente de las personas que fueron a buscarle y luego, en casa, no permita acercarse a él a los demás miembros de la familia. Los perros pueden adquirirse:
A través del criador profesional; sus direcciones las hallará usted en anuncios de prensa o se las proporcionarán las distintas asociaciones caninas que seguramente habrá en su ciudad. (→ Direcciones relacionadas con el perro, pág. 170).
A través de criadores aficionados y otros dueños de perros, que quieran vender las crías deseadas o no deseadas. La mayoría de ellos suelen anunciarse en los periódicos bajo el epígrafe «Mercado de animales».

¿Perro joven o perro adulto?
Cuanto más joven sea el perro que usted compre, tanto más suyo será y tanto mejor podrá formarle. Al hablar de perro joven se entiende de entre 10 a 12 semanas. Es importante que usted mismo vaya a por él (→ pág. 79) lo que podrá ser una molestia, pero a cambio se beneficiará de ello durante toda la vida de su perro. En cualquier medio de transporte en que se haga el envío, el sentimiento de soledad que se apodera del perro joven es una experiencia tan traumatizante, que no se pueden prever sus consecuencias (→ pág. 12).
Un perro joven exige mucho tiempo de dedicación en sus primeros seis meses de vida, durante los cuales usted no podrá ir de vacaciones. Los perros jóvenes tienen las mismas exigencias que los niños pequeños: quieren estar presentes en todo; quieren saber cuál es su lugar, que cada jornada esté regulada. Pero también desean que alguien se ocupe de ellos. Y eso es lo que usted debe hacer. Cuanto mejor enseñe a un perro joven, más fácil le será todo en los años venideros. Aproveche el tiempo, pues para un cachorro un día es como para el hombre una semana o todo un mes. Los perros viven más deprisa y acumulan más experiencias en menor espacio de tiempo y nunca tendrán tantas ganas de aprender como en su primera juventud (→ Educar al perro para su integración en casa, pág. 73).
A primera vista, un perro adulto no parece plantear problemas.
- Está acostumbrado a ser limpio.
- Está más o menos bien educado y ya dejó tras de sí los años en que precisa mayores cuidados.

Todo eso está muy bien, pero piense lo siguiente: Un perro adulto tiene formada su personalidad, con todos sus defectos y todas sus virtudes. Tendrá que aprender a comprender a su nuevo amo y acostumbrarse a él y para eso necesita su ayuda, lo que requiere mucha paciencia y mucha sensibilidad, sobre todo si su antiguo amo no puede darle «instrucciones de uso». Recomiendo perros adultos a personas mayores que ya tengan cierta experiencia con perros.

¿Por qué comprar un perro a un criador profesional?
Porque podrá elegir cuidadosamente el perro que quiera tener. Conocerá a la madre del perro y se le indicará, también, quién es el padre. Verá el ambiente en que crece el perro joven y el criador podrá describirle ampliamente los rasgos característicos de la raza y las peculiaridades individuales de su perro, con lo que tendrá una mejor idea de cómo será su perro en aspecto y carácter cuando sea mayor. El criador le explicará cómo desparasitar al perro, si es necesario hacerlo, y qué vacunas necesita (→ pág. 97). Le ayudará a tratar al perro adecuadamente y podrá pedirle consejo siempre que lo crea preciso. Si es un profesional honesto y no un simple vendedor de perros, hasta podría aconsejarle que desista de la compra, si considera que la raza va a ser demasiado problemática para usted.
A un buen criador con buenos perros se le reconoce ya en la primera visita. Verá

que sus perros no se limitan a vivir en jaulas, sino que entran en la casa y tienen contacto con las personas; contacto que debe existir ya desde las primeras semanas de vida. El criador le entregará un perro sano física y psíquicamente, y le dará toda la documentación que necesite: su pedigree con la fecha de nacimiento, el correspondiente certificado de inscripción en el registro de cría de la raza (→ El perro de la A a la Z, pág. 122 a 127) y la cartilla de vacunaciones (→ pág. 97).
En el caso de criadores aficionados, también puede cerciorarse por sí mismo del medio ambiente del que procede el perro y cuáles fueron sus padres. Aun en el caso de que se decida por un mestizo conocerá por lo menos a la madre.

¿Compra por correo?
Los perros, en una edad en que las impresiones del exterior improntan su forma de ser, no son mercancía para ser facturada. El trauma que el transporte les ocasiona les hace animales psíquicamente débiles, lo que puede dar lugar a posteriores trastornos del comportamiento (→ pág. 101). Si a nadie se le ocurriría la compra de un coche simplemente por catálogo, mucho menos debe hacerse si se trata de un compañero con el que habrá de compartir los próximos diez años de su vida. Es cierto que en las compras por correo se dispone de inmediato de la mercancía solicitada –se hace el encargo y al poco tiempo se recibe el perro, de la raza que se quiera–, mientras que en el caso del criador es posible que haya que esperar meses. Sin embargo debo advertir que los perros que se venden por correo proceden, casi siempre, de criaderos masivos, donde los animales viven en jaulas y son criados, por razones meramente comerciales, como si fueran cerdos. No son empresas que se dedican a criar como es preceptivo una determinada raza, sino simples vendedores que sólo buscan el negocio. Es característico de la venta de perros por correo ofrecer siempre una serie de razas entre las que están de moda, como westies y Yorkshire, o de gran aceptación, como teckel y cocker. Los perros suelen estar enfermos y tienen una gran inestabilidad psíquica. Si se consigue sacarlos adelante, será a costa de gastar en servicios veterinarios una cantidad de dinero varias veces mayor de la de su precio de compra. Colabore, por su propio interés, en la erradicación de ese tipo de comercio con perros no comprándolos.

¿Es aconsejable comprar en una tienda de animales?
Sí, si el perro se compra en un comercio serio o en el departamento de venta de animales de unos grandes almacenes; si los perros jóvenes que allí se ofrecen proceden de crianzas responsables, están debidamente vacunados y tienen los documentos necesarios para garantizar su procedencia. No, si esas condiciones no se cumplen y tampoco si los cachorros están expuestos en el escaparate. Los comerciantes que someten a los cachorros al continuado stress de un escaparate no entienden nada de perros y no deberían comerciar con ellos. No compre tampoco perros en los mercados ni a los tratantes de animales que, camuflados de criadores, suelen comerciar con docenas de razas.

¿Un perro de un hogar de animales abandonados?
Esa decisión debe tomarse sólo con grandes precauciones, pues interviene siempre el factor suerte. No sabrá nada o casi nada de la vida que anteriormente llevó ese perro (a no ser que el personal del hogar pueda darle alguna información). Si se trata de mestizos, ni siquiera puede saber cómo evolucionarán al hacerse mayores. No cuente con un perro bien educado, siempre limpio y sin problemas. Lo más seguro es elegir un joven perro de raza. Sin embargo, cada perro que recogemos de esos hogares es una vida canina que se ha salvado. Allí viven perros no deseados, que sus antiguos amos no pudieron conservar, ya sea por defunción, enfermedad, divorcio o mudanza a una vivienda donde está prohibido tener perros. Fueron entregados o recogidos cuando sus

dueños los abandonaron por estar cansados de ellos. Los más desgraciados son los perros viejos o muy viejos, a quienes nadie querrá adoptar. En esos centros hay perros que pueden ser muy problemáticos pero también otros que pueden proporcionar a su nuevo dueño una gran felicidad. A propósito: no todo el mundo puede llevarse un perro de un asilo; previamente se comprueba si el nuevo hogar reúne buenas «condiciones caninas».

¿Perro o perra?

En esto sí que no puedo darle un consejo concreto, pues es una cuestión de preferencias personales. Olvídese de todo lo que se opina generalmente sobre que las perras son más cariñosas o que los perros sólo buscan la compañía del hombre de la familia. Cada perro es de una manera. Lo único seguro es que:

- las perras entran en celo dos veces al año y que, en ese tiempo, pueden quedar preñadas (→ El perro de la A a la Z, pág. 124)
- los perros se excitan cuando en la vecindad hay una perra en celo. En sus paseos, levantan la pata más frecuentemente para dejar sus marcas olorosas (→ pág. 68).

Esas son las únicas diferencias. Mi consejo es que compruebe cuántos perros y perras viven en el vecindario y decídase por la mayoría. Eso evitará problemas al mantenimiento de su perro.

Nota: no es cierto en modo alguno que una perra tenga que parir por lo menos una vez en la vida.

¿Tiene que ser necesariamente un perro de raza?

Los perros de raza tienen determinadas facultades y caracteres hereditarios, muy marcados, que no se dan en los mestizos, descendientes de razas distintas. Actualmente el gusto del público muestra cierta tendencia en favor de los perros mestizos. Es cierto que, en muchos casos, los mestizos son más inteligentes y tienen un carácter más definido (→ El perro de la A a la Z, pág. 112) que algunos perros de alta crianza

También los mestizos son perros bonitos que se hacen querer. En la foto, un Fox de pelo liso y un mestizo de perro de caza.

La elección de raza es una decisión absolutamente personal, a la que no se debería dar excesiva importancia. En la foto, dos Akita-Inu: un macho listado y una perra blanca.

en los que lo principal es que tengan un aspecto perfecto. Sin embargo, el dueño de un perro de raza sabe con bastante exactitud lo que puede esperar de él. Los mestizos pueden ser más inteligentes, más sanos y más resistentes, pero no necesariamente. También en su caso eso depende de quiénes hayan sido sus padres, que, por lo general, no se conocen, lo que hace que la adquisición de un mestizo siempre sea una cuestión de suerte. Si la tiene, puede llevarse el primer premio.

La gran pregunta: ¿De qué raza?

Todo el que, de alguna forma se relaciona con perros, busca el perro soñado, que compendie todos sus deseos. Con frecuencia ocurre que esa raza deseada no es la más adecuada a su vida real, porque es demasiado grande, demasiado cara, demasiado difícil o cosas parecidas. Hay que resignarse a ello y en ningún caso debe ni puede dedicarse a hacer experimentos. Lo mejor que puede ocurrirle es que su perro soñado encaje perfectamente en su vida real. Las posibilidades de elección son muy grandes puesto que hay más de 300 diferentes razas de perros. Las 47 más apreciadas están descritas en este libro y representadas en fotos (→ Capítulo de razas, pág. 128 a 166).

Se llama perros de raza a aquéllos que, generación tras generación, heredan el mismo aspecto y ciertos caracteres determinados.

El pedigree, el árbol genealógico del perro de raza, (→ «El perro de la A a la Z», pág. 113).

Se denomina «carácter racial» a la suma de atributos característicos de cada raza (→ «El perro de la A a la Z», pág. 114). Por lo demás, cada perro es un individuo inconfundible. Y eso es lo único importante para convivir con él; mucho más importante que la belleza corporal o el más noble pedigree.

Resultado: elija con cuidado la raza que mejor se adapte a usted. Los cuidados que cada raza requiere y cuyas características se incluyen en el capítulo dedicado a las razas.

¿Perro y gato?
Sé por propia experiencia que tal cosa resulta bien si:

- se dispone de espacio para que los animales puedan evitarse entre sí;
- el perro es de una raza de carácter pacífico y el gato es tratable y amistoso.

Lo mejor es poner a un perro adulto junto un gato joven; también se puede hacer que crezcan juntos. Resulta más difícil integrar a un perro en una casa con gatos.
Otros animales domésticos, como los hámster, conejos o conejillos de Indias serán considerados por el perro como presas de caza; si no se mantienen los animales estrictamente separados, habrá que prescindir del perro o de los otros animales domésticos. Se dan las más raras amistades entre animales, pero eso es sólo la excepción que confirma la regla. Como los pájaros suelen estar en jaula y no son una presa corriente para el perro, no se molestan mutuamente.

¿Un segundo perro?
Condiciones previas para mantener juntos dos perros: espacio suficiente –a ser posible un jardín o varias habitaciones– para que cada perro pueda retirarse cuando necesite tranquilidad. Si el nuevo es un cachorro, no suele haber problemas para que se habitúen el uno al otro. Si ambos son adultos hay que actuar con sumo cuidado y, sobre todo, no forzar su convivencia.
La pareja ideal es un macho y una hembra castrada.
Difícil: mantener dos hembras juntas; casi nunca se soportan una a otra.
Problemático: una pareja de machos tarde o temprano lucharán entre ellos para establecer su jerarquía pero una vez que ésta quede determinada (→ pág. 59), la convivencia transcurrirá sin complicaciones. Lo importante es que ambos sean tratados por igual.
Si dos perros se integrarán armónicamente en la vida familiar o acabarán por formar una manada en el seno de la familia humana es algo que nunca puede preverse de antemano.

Perro y bebé: ¿Una buena combinación?
Si el perro ya está en la familia cuando nace el niño, le aceptará como un miembro de la manada, como un cachorro al que debe soportar y proteger. Es muy raro que se den fallos de conducta (sólo en perros extremadamente neuróticos) y los rarísimos casos en que se produce algún accidente se suelen explicar erróneamente. Si no menosprecia al perro a causa del niño ni le dan motivos para que sienta celos, convivirán juntos sin ningún problema. Si el perro muerde a los extraños que quieren tocar al bebé, lo hará impulsado por su instinto natural de protección. Tanto para el niño como para el perro, es de gran utilidad que crezcan juntos: los dos se benefician y aprenden uno del otro → («El perro como factor pedagógico», pág. 40).
Cuando se espera un bebé, el perro debe ser examinado por el veterinario, comunicarle al médico de cabecera que se tiene un perro, y, naturalmente, hay que tomar especiales medidas higiénicas (→ pág. 103). Más tarde, el perro no será foco de infección para el bebé. La medicina moderna ha determinado que en la convivencia, las floras bacterianas del hombre y del animal se aproximan; es decir, los niños adquieren protección contra muchos gérmenes patógenos. Los médicos llaman a ese lento proceso «inmunidad paulatina». No obstante, hay que evitar que niños y perros

- coman de un mismo plato
- se laman mutuamente
- duerman en la misma cama.

Si desde un principio se le prohíbe al perro entrar en la habitación destinada al niño, tampoco entrará en ella más tarde.

▷
Doble página siguiente: joven Bobtail jugando con la pelota.

Equipamiento básico necesario

Yo siempre digo que no basta comprar un perro para ser dueño de él. Su propiedad no se consigue sólo con la compra, sino con la convivencia, y eso es algo que requiere un aprendizaje: ¡Manos a la obra! Cuando nuestro nuevo perro llega a casa, no es más que un «pobre» perro que no tiene nada salvo las personas que le acogen. Pero, para sentirse a gusto entre ellas y vivir de modo civilizado, necesita una serie de cosas.

El perro necesita un nombre
El nombre es lo primero que se da al cachorro. No es muy apropiado para el uso cotidiano darle un nombre obligado derivado de su árbol genealógico, porque todas las combinaciones que se hagan empezarán siempre con las mismas letras y frecuentemente se eligen nombres muy raros. Puesto que el nombre del perro se utilizará con mucha frecuencia (y es aconsejable que así se haga), debe sonar comprensible y no duro como una orden o un reproche. Las palabras bisílabas con «O», «U» o «A» son especialmente apropiadas; por ejemplo: Dona, Puna, Bosco, etc. Llamar Otto a un perro no le hará gracia a los que se llaman Otto, por lo que no es recomendable poner a un perro un nombre de persona. No tenga miedo de dar rienda suelta a su imaginación. Si yo fuera perro, creo que no me importaría que me llamaran Troilo, Foxi, Leal o Ruski.
Entre las cosas que un perro necesita, las siguientes son imprescindibles:
- un sitio donde echarse
- una manta
- dos escudillas
- un collar
- una correa y
- un cepillo o un peine.

Todos estos artículos podrá adquirirlos en los comercios especializados dedicados a perros.

Un sitio donde descansar
Todo perro necesita tener un sitio al que poder retirarse, reservado exclusivamente para él. Puede ser un cojín, una cesta, una caja, una caseta o una manta gruesa. En cualquier caso, tiene que ser algo que le aisle del frío del suelo. Sea cual sea el lugar que usted elija, habrá de ser suficientemente grande para que quepa bien el perro, no sólo cuando se acueste para dormir, casi siempre encogido, sino también cuando se estire o se tumbe a descansar. Use las medidas de un perro adulto de la misma raza, desde la nariz al extremo del rabo, pues si emplea las dimensiones del cachorro, a los nueve meses el perro necesitará mayor espacio. Observación: las cestas de mimbre son poco recomendables para perros jóvenes, todavía en una edad en que arañan y muerden todo. Las guaridas sólo se suministran para perros pequeños.

Una manta fácil de limpiar
Tiene que ser lavable y fácil de desinfectar, pues en ella pueden anidar pulgas, por ejemplo. Una manta vieja de lana resulta más barata y puede servir al principio, pero es mucho mejor una manta especial que sea caliente, suave y seque bien. Yo he tenido muy buenas experiencias con una manta especial de la marca «Dryplace». No es precisamente barata, pero sus cualidades son excelentes. Se puede extender sin doblar, sobre el suelo de una terraza o de un balcón, ya que aísla muy bien.

Dos escudillas para uso exclusivo
Cada perro debe tener sus propios utensilios. Necesita una escudilla para agua —siempre tiene que disponer de agua fresca— y otra para las comidas. Nuestra experiencia de años con nuestros perros, nos lleva a recomendar:
- Para el agua, una pesada vasija de arcilla vitrificada.
- Para la comida, una escudilla esmaltada de metal, fuerte y resistente, con goma por debajo para que no resbale.

También son recomendables las escudillas de acero.
Sobre todo es importante:
- Que las escudillas sean pesadas, para

que el perro no pueda jugar con ellas.
- Que sean antideslizantes o que se asienten sobre una base antideslizante. Esto, además, tiene la ventaja de que evita que el suelo se ensucie.
- Limpiar a fondo los recipientes.
- Para perros de orejas colgantes hay vasijas especiales en forma cónica que impiden que las orerjas caigan dentro de ellas.

También resulta práctico el empleo de una peana especial en la que se colocan, uno al lado del otro, el recipiente para el agua y el de la comida.

Un collar

El collar que usemos para acostumbrar al cachorro puede ser muy sencillo, pues pronto le quedará pequeño. En la vida de un perro, el collar cumple dos misiones:
- Con él podemos sujetar firmemente al perro –bien sea mediante una correa o con la mano.
- Servir como adorno para el perro.

Esto significa que un collar tiene que adaptarse al tipo de raza y a la fuerza del perro. Tiene que ser, por tanto, suficientemente resistente y estar fabricado de modo adecuado a la raza y a nuestro propio sentido estético. En todo caso su resistencia es lo verdaderamente importante.

La oferta de collares para perros es abrumadora. La mayoría de ellos se abrochan como los cinturones, lo cual tiene sus problemas. Si se deja la hebilla muy floja, el perro se puede desprender del collar al tirar hacia atrás y soltarse de la correa; si el collar se aprieta en exceso, molesta al animal. Esto puede evitarse mediante:

Un collar de tracción, que se tensa o afloja según los casos. Pero compre solamente collares con regulador automático de presión que permitan controlar la fuerza de tracción del animal. Si no tiene tope regulador, uno puede ahogar al perro o, incluso, el propio perro podría estrangularse.

Un arnés, que rodea el cuello y el pecho del perro y que se puede llevar más suelto. Resulta bonito, pero no es muy apropiado para perros que tiran mucho,

Si crecen juntos bebé y perro hay que tomar medidas higiénicas, como es lógico, pero no hay por qué preocuparse demasiado. En la foto, un chachorro de Eurasiático de 7 semanas.

salvo que se trate de perros para trineos o perros de búsqueda.

¿Collar de cuero o de cadena? Los collares de cadena son muy ligeros y se puede llevar encima otro de repuesto, eso es importante en los paseos de adiestramiento, (→ pág. 81), pero manchan el pelaje claro. La mayoría de los dueños de perros utilizan collares de cuero.

Los collares deben estar a juego con la raza: Un perro pastor con un collar de piedrecitas brillantes resultaría ridículo, lo mismo que un teckel con un collar de nudos. Para bullys, bulldogs y perros de Molosia hay collares especiales con pelo de tejón rizado, mientras que para los pastores alpinos suizos los hay de piel de vaca con incrustaciones de latón. No es aconsejable comprar collares muy caros hasta que el perro haya terminado de crecer.

Una correa

Corta o larga es una cuestión de gusto personal y/o del tamaño del perro.

Una correa extensible de unos 5 metros de largo cumple ambas exigencias: se desenrolla por sí sola y el dueño puede determinar el radio de libertad del perro mediante un freno que se acciona con el dedo pulgar. Esto permite atar corto al animal, si se desea, aunque tiene un inconveniente: la correa se enrolla dentro de una carcasa de plástico del tamaño de un bolso de mano y provista de un agarradero. Si se cae al suelo puede ponerse en acción el sistema de enrollado automático, la carcasa se deslizará por el suelo en dirección al perro, que posiblemente se asuste y eche a correr. El material, la anchura y la confección de la correa es decisión individual del amo y cuestión también de la raza del perro.

Importante: el mosquetón para sujetar la correa. Hay tres clases:

- El mosquetón Simplex (el mosquetón propiamente dicho) es muy seguro, aunque hay que hacer una fuerte presión con el dedo pulgar para poder soltarlo de la correa.
- El gancho de tenaza se puede abrir fácilmente y con rapidez; pero, si el muelle está flojo, también puede abrirse por sí solo, lo que le da poca seguridad.
- El gancho de clavija (mi favorito) resulta fácil de abrir (con una sola mano) y, en caso de fallar el cierre, sigue enganchado a la anilla del collar del perro.

Pequeño surtido de correas y collares. El collar de púas sólo se utiliza para perros muy obstinados.

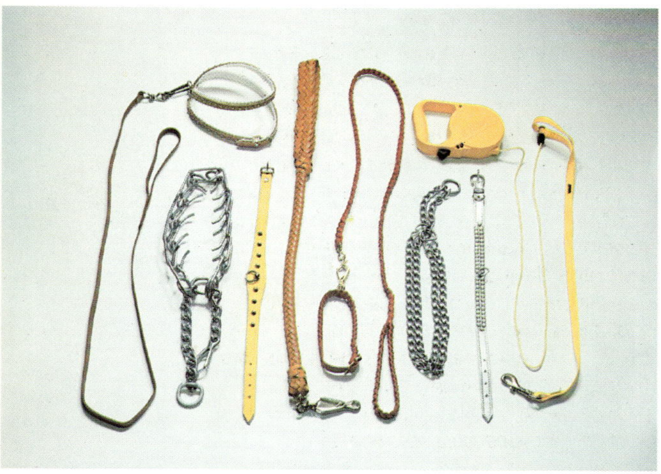

Cepillo, peine y cepillo de púas

El cepillo es imprescindible para cualquier raza y todos los perros disfrutan mucho con un buen cepillado.

Para razas de pelo corto provéase de:

- Una carda de cerdas naturales para un primer cepillado.
- Un cepillo de púas, de plástico blando o de goma para eliminar la carga electrostática generada por el cardado.
- Una gamuza abrillantadora para terminar el proceso.

Para razas de pelo largo hay utensilios especiales. Se necesita:

- Un peine normal con fuertes púas para el perro joven, cuyo pelaje todavía no es muy denso. Como el perro suele agarrarlo a veces para jugar con él, al cabo de unos meses estará completamente mordisqueado. También se necesita:
- Un peine de cinc blando.
- Un peine de cinc duro.
- Un cepillo de alambre con puntas redondeadas dispuestas en un almohadillado de goma.
- Una carda de cerdas naturales fuertes.

Soy contrario a los cepillos de plástico, que me parecen demasiado duros y rascan. El criador profesional le indicará qué es lo más apropiado para cada raza.

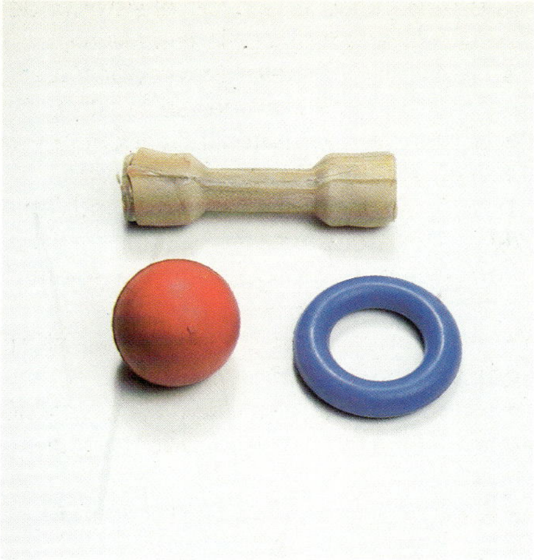

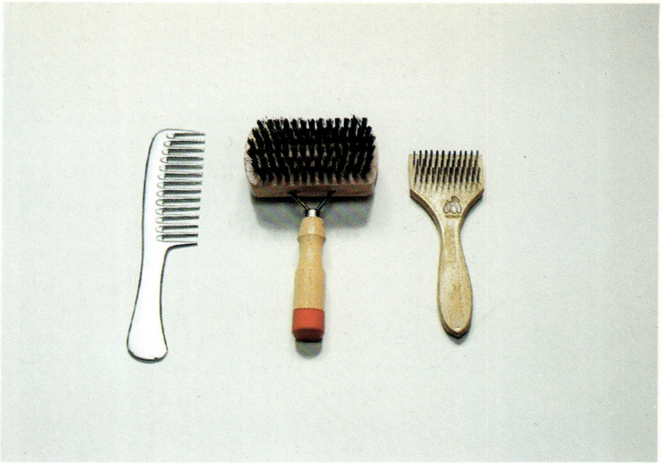

Otras cosas necesarias

Además del equipamiento básico, hay una serie de utensilios adicionales que resultan muy útiles:

Cosas útiles relacionadas con el automóvil:

- Una red protectora (o rejilla protectora) que sirva de separación entre el espacio de atrás y los asientos delanteros e impida que el perro trepe hacia adelante o salga despedido si se frena de repente.
- Una manta especial extendida sobre los asientos traseros que constituya un lugar seguro para el perro.
- Una rejilla de ventilación sujeta a la ventanilla abierta, para permitir la entrada de aire fresco: al mismo tiempo que impide el acceso al coche desde fuera, evita que el perro pueda asomar la cabeza (→ pág. 111).
- Silbato para perros, necesario cuando su perro puede correr libremente y hay que llamarle desde muy lejos. Resulta también muy útil para el adiestramiento; su sonido significa para el perro lo mismo que la voz del amo, con la ventaja de que tiene mucho mayor alcance. Aconsejo los silbatos ultrasónicos, cuyo sonido no es perceptible por el oído humano (→ pág. 49).
- Bolsas impermeables con recogedor de cartón o un juego completo de escobilla y cogedor (adquiribles en comercios del ramo) son herramientas con las que podrá recoger los «montoncitos» que su perro vaya dejando. Según donde usted viva, también tendrá que utilizarlos en sus paseos con el perro.
- El bozal, casi siempre realizado de mimbre o con tiras de cuero, se coloca en el hocico del perro para impedir que muerda. El bozal tiene que ser a la medida, resultarle cómodo y al mismo tiempo quedar bien sujeto. Es obligatorio para los perros mordedores —también cuando se les lleva al veterinario— y para los perros no vacunados en zonas donde existan brotes de rabia. En algunos países o ciudades es obligatorio llevarlo por la calle cuando se pasea al perro.
- Una perrera en el jardín resulta muy práctica para meter allí ocasionalmente a perros de razas grandes y resistentes, como perros pastores, San Bernardos y Terranovas, o aquéllos que son inquietos y vigilantes, como Doberman, Rottweiler y Bullterrier. Vaya a ver los modelos que utilizan los criadores o consulte los catálogos de los comercios especializados. También existe la posibilidad de compra por correo, atendiendo a los anuncios que se suelen insertar en las revistas sobre perros, algunas de las cuales ofrecen incluso jaulas especiales propias para el transporte seguro del perro en auto.

Foto izquierda: Los juguetes para perros no deben ser de plástico o goma blanda, y han de ser suficientemente grandes para que el perro no pueda tragarlos.

Foto derecha: Imprescindible para el aseo del perro: peine de cinc duro, peine normal, cepillo y cepillo de púas para estirar el pelo.

Juguetes para perros: Tienen que adaptarse a cada clase de perro y estar fabricados con materiales que no resulten peligrosos. No deben ser demasiado pequeños, para evitar que el perro se los trague.
No son aconsejables los juguetes de plástico o goma blanda. Los juguetes en forma de gato son de mal gusto. Es aconsejable un trozo de piel de búfalo en forma de hueso para masticar, o una pelota de goma maciza que el perro no pueda romper al morderla.
Ropa para perros desde jerseys a abrigos o botitas: es innecesaria. El pelaje del perro es una vestimenta que protege perfectamente contra todo tipo de inclemencias meteorológicas y cuyo secreto de fabricación cualquier empresa textil desearía tener.
Excepciones: a los perros viejos o carentes de pelo, lo mismo que a los pequeños y delicados de pelo corto, como el Chihuahua o el Pinscher cervuno, se les puede poner un jersey como protección en días muy fríos.
Intimidades: En la época de celo el uso de un taparrabos puede parecer ridículo pero resulta muy práctico, ya que impide que la perra manche de sangre la casa.
En cuanto al uso de pijama para el perro, cuando duerme en la cama del dueño depende del concepto de higiene de cada uno. Personalmente yo pienso que es mejor no usarlo, porque es seguro que el perro se sentirá molesto con él.

Wastl y su traje regional

Wastl, un teckel de pelo duro, nunca fue un perro muy fuerte, pero sí un ejemplar típico de su raza. Desgraciadamente fue convertido en una caricatura, ya que suele llevar puesto ese chaleco con aplicaciones de hojas de encina típicamente bávaro, y, si hace frío, un abrigo de lana del mismo tipo. De origen bávaro, este perro vive en Rosenheim, y su ama está muy orgullosa del traje que ella misma le confeccionó; aunque el pelaje de Wastl se resiste por ello a la ropa, la dueña, indignada, cambió de especialista. Hasta que, un día, un perro perdiguero atacó y mordió en el lomo a Wastl. El chaleco evitó lo peor, pero fue también el causante del ataque: había llovido y olía al pelo de liebre del que estaba confeccionado, lo que motivó la agresión del perro de muestra. Desde entonces, Wastl no lleva traje y su pelaje se va recuperando.

Si usted es una persona ordenada y quiere tener todos los utensilios de su perro en el mismo lugar, compre, o haga usted mismo, un pequeño armario o reserve para ello un cajón grande. Ahorrará mucho tiempo a la hora de usarlos.

No olvidemos los gastos

El necesario dinero suelto. No me refiero con ello a la monedita que algunos cuelgan del collar en la que va grabado el número de teléfono, para que, si el perro se pierde, quien lo encuentre pueda llamar al dueño. Me refiero a los costes que ocasiona un perro, pues, de todos los animales domésticos, el perro es el más costoso.
La adquisición: Tanto si el perro es un regalo, como si lo compró en un hogar de animales en relación con lo que tendrá que gastar durante los años de vida del perro. Por eso, no busque el ahorro a la hora de adquirir un perro. El perro más barato suele resultar casi siempre el más caro. Sólo los costes de veterinario podrán superar varias veces el precio de compra si picó en una «oferta especial». Los perros adquiridos a un criador profesional son caros, aunque el beneficio de éste no sea muy alto. Los perros que se compran por catálogo suelen ser más baratos, aunque el beneficio comercial es mucho más alto. No regatee nunca al comprar un perro: no merece la pena.
El equipamiento: Su coste depende de lo que usted quiera comprar, de la calidad de lo que compre y de las veces que lo renueve a lo largo de la vida del perro, pero, en términos generales, puede suponer una buena cantidad de dinero. Según una estadística (tomando como base 10 años), el gasto medio por

ese concepto es de 180000 pesetas aproximadamente.
La alimentación: Es lo más caro, pues es un gasto diario. El perro tiene que ser alimentado todos los días y necesita una comida especial. El coste varía según el tamaño del animal, y depende de que uno mismo haga la comida, comprando los ingredientes en el carnicero o en el supermercado, o de que compre alimentos ya preparados. En todo caso, tendrá que desembolsar a diario de 120 a 600 pesetas. Esto supone entre 45000 y 225000 pesetas anuales. Al cabo de 10 años, la suma alcanza proporciones de pánico (entre 400000 y 2000000 de pesetas).
Los impuestos: Varían según las zonas y la importancia del municipio. (→ «El perro de la A a la Z», pág. 119).
Los seguros: No debería usted dejar de hacer un seguro de responsabilidad civil, pues sin él podría resultarle muy caro en un momento dado. (→ «El perro de la A a la Z», pág. 126).
El veterinario: Solamente para las vacunaciones ya tendrá que acudir al veterinario al menos una vez al año. Pero es que, además, el perro puede enfermar o herirse.
La peluquería: Los perros a los que hay que cortar el pelo y acicalar resultan más costosos. Tanto si usted lleva al perro al salón de belleza cada 6 semanas o dos veces al año, vamos a calcular unas 6000 pesetas.
El club canino: Si entra en un club canino, tendrá que contar con otro coste anual.
Si sumamos todos esos costes y, por razones de simplificación, calculamos el importe total al cabo de 10 años, sacaremos en conclusión que la adquisición de un perro supone una carga económica de unas 700000 a 2500000 pesetas, según los casos. ¿Le resulta aterrador? ¡Pues calcule usted lo que le cuesta su coche en esos 10 años!

La raza obliga: cuente con mayores costes de adquisición y cuotas de club, si su perro es de una raza de lujo. En la foto, Dálmata con un cachorro de 8 semanas.

Cuestiones legales respecto a perros

El perro y el contrato de alquiler de una vivienda

Antes de comprar un perro debe leer detenidamente el contrato de alquiler de su vivienda: ¿le autoriza realmente a tener un perro en casa? La correspondiente cláusula suele aparecer redactada en España en los términos: «No se permiten animales domésticos». La vida en una comunidad se basa en el respeto mutuo, así que el inquilino a quien le gusten los perros espera que los demás tomen en consideración su cariño por los animales. Pero él también debe respetar el derecho de los demás a su tranquilidad y comprender las exigencias higiénicas de sus convecinos. Es aconsejable, pues, antes de comprar un perro mantener una entrevista con el arrendador y/o con los vecinos.

Generalidades sobre la situación legal: lamentablemente, no hay en todo nuestro ordenamiento jurídico una clara legislación sobre la tenencia de perros en las viviendas alquiladas o de propiedad comunal. El derecho de la persona a desarrollar libremente su personalidad incluye también la tenencia de un perro. Un perro debidamente educado, se entiende que sólo lo es en el caso de que no suponga molestias concretas para los demás vecinos. Sólo así no habrá incumplimiento de contrato de arrendamiento. Para proceder contra el dueño del perro hay que demostrar que el animal supone una molestia insoportable para la vecindad, por el ruido o la suciedad que cause. El mero hecho de incluir en el contrato una cláusula con la prohibición de tener perros no parece razón suficiente desde el punto de vista legal. Estos datos pueden ser útiles en el caso en que se den circunstancias que obliguen a proceder jurídicamente.

Mi consejo es que se ponga de acuerdo a su debido tiempo con el arrendador y/o no firme ningún contrato en el que se incluya la prohibición de tener perros. Entiendo que mucho más lamentable que no poder tener perro es tener que deshacerse de él al cambiar de vivienda.

El perro en comunidades de propietarios de viviendas

En términos generales, la comunidad de propietarios de viviendas no puede prohibir la tenencia de animales domésticos. Sin embargo, sí puede tomarse el acuerdo de mantener el número de animales domésticos dentro de un límite razonable. Puede estar permitido, por ejemplo, tener un gato y un perro.

El perro en casa propia

En este caso, se pueden tener perros sin necesidad de preguntar a nadie. Si se trata de un complejo de viviendas unifamiliares adosadas, es conveniente llegar a un acuerdo con el vecino o vecinos y garantizar que el perro no va a molestar, sobre todo si no hay vallas de separación entre viviendas. Quien tenga un perro bien educado se ahorrará preocupaciones si toma en consideración a los demás. «Al perro, si está bien educado, hasta el hombre sabio lo valora», dijo Goethe, quien no sentía debilidad por los perros.

El perro y la vecindad

Cuando un perro vive en un piso o en una vivienda unifamiliar dentro de un complejo urbanístico, puede decirse que vive públicamente. Los vecinos le oyen, se encuentran con él en la escalera, le ven por la calle y «tropiezan» con lo que va dejando tras de sí. Un perro bien educado tiene que:

- Obedecer de inmediato las indicaciones y órdenes de su amo.
- No ladrar ante cualquier ruido.
- No ladrar ni saltar sobre los extraños.
- No echar a correr en medio de la acera.

El perro y sus excrementos

La falta de atención en este aspecto es una cuestión de consideración hacia los demás y, también, causa principal de que, actualmente, haya tanta animadversión contra los perros.

◁
Página de al lado: El perro más grande del mundo y el más pequeño. Entre las patas de un lebrel irlandés, un Chihuahua.

Perros y gatos pueden vivir juntos sin problemas, siempre que cada uno tenga su propio sitio. En la foto, un terrier de Yorkshire con un cachorro de 4 meses y un gato de Angora.

Permítaseme que vuelva a ponerme en plan jurista: Es intolerable dejar que el perro haga sus necesidades en la acera. Sin embargo, todo dueño de un perro sabe que a veces no lo puede evitar. La consecuencia puede ser una multa, porque la Ley considera un peligro para la salud humana los excrementos de perros en las aceras, basándose en que, según los médicos, los perros pueden contagiar determinadas enfermedades. Aparte de eso, el ensuciar las aceras con excrementos de perro supone cierto peligro, ya que los peatones pueden, desgraciadamente, resbalar y herirse. En este mismo capítulo ya se han descrito los distintos medios que hay para recoger los excrementos del perro (→ pág. 21).

Indicación para porteros y dueños de perros: para evitar que los perros orinen en las esquinas de las puertas, puede echarse en ellas una substancia olorosa desagradable para el perro. El «Maskonal» por ejemplo, elimina el olor y evita que se forme, ya que destruye las bacterias que lo originan. No se limite a «cubrir el olor como haría un desodorante».

La vida diaria con el perro

El perro ya está aquí, se ha comprado el equipo necesario y ahora empieza la convivencia cotidiana. Como los perros son seres vivos que necesitan autoridad, se someten gustosamente a un ordenamiento preciso (son muy reacios a los cambios) y quieren saber exactamente cuál es su lugar y a quién pertenecen. Es necesario organizar su vida de manera conveniente. Seguro que usted se ha propuesto ayudar a su perro a conseguir su bienestar físico, psíquico y social. Por eso entiendo, que el perro debe vivir conforme a su naturaleza y su dueño debe tomar en cuenta su forma de ser y sus rasgos naturales, lo cual requiere lugares y horarios fijos.
Los perros son animales de costumbres.

Un sitio para comer y un sitio para dormir

Un sitio para comer

Las escudillas de su perro deben colocarse siempre en un sitio determinado. Allí se le dará siempre la comida y, a ser posible, a la misma hora. El mejor sitio es la cocina, donde el suelo se puede limpiar fácilmente, pues los perros manchan mucho cuando comen, sobre todo cuando eligen los trozos de carne de entre la verdura o el cereal. A ser posible, coloque la escudilla en una esquina o al menos en un sitio donde el perro no sea molestado mientras come. En ningún caso debe ser un pasillo u otro lugar de la casa por donde haya mucho tránsito: al perro no le gusta que le molesten cuando come. Si se le molesta:

- El perro tiende a comer demasiado deprisa.
- O se conseguirá el efecto contrario: el perro comerá mal y despacio.
- El perro puede pensar que le quieren quitar la comida, la defenderá y, consecuentemente, nadie podrá entrar en la cocina cuando el perro esté comiendo. Ese grave defecto de comportamiento es muy difícil de corregir. La elección del sitio apropiado para comer evitará tal comportamiento en el perro.

El recipiente para el agua puede ponerse junto al de la comida o puede estar en otro lugar, en el pasillo, por ejemplo, en el lugar donde duerme o en ambos sitios. Siempre debe tener agua fresca. Soy contrario a la opinión de los muchos que no consideran oportuno dar agua al perro más que cuando tiene sed; creen que el exceso de bebida reblandece sus músculos. Las causas de que un perro beba demasiado, pueden ser:

- Que necesite mucho líquido porque su comida es muy seca.
- Que esté enfermo. En cuyo caso hay que llevarle al veterinario.
- Que beba por aburrimiento, en cuyo caso tendrá que quitarle esa costumbre ocupándose más de él.

El sitio para dormir

El lugar en el que el perro duerme o descansa durante el día también debe estar en un rincón tranquilo, libre de corrientes de aire. En una casa, no lo sitúe en el pasillo o junto a la puerta, pues el perro pensará que tiene que guardarla y se quedará allí durante el día, salvo que se suba a una silla, pues a los perros les gusta yacer en sitios

Foto de arriba: Aún cuando ambos se lleven bien, a la larga no deberían comer dos perros en el mismo recipiente.

Foto de abajo: La clásica cesta del perro, en la que el animal se encuentra muy cómodo. La foto muestra a un perro pachón en su cesta de dormir.

elevados. Asígnele una silla sólo para él y así evitará que se suba a las demás. Extienda sobre ella su manta, no tanto para proteger el tapizado como para darle la impresión de que «es su silla». Si su casa tiene jardín, el perro podrá estar durante el día cerca de la puerta para que vigile la entrada de extraños.
En verano, los perros gustan de acostarse delante de la puerta o en el balcón, desde donde pueden contemplar los alrededores y echar un sueñecito. En cualquier caso, hay que utilizar una manta para aislarles del frío del suelo.
Por la noche, donde mejor duerme el perro es en el dormitorio. La razón está en su origen de lobo, que como tal quiere estar siempre junto a su «familia». Si se le echa del dormitorio se sentirá repudiado. Otra cosa es si hay dos o más perros, pues entonces constituyen por sí mismos una «familia» y pueden dormir juntos en cualquier otro sitio. Permitir la estancia en el dormitorio sólo a uno de los perros puede ser un gran error, pues el elegido se sentirá favorecido y eso puede trastornar el orden jerárquico natural.
Es absolutamente necesario que el perro cuyo dueño trabaja y por lo tanto está solo la mayor parte del día, por la noche duerma en la misma habitación de su amo, que debe ser su sitio habitual. El dormir en habitaciones diferentes, si uno de los cónyuges no acepta la presencia del perro, tiene como consecuencia que éste se sienta más próximo a la persona con quien duerme. Piense que es por la noche cuando el perro suele estar más tiempo en contacto directo con «su familia». Eso no significa, necesariamente, que tenga que dormir en la cama de su dueño.
El perro en la cama. La mayoría de los dueños de perros niegan que éstos duerman con ellos en la misma cama, pero eso no es cierto. Las encuestas dan los siguientes resultados: un 40 por ciento de los dueños de perros duermen con ellos en la misma cama (por supuesto, a los pies del lecho), a otro 20 por ciento le gustaría compartir su cama con él, pero no lo hace por razones de higiene; el resto considera que dejar al perro que suba a su cama es, sencillamente, una guarrería. Son puntos de vista que comprendo perfectamente. Coincido con el profesor Reinhold Bergler cuando afirma que «si se cumplen todas las normas higiénicas básicas y se llevan a cabo las necesarias vacunaciones, el peligro de transmisión de enfermedades del perro al hombre es prácticamente inexistente».
Sin embargo, el peligro de infección aumenta considerablemente cuando los espacios que ocupa el perro y sus utensilios no se limpian a fondo de manera sistemática (→ pág. 103).
Mi opinión personal: soy partidario de que el perro comparta el dormitorio, pero también de que duerma en una silla o en su propio cojín.
No me gusta tenerle en la cama; resulta

un tanto incómodo. Prefiero prescindir de la cesta del perro; primero, porque es difícil de limpiar y, segundo, porque cruje cada vez que el perro se da la vuelta por la noche. Para que el perro pueda saciar su sed, pongo un recipiente con agua junto a la puerta. No me molesta el ruido que pueda hacer mientras bebe por la noche.

Los paseos

Todos los perros quieren la correa, incluso la adoran. Es la llave que les abre las puertas del mundo exterior: aunque vayan sujetos es para ellos un símbolo de libertad. La correa significa salir de paseo, vivir aventuras, encontrarse con otros perros, rastrear y olfatear: en suma, todo lo inherente a la propia naturaleza del perro, un animal nacido para vivir al aire libre. La forma de expresión es humana, pero refleja un sentir «perruno», si los paseos son como deben ser. A un perro no se le puede tener encerrado en casa como a un canario a un hámster o a un gato. Sería hasta perjudicial para sus digestiones. El perro tiene que hacer sus necesidades cada cierto tiempo (dos o tres horas) y como ingiere proteínas, sus evacuaciones dejan un fuerte olor, a veces muy desagradable. Según el tamaño del perro, así será también la cantidad: un kilo de carne da lugar a 300 gramos de excrementos como mínimo.

Normas para salir a la calle

Hay que sacar al perro al menos unas cuatro veces al día, tanto para que haga sus necesidades como para compensar las 10 ó 12 horas de reposo nocturno. Si no se hace así, al cabo de unos años el perro padecerá de los riñones.
La micción: Los machos y a veces las hembras dominantes dosifican la orina en porciones que durante sus paseos depositan por el camino allí donde ya lo hicieron otros perros. Los etólogos llaman a eso «marcar». La acción de «marcar» amplias zonas es muy importante para la autoconsciencia del perro. Aunque sólo sea por eso, hay que salir de paseo con él. (→ pág. 66).

¿A dónde ir de paseo?

En las zonas rurales no hay problema: Se va a una pradera o a un bosque y se deja correr al perro con una correa larga. Para dejarlo suelto hay que conocer al propio perro y las condiciones del lugar:

- ¿Hay cazadores en las inmediaciones?
- ¿Nuestro perro caza o rastrea espontáneamente?
- ¿Se trata de una zona donde hay brotes de rabia? En tal caso hay que llevar al perro sujeto con la correa y no olvidar el certificado de vacunación.

En la ciudad es más complicado. El perro tiene muchos más sitios donde husmear (mayor densidad de población canina), pero está obligado a respirar los gases de los coches, le molestarán los ruidos del tráfico y no se le podrá soltar de la correa, cosa que, personalmente no considero una tragedia. En la ciudad se puede ir a los jardines, parques u otros lugares en los que se reúnen los dueños de los perros. Estos sitios los hay en todas las ciudades y dan la posibilidad a su perro de establecer contactos con otros perros y de aprender su comportamiento social (→ pág. 58).
El jardín de la casa, por grande que sea, no puede sustituir a los paseos. Aun cuando el perro pueda correr libremente en el jardín, echará en falta las nuevas impresiones que busca en cada paseo y que tanto necesita para ser un perro psíquicamente activo. El jardín es útil para soltar al perro a primeras horas de la mañana y a últimas de la tarde. El perro puede jugar en él, pero no puede marcar, cosa tan importante para él. Además, la mayor parte de los perros no gustan de hacer sus necesidades en los lugares donde resida habitualmente.
El balcón, sólo en casos excepcionales: Hay personas que sacan a su perro al balcón para que haga sus necesidades en un papel. Eso sólo puede hacerse si se trata de un perro pequeño o en el caso de que, por enfermedad, no se le pueda sacar a la calle. Si lo hace así valdría más que no se tenga perro. El perro que haga sus necesidades en el balcón enfermará psíquicamente.

¿Cómo dar el paseo?
Llegar hasta la esquina más próxima o dar una vuelta a la manzana no puede considerarse como un paseo. El perro es un animal andador y necesita movimiento: cuatro veces al día, durante media hora, es el mínimo. Es mucho mejor hacer una marcha de una hora una vez al día —lo que también beneficiará la salud del dueño— e incluso más larga el fin de semana. La duración de los paseos y la manera de darlos están condicionadas por la raza del perro. Las hay que disfrutan poco corriendo, mientras que para otras no hay nada mejor que correr junto a una bicicleta.

Alabanzas de la correa
Cuando se saca al perro a pasear por lugares donde hay mucha gente, debe llevarse sujeto a la correa como medida de prevención. Hay personas a las que no les agrada que un perro corra hacia ellas, les huela o salte sobre ellos para saludarles. No importa que el perro sea grande o pequeño. Al que tiene miedo a los perros le da lo mismo de qué raza sean. Y las razas con mala imagen como el perro pastor, el Doberman o el dogo pueden provocar reacciones de temor que llevan a un comportamiento errado a las personas, lo que, a su vez, es mal interpretado por el perro. En esas circunstancias se dan casos de mordeduras y de nada sirve disculparse diciendo que el perro es muy cariñoso y que nunca hizo daño a nadie.

El paseante bien educado
Se puede exigir al dueño de un perro que éste le obedezca como es debido y que él mismo sea considerado. Sólo así se logrará, poco a poco, que desaparezca la actual prevención que existe contra los perros y que no aumente el número de los que son contrarios a ellos. Todos los perros, no importa su raza, desde el pachón, al lebrel irlandés pueden, en Alemania, pasar una prueba de comportamiento que grantiza su condición de «perro de compañía apto para circular por la calle»; sería conveniente que algo así se hiciera en España. Al salir con un perro hay que pasear con él, adaptarse a él, y en lo posible, no obligarle a ir por donde a nosotros nos gustaría, sino por donde a él le guste, dándole libertad para husmear donde él quiera y el tiempo que quiera (→ pág. 68). Se le permitirá que contacte con otros perros y en estos encuentros la correa, lejos de ser un impedimento, da al perro una mayor seguridad y confianza en sí mismo.
<u>Mantener la autoridad</u>: Esto no significa que se le deba permitir todo y dejarle ir a su antojo de un árbol o de un seto a otro. El dicho «Es más inteligente el que cede» no es válido con los perros. Pese a todas las libertades que se le den al fin y al cabo «es un paseo»; el dueño tiene que imponer su autoridad, y para ello la correa es de gran ayuda, como una especie de prolongación del brazo. Para imponer autoridad los tirones correctores no tienen que ser suaves, sino más bien enérgicos, para que el perro los note; una vez logrado, se volverá a aflojar la correa inmediatamente.
<u>Si el perro se revuelca en la porquería</u> habrá que interrumpir el paseo cuando huela mal. Lleve al perro a casa y lávele. No le castigue por haberse ensuciado. Basta con que le grite un fuerte «¡puf!», pues hasta el perro de aguas más remilgado puede empaparse literalmente de malos olores si encuentra un cadáver descompuesto, cáscaras de limón podridas o excrementos humanos. A los perros les gustan unos olores que a nosotros nos repugnan. Les apetece «perfurmarse» con ellos, lo mismo que hace el ser humano cuando prueba una nueva colonia. Deje, que la nariz del perro elija sus propios «perfumes»; considerar ese comportamiento como una manera de camuflarse de los perros empleando olores extraños, o que lo hacen para cubrir el olor ajeno con el suyo propio, no son más que simples historias.

La higiene del perro

No sólo por razones de belleza, sino, sobre todo, por motivos de higiene y para que se sienta a gusto, el perro tiene que ser sometido, periódicamente, a profundas medidas higiénicas. Cepillarle el pelaje, limpiarle las orejas, vigilar su dentadura y cortarle las uñas son parte de los cuidados que el dueño debe tener con su perro.

El baño: Cuándo y cómo

La teoría de que no hay que bañar al perro durante el primer año y que, después, se debe hacer con la menor frecuencia posible, está totalmente superada. Cuando el perro es mayor, se puden utilizar champús no alcalinos para perros, pero tenga en cuenta que:

A los cachoros no se les debe bañar hasta que hayan sido vacunados y tengan, como mínimo, 12 semanas.

A los perros adultos cada tres meses o cuando huelen mal. A las perras hay que bañarlas también después del celo.

El baño frecuente no es bueno. Hasta el mejor champú de belleza elimina algo de la grasa que el pelaje necesita para proteger al perro contra el frío, la lluvia y otras influencias meteorológicas.

Una buena temperatura del agua de baño es la de 34°C. Tenga cuidado, para que no les entre agua en las orejas ni champú en los ojos. A pocos perros les gusta la bañera o la ducha, aunque luego se metan alegremente en cualquier arroyo o charca.

Los perros de pelaje largo y espeso: (→ «El perro de la A a la Z», pág. 122) como el perro lobo inglés o el chaw chaw, después del baño huelen intensamente «a perro». Para evitarlo, mejor que bañarlo es peinarles y cepillarles todos los días, sin masajear demasiado la piel para no dañar las glándulas sebáceas. Lave con frecuencia las partes del pelaje humedecidas por la orina.

Muy importante es el secado a fondo

Jovencita paseando en invierno con un mastín de los Pirineos.

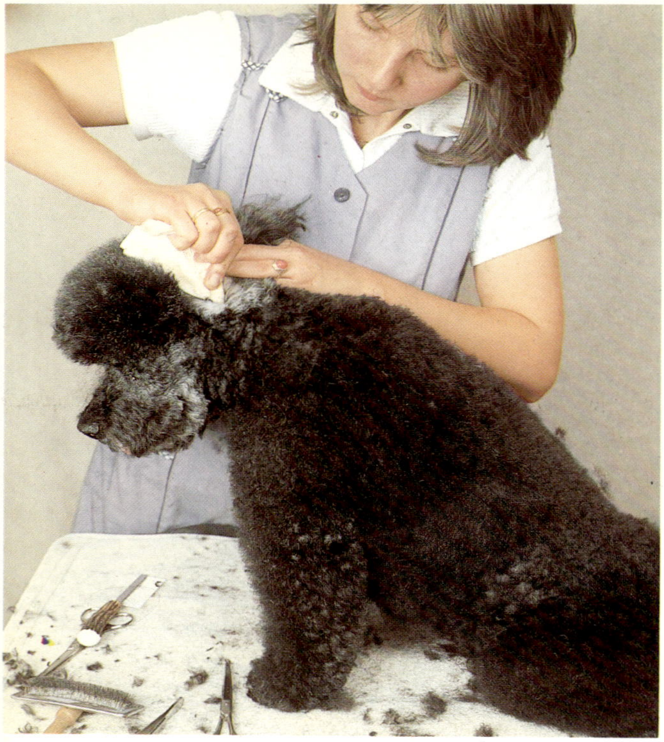

La limpieza de las orejas es una de las medidas higiénicas más importantes, sobre todo si se trata de perros con orejas colgantes. A algunas razas hay que inspeccionárselas todos los días. En la foto: Limpieza de orejas a un perro de aguas.

del perro después del baño. Frótele con fuerza, eso le gusta. Evite las corrientes de aire y déjele correr para secarse.

El cuidado del pelaje

Ofezco algunas indicaciones para que sepa cómo utilizar la maquinilla de esquilar, la navaja de entresacar, el cortauñas, las tijeras, el cepillo de cardar y el cepillo de púas. Si la raza del perro exige su uso se lo habrá explicado el criador al que compró el perro. Si no, debe aprenderlo. He aquí unas normas básicas adicionales:

1. A ningún perro le molesta el cepillado diario, siempre que se haga con tacto y se emplee un cepillo fuerte pero que no rasque. Empleará de 15 a 30 minutos diarios para ello, según el tipo de pelaje y así conseguirá eliminar los pelos muertos y establecer una relación armónica con su perro, pues el animal lo considerará como una caricia prolongada.
2. Los perros de pelo largo no tienen bastante con el cepillo y primero hay que peinarlos. Si se les peina frecuentemente el pelo no se aburujará. Los nudos que forma el pelo descuidado le hacen daño al perro, porque le tiran de la piel cuando se les cepilla. En tales casos no hay más remedio que recurrir a las tijeras; es mejor que no deje que las cosas lleguen a ese extremo. Una vez cepillado, pase por el pelaje una gamuza humedecida, lo que eliminará por completo los restos de polvo y devolverá al pelaje todo su brillo.
3. Durante la muda, trabaje el pelo primero con la mano frotándolo a contrapelo. Es posible que acabe con agujetas en las manos, pero sólo así podrá conseguir que los pelos muertos afloren a la parte superior del pelaje, donde es más fácil eliminarlos con un cepillo. También hay que frotar del mismo modo las patas y cabeza. Los pelos muertos causan gran picazón al perro.
4. También los perros de pelo corto pierden pelo y su pelaje necesita cuidados diarios.

El cuidado de ojos y orejas

Los ojos deben limpiarse cuidadosamente con un suave pañuelo de papel si aparecen secreciones en los lagrimales, cosa que sucede a diario en las razas con párpados caídos, como basset, bulldog o San Bernardo. Tenga cuidado de que la secreción no se seque y forme costra, pues eso dificulta su eliminación y puede dar lugar a irritaciones e infecciones.

En caso de infección, intenso enrojecimiento, excesivo flujo de lágrimas, molestias ante la luz o continuo parpadeo, se impone la visita al veterinario.

Las orejas, sobre todo cuando cuelgan, hay que limpiarlas primero con un paño húmedo para eliminar la suciedad de la calle y los restos de comida. Luego, hay que peinarlas si se trata de perros de pelo largo. Se debe inspeccionar regularmente cada 15 días el interior de las orejas de los perros que las tienen colgantes o dobladas, especialmente si además son densamente pilosas. Para hacerlo levante cuidadosamente el pabellón auricular y limpie, con más cuidado aún, el interior del órgano auditivo, utilizando un bastoncito de algodón impregnado de aceite. Cualquier enrojecimiento significará la obligada visita al veterinario. Para la limpieza de las orejas resultan prácticas las toallitas, de lana suave impregnadas de aceite que se emplean para los bebés. Es preferible que la primera inspección de las orejas sea hecha por el veterinario y que el dueño se fije en cómo lo hace exactamente.

Control periódico de la dentadura
Los dientes del perro son más resistentes que los de los hombres y casi nunca tienen caries. No obstante son mucho más propensos a la formación de sarro, tanto más cuanto más pequeño sea el perro y menos se atienda el cuidado de la dentadura.
Cuidar la dentadura de un perro supone:
- Acostumbrarle desde pequeño a que se deje limpiar los dientes con agua y una toalla.
- Limpiar los dientes con un cepillo blando y una pasta de dientes agradable para el perro o bien con jabón sin perfumar (cuando el perro ya sea adulto). También hay dentífricos especiales para perros.
- Acudir a su debido tiempo al veterinario: eliminará el sarro sin dolor.

Una gran acumulación de sarro puede producir dolor de muelas e infecciones. Si el perro tiene mal aliento, significará que las bacterias de la putrefacción están actuando y pueden llevar a la extracción de algún diente.

Cuidado de uñas
Las uñas hay que cortarlas si el perro no las desgasta suficientemente al andar por la calle, como ocurre con las uñas de los pulgares, que no sufren desgaste alguno. Si crecen en forma de gancho, pueden trabarse con el collar cuando el perro se rasque y el perro, al asustarse, podría resultar herido. Las uñas «tienen vida», es decir, están surcadas por vasos sanguíneos y nervios y sólo su extremo es materia inerte. En las uñas de tonalidad clara es posible distinguir la parte viva, pero no en las de tono oscuro, por lo que, al cortarlas, hay que proceder con sumo cuidado para no

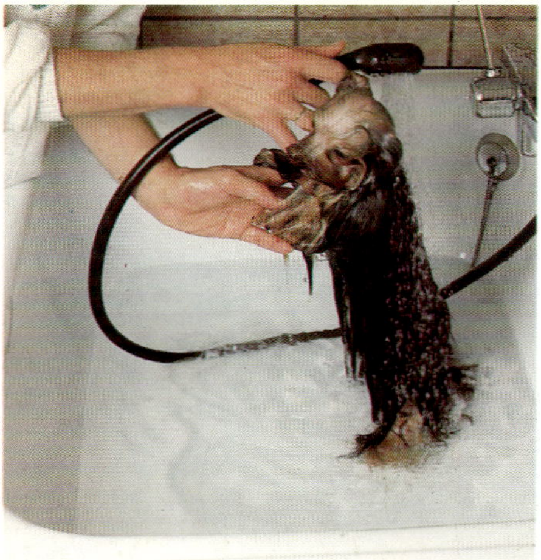

La «ceremonia» de bañar a un Yorkshire: Baño, ducha y, a continuación, secado a fondo.

dañar las partes con riego sanguíneo. Yo siempre llevo a mi perro al veterinario para que se las corte, porque personalmente no me atrevo.
El cuidado de las pezuñas: es de especial importancia. En ellas se apoya el perro en sus correrías durante el día, por lo que se resienten considerablemente. Si hace mal tiempo o ha nevado, hay que limpiarlas diariamente con un paño húmedo y secarlas debidamente. Revíselas de vez en cuando para ver si tienen adheridos restos de chicle o incrustadas piedras, astillas o cualquier otro cuerpo extraño. Las heridas superficiales se curan con polvos, y las grietas han de cubrirse con una capa de vaselina (→ también página 43).

Arreglando el pelo a un terrier galés (arriba), y cortándole las uñas.

La parte trasera: la tarjeta de visita del perro

En la higiene del perro también entra la limpieza de la parte trasera, pues el perro a veces se ensucia; lo mejor es limpiarle con un paño húmedo. Esa limpieza es de especial importancia en los perros de pelo largo, para evitar que queden colgando del pelo restos de excrementos.

Si el perro desliza su trasero por el suelo, eso tiene poco que ver con su limpieza o suciedad o con su conducta en el «marcaje»; este comportamiento significa que tiene saturadas y obstruidas las glándulas anales, lo que no sólo le resulta molesto, sino que constituye un verdadero impedimento social en sus encuentros con otros perros, dado que las glándulas anales segregan sustancias que despiden un fuerte olor, olor que informa a los otros perros sobre la identidad del suyo. Por eso los perros suelen olerse unos a otros debajo del rabo (→ pág. 59). Las glándulas anales obstruidas deben ser tratadas por el veterinario.

Parásitos

Si el perro se rasca mucho, mírele bien por si tiene parásitos. Puede tratarse de pulgas, garrapatas (→ «El perro de la A a la Z», páginas 118 y 124) o liendres (piojo canino). Estos últimos se alimentan de las sustancias que componen la piel y dejan sus huevos en el pelaje. Lleve al perro al veterinario para que diagnostique de qué parásito se trata y prescriba el tratamiento adecuado.

Muy importante: Jugar con el perro

El juego desempeña un papel muy importante en la educación del perro joven y contribuye en gran manera al establecimiento de la imprescindible relación social perro-amo, al tiempo que es una terapia que permite al perro desahogar el instinto combativo que lleva dentro. Para los perros que están solos mucho tiempo, es de suma importancia jugar con otros, pues así aprenden a ocuparse de sí mismos y, también, a jugar sin necesidad de sus dueños.

El juego como ayuda en la educación

Para que su desarrollo sea normal y feliz, los cachorros necesitan la misma atención y el mismo cariño que los niños pequeños. Es decir, hay que ocuparse mucho de ellos; y eso significa también jugar con ellos.

Consideraciones sobre la esencia del juego

- El juego en sí no pretende nada concreto: simplemente, se lleva un objeto de un sitio a otro, el perro intenta atrapar su rabo, etc.
- Determinante de un juego es la curiosidad por cosas nuevas y situaciones desconocidas hasta entonces. En consecuencia, el juego es una forma activa de aprender. Aprovéchelo para la educación de su perro.
- Cuando juega, el perro joven no se muestra muy constante. Todo lo nuevo le resultará más interesante que aquello que ocupó su atención hasta ese momento. Un solo juguete y una única forma de jugar no son suficientes. Deberá utilizarse la abundante oferta de los comercios especializados. Pero tenga mucho cuidado con el material de que esté hecho el juguete (→ página 21).
- Mientras mayor sea el perro mayor será su capacidad de mantener su interés en una misma cosa. Aproveche esta circunstancia para su educación.

Nota: con quien el perro juega con más intensidad es con sus hermanos de camada. Si no los tiene, el dueño tendrá que sustituirlos; una sustitución un tanto imperfecta, ya que no se trata de un ser de su especie. Los perros tienen que jugar con otros perros para acostumbrarse a las formas de expresión caninas. Por consiguiente, lleve a su perrito con frecuencia a lugares en los que tenga oportunidad de jugar con otros perros.

El juego como contacto social

Hombres y perros se cuentan entre los pocos seres que siguen jugando aunque sean adultos. Pero permítame una observación basada en la etología: así como los perros no son nunca lobos que se hicieron totalmente adultos los seres humanos tampoco son nunca monos que se hicieron adultos. (→ «El perro de la A a la Z», epígrafe «Neocenia», página 121). A casi todas las razas de perros les gusta jugar, y algunas siguen haciéndolo hasta avanzada edad (bóxer, terrier de Airedale o spaniel, por ejemplo). El juego comienza con una especie de postura de sumisión: el perro se echa sobre sus patas delanteras, el pecho pegado al suelo, las patas traseras bien recogidas, la parte trasera levantada. Se mueve hacia adelante, como diciendo: «¡Anda, ven... empieza!» Pone «cara de juego», con la boca abierta ligeramente, esbozando una sonrisa. La siguiente tentativa consiste en «presentar el juguete»: lleva un palo o una pelota hasta donde está su compañero y lo deja delante de él. Si éste intenta cogerlo, el perro lo agarra y echa a correr con él.

Distintas maneras de jugar con un compañero

1. Venir y echar a correr (→ «Presentar el juguete»).
2. Correr en círculo (señal de que tiene muchas ganas de jugar).
3. Agarrar y dejarse agarrar.
4. Toda clase de juegos a base de provocaciones y peleas.
5. Ir a por algo y traerlo.

Los juegos a base de provocaciones y peleas deben ser practicados a menudo, para que el perro aprenda a dosificar su «mordedura de juego». Los cachorros no saben reprimir su instinto de morder y como el morder es parte del juego de pelearse, hay que enseñarle a dominar ese instinto. Para los juegos de peleas tengo los siguientes accesorios:

- Un trapo muy fuerte para que el perro tire de él y lo zarandee.
- Un guante muy grueso para provocarle y dejar que lo muerda.
- Un balón de fútbol o de balonmano (mejor que una pelota de tenis), para tirarlo lejos y que el perro lo pare y lo traiga rodando hacia mí.
- Un palo que el perro lo muerda, salte sobre él o corra en su búsqueda y me lo traiga para volvérselo a tirar.

Otros juegos en compañía:

- El dueño echa a correr, el perro le persigue e intenta morderle en los talones para detenerlo, tal como acostumbraba a hacer con su madre.
- Jugar al «frisbee» (o disco volador) con su perro. Si puede, el perro asirá el disco en el aire. El disco deberá tener un borde blando. En EE.UU. los hay especiales para perros.
- Hacer con su perro una carrera de obstáculos o «jogging».

El juego como terapia
De vez en cuando, el perro tiene que dar rienda suelta al instinto combativo que está latente en él. Esto se aplica sobre todo a los terriers, que son perros eminentemente caseros. Cuando tienen poca actividad se buscan siempre algo que les sirva de presa y dará caza a las ruedas de una bicicleta o de un ciclomotor, a las piernas de quien pase a su lado, a los niños que estén jugando o a un gato.
Terapia: para que la represión interna no llegue a ser excesiva, es preciso jugar mucho con el perro. El juego más apropiado es el de disputarse una presa —una tela fuerte, un guante viejo o un palo. La correa nunca debe ser objeto de esa disputa, pues si llega a ser considerada como presa, nunca más podrá llevar adecuadamente al perro. A los perros les gustan esos enfrentamientos; tiran y sacuden, gruñen y ladran, se escapan con la presa y así desahogan su instinto agresivo, dosificándolo en pequeñas porciones que no son peligrosas. Cuide de resultar siempre ganador; para no perder el rango dominante que usted, como dueño, debe tener sobre su perro.

Convivir con el perro

Hay tres modalidades de convivencia con un perro.
1. En un piso de alquiler (entendido también por tal una habitación amueblada, en la que se autoriza el perro) o preferiblemente, en un piso propio.
2. En una vivienda unifamiliar sin jardín, que, en lo que respecta al perro, debe considerarse como un piso.
3. En una casa con jardín, que es la vivienda ideal para el perro.

El perro en un piso y en una casa sin jardín
Naturalmente este tipo de vivienda ofrece las más distintas posibilidades, desde un espacio reducido hasta el ático más espacioso; desde un bajo al piso veinte de un rascacielos. Cada uno de ellos ofrece al perro una muy distinta calidad de vida. He aquí algunas reglas a tener en cuenta cuando se tiene un perro en un piso:
- A ciudades más grandes, perros más pequeños.
- A casas más altas, perros «de patas más normales» (de lo contrario, podría haber problemas, como sería el caso de un Teckel o un bulldog inglés).
- A menos tiempo disponible, perros más fáciles de cuidar.
- A menos posibilidades de paseo, raza menos corretona.
- A más inquilinos en el edificio, raza menos ladradora.

El problema del perro casero
Entiendo por perro casero aquél que está mucho tiempo solo y cuyos dueños trabajan. Esos perros solitarios tienden a desarrollar fácilmente normas de conducta incorrectas. No existe una raza de perros que sea apta para vivir en soledad; por naturaleza, todos los perros son sociables. Si, a pesar de ello, cree usted que no puede prescindir de un perro, deberá tener en cuenta lo siguiente:
- Su decisión de adquirir un perro debe ser definitiva y no solamente un capricho momentáneo.
- Tiene que estar dispuesto a dedicar al perro todo su tiempo libre. No se puede estar fuera de casa toda la semana y no pasar el fin de semana con el perro.
- Tiene que fijar un horario regular de trabajo, para que su perro no esté solo más de ocho horas diarias.
- El perro tendrá que disponer en casa

▷
Página de enfrente: jugar hace feliz al perro. Un terrier de Airedale a la espera de empezar a jugar.

de un sitio apropiado que sea «suyo» y sólo suyo.

- Para poder soportar esa soledad cotidiana tan antinatural, el perro deberá estar bien educado y tener confianza en sí mismo. Habrá que fomentar esa autoconfianza con muchas alabanzas por los éxitos conseguidos y mucha dedicación.
- Pruebe a utilizar una caseta para el perro en el piso. Es un alojamiento ideal que da seguridad e inspira confianza. Conozco perros solitarios que tenían problemas y corrigieron sus fallos de comportamiento volviéndose más tranquilos cuando se les instaló una caseta.

Reacción y fallos de comportamiento
A los perros que, en ausencia de sus amos, destrozan los enseres de la casa, ladran incansablemente y pierden su sentido de la limpieza, no hay que reñirles o castigarles al volver a casa. El perro, que se alegra de volver a ver a su amo, no relaciona el castigo con lo que hizo quiza una hora antes, sino con el momento actual. Ponga a buen recaudo los enseres domésticos y dé al perro un hueso para roer, en sus ratos de aburrimiento. Procure averiguar las causas de los nuevos problemas que aparecen de repente (→ también «Trastornos de comportamiento del perro», página 101)

La alternativa: ¿dos perros? Como soy partidario de los perros caseros, no puedo aconsejarle que tenga dos perros a los que dejar solos. Pero si los animales se llevan bien entre sí y se complementan en lo esencial, la cosa puede resultar.

Ocupar sofás y sillas es mucho más atractivo que la propia cesta. En la foto, un basset.

Max, el destrozador de la correspondencia

Max es un caniche que vive con su ama en un piso de la gran ciudad. Un perro muy juguetón que apenas hacía ruido, cariñoso y obediente. Cuando su dueña aceptó un trabajo de media jornada, todo siguió yendo bien durante dos semanas. Pero después, Max empezó a destrozar las cartas y los periódicos que el cartero echaba bajo la puerta. Su ama ya conocía el libro «El perro difícil», de Eberhard Trumler, y en él se describía su problema. Max se sentía postergado por el imprevisible cambio introducido en su manera de vivir y demostraba su protesta destrozando la correspondencia, porque antes su dueña le permitía jugar con las hojas de periódico que ya había leído. Final feliz: a Max se le permitió acompañar a su ama en el trabajo.

El perro en una casa con jardín

Es estupendo para él. Puede salir a la puerta cuando quiera aunque no debe permitirle que le tome a usted por su portero, obligado a dejarlo entrar y salir cada vez que se le ocurra ladrar. Ya hemos dicho que un jardín no puede sustituir al paseo, pero resulta muy práctico para un rápido «levantamiento de pata». Si, para entrar en la casa, hay que atravesar el jardín, cierre la puerta que da a la calle y ponga un letrero avisando de que hay perro, por pequeño que sea: hay personas que tienen miedo a los perros. En el letrero no se debe poner «¡Cuidado! ¡Perro mordedor!» (por muy mordedor que sea un perro, no es como para anunciarlo en un cartel), sino, más bien, algo así: «Aquí vigila un bóxer».

La puerta del jardín debe estar construida de tal manera que el perro no pueda saltarla ni deslizarse por debajo. Los perros vagabundos o huidos no gozan de muchas simpatías y suelen tener una vida corta.
El buzón es mejor colocarlo delante de la puerta del jardín, pues carteros y perros no suelen tener buenas relaciones entre sí.

El perro que vive fuera

Si usted quiere que su perro esté siempre fuera, deberá escoger la raza apropiada.
Importante: para que un perro pueda vivir fuera hay que observar lo siguiente:
1. Cuanto más espeso sea el pelaje. más fácil le resultará al perro la estancia al aire libre (unos amigos míos tienen un chow chow al que le gusta sobremanera revolcarse en la nieve en invierno).
2. El perro que vaya a pasar la mayor parte del tiempo fuera de la casa tiene que acostumbrarse desde pequeño a esa vida e ir endureciéndose paulatinamente. Los perros que podríamos llamar «de interior» —sobre todo los de pelo corto— no están adaptados para vivir al aire libre.
3. Ningún perro de familia debería estar siempre fuera. Necesita la proximidad familiar y visitar la casa de vez en cuando.
La caseta ha de ser suficientemente grande para que el perro quepa en ella holgadamente. Debe estar protegida contra las corrientes de aire y acondicionada de tal suerte que el perro pueda hacer de ella su nido. La paja es muy caliente, pero no es muy higiénica. Casetas y perreras pueden ser adquiridas en los comercios del ramo.
La perrera resulta cómoda para quien tenga un jardín. En ella también puede pasar unas horas al día el perro «de interior», siempre que no haga demasiado frío o mal tiempo. La perrera ha de estar situada parcialmente a la sombra y el tipo de suelo debe permitir al perro hacer hoyos (su sitio natural) y estar cubierto de arena lo más limpia posible. Antes de construir la perrera, es preferible que se informe de cómo hacerlo en cualquiera de las muchas asociaciones caninas que sin duda habrá en su localidad o sus alrededores.
Nota: aunque se mantenga al perro sujeto con la correa durante algún tiempo para que pueda estar fuera contemplando el paisaje sin escaparse, eso no significa que se convierta en un perro encadenado, ni aunque en vez de correa se use una cadena.

A partir de los ocho años, el niño puede asumir la responsabilidad de cuidar al perro. En la foto, Corinna cepilla a un mestizo de Yorkshire.

Niños y perros

Si bien muchos perros son, por naturaleza, amantes de los niños y tratan con sumo cuidado a los pequeños, no todos son aptos para convivir con ellos. La capacidad de convivencia depende más del individuo que de la raza. He aquí algunos ejemplos:
Primer ejemplo: un perro pastor alemán posee un gran instinto de protección, le gusta aprender y se somete fácilmente a la autoridad de su amo. Éstas son buenas condiciones previas para un perro que vaya a vivir con niños. Pero entre los

perros pastores alemanes, también hay algunos que tienen un carácter duro (→ «El perro de la A a la Z», página 114), y necesitan un amo duro. Si, además, ese perro vive en un piso reducido de una gran ciudad, puede constituir un verdadero peligro para el niño.
Segundo ejemplo: un chow chow que, en determinadas circunstancias, puede ser muy tranquilo, pero extremadamente testarudo y poco inclinado a hacer amistades, no es, por la propia naturaleza de su raza, un perro adecuado para estar con niños. Pero si perro y niño crecen juntos desde pequeños, entre ambos puede surgir una amistad como apenas es posible establecer con ninguna otra raza canina. El chow chow acostumbra a entregarse por entero a una persona y permanecerle fiel para siempre.
En la elección de un perro que vaya a convivir con niños, juegan un importante papel las condiciones de la vivienda. El perro adecuado para vivir en una casa con jardín puede resultar incapaz de vivir en un piso. El perro adecuado para niños robustos, puede no serlo para niños sensibles. Lo ideal es que niño y perro crezcan juntos, pues, de ese modo, ambos se sentirán miembros de una misma camada.

Cualidades que debe tener un perro para convivir con niños

- No ser nervioso o miedoso.
- Ser muy manso.
- No ser sensible a los ruidos.
- Ser juguetón, resistir mucho tiempo jugando.
- Aguantar empujones sin enseñar los dientes enseguida (lo que el experto llama «alto umbral de excitación» (→ «El perro de la A a la Z», página 127), pero no tiene por qué aguantarlo todo.
- Tener un instinto protector natural.

La mayoría de esas cualidades se dan en razas de gran tamaño; los perros grandes son mansos, casi nunca muerden por miedo, son tranquilos por naturaleza, rara vez se ponen nerviosos, y son buenos protectores, conscientes de su fuerza. Eso no quiere decir que deje a su hijo correr sin más detrás de cualquier perro grande al que no conozca. Hay muchos San Bernardo a los que no les gustan los niños. Y si el niño no está acostumbrado a los perros, puede asustarse y, a su vez, asustar al perro, que tal vez reaccione atacando.
Los perros grandes tienen el inconveniente de que necesitan mucho sitio y un jardín, pues no se adaptan a la gran ciudad, aparte de que, dada su fuerza, un niño no podrá retenerlos en determinadas ocasiones.

Perros para niños

Perros grandes para niños: bobtail, collie, mastines suizos, perros de montaña húngaros (Kuvasz y Komondors), perros pastores belgas (tervueren y Groenendael), rotweiler y hovawart, terrier de Airedale, bóxer y pastor alemán. (Aunque también hay perros pastores que rechazan a los niños). En cuanto a los dos últimos citados, hay que considerarlos con ciertos reparos, pues tienden a pelearse con otros perros, por lo que han de estar muy bien educados para dejar que los niños los lleven de paseo.
Los perros muy grandes, como el San Bernardo, Terranova y Lanseer, también son aptos para estar con niños, pero necesitan mucho más sitio.
Perros medianos para niños: cocker, spaniel, Kromfohrländer, grifón de pelo largo de tamaño mediano y sabueso. Foxterrier, terrier irlandés, y bedlington pueden tener mucho temperamento y también tienen tendencia a pelearse.
Perros pequeños para niños: el teckel de pelo duro, el corgi galés, terrier de Cairn y el Bully francés son para niños tranquilos. Como es lógico, en cada categoría también tienen cabida los mestizos adecuados.

El perro como factor pedagógico

Psicólogos, pedagogos, médicos puericultores y psicagogos (los que practican una terapia educacional para ayudar a los enfermos psíquicos), son unánimes en conceder al perro un alto valor pedagógico, y cada vez van recopilando mayores conocimientos sobre la importancia que tiene un perro en el desarrollo del niño. Niño y perro establecen una mutua relación pedagógica: Aprenden uno del otro y, en sus juegos, ponen la mayor sensibilidad. El perro puede servir de ayuda para inculcar al niño el sentido de la responsabilidad y el concepto del deber, para que sea considerado y cuidadoso, ordenado y puntual; pero aún hay más:

El perro como maestro del comportamiento social

A primera vista suena un poco pretencioso, pero es exacto. El profesor Dr. Reinhold Bergler, director del Instituto de Psicología de la Universidad de Bonn, receta «un perro como medicina» a los niños con problemas terapéuticos y educacionales. En el lenguaje científico se dice: «El perro es una ayuda para formar un comportamiento con pleno sentido de la responsabilidad, para adquirir responsabilidades sociales y convicciones profundas, para vivir activamente los acontecimientos fundamentales de la existencia humana: recogimiento, afecto, sexualidad, nacimiento y muerte». A su vez, el doctor en medicina W. Piotrowsky, director de la clínica neuroquirúrgica de la facultad de Mannheim, afirma: «El perro tiene la función de formar el carácter y la capacidad de adaptación del niño».

En la práctica ocurre así: el niño quiere tener un perro, un ser vivo de extraordinaria capacidad de comunicación, que siente la natural necesidad de seguir fielmente a alguien. Esto el niño no lo sabe todavía; considera al perro como remedio a su necesidad de cariño, como un juguete vivo, una persona que siempre está a su lado cuando hace falta. Los padres incorporan al perro a la familia para que sea protector del niño, compañero de juegos, alguien capaz de impedir que se aburra, como un camarada del hijo único.

Es ésta una relación que influirá decisivamente en la vida del niño.

La amistad con un perro elimina las dificultades que los hijos únicos pueden tener para comunicarse con otros niños. Con un perro llevado de la correa ya se siente uno autosuficiente y se establecen

El perro es mucho más que un juguete vivo. Es, al mismo tiempo, un compañero de juegos y un ser con el que relacionarse.

El perro también se encuentra a gusto en el exterior durante el invierno. Un lebrel irlandés saltando por la nieve.

contactos sin apenas tener que esforzarse. Los niños que pueden hablar con sus perros seguro que no se quedarán mudos ante otros niños (o adultos). Un perro es posible que sólo supla en parte la carencia de otros hermanos, pero suple perfectamente la falta de amigos. Además, con un perro se encuentra uno más a gusto.

El perro como terapia para niños con deficiencias

Lo que para niños sanos y normales es de gran utilidad, puede servir de terapia para niños con deficiencias. Los informes recibidos de Inglaterra y USA sobre experiencias de ese tipo son altamente positivos. En casos de deficiencia psíquica, el contacto físico conduce a una relación psicoanímica, que desarrolla la capacidad de participación en el mundo exterior hasta niveles insospechados.
A los niños con impedimentos físicos, el perro les da una mayor confianza en sí mismos, lo que les libera de sus cargas psíquicas. El perro es un amigo que ni se percata de las deficiencias, ni le importan en absoluto. Siempre está contento y transmite su alegría. Y ayuda al niño a establecer contactos con otros niños que, sin el perro, resultarían más difíciles.

Cómo aprendió a andar Pedrito

Pedrito era un paralítico espástico y se negaba rotundamente a utilizar sus piernas, porque se caía fácilmente y se lesionaba. Cuando su padre le compró un perro joven, olvidó el miedo y las precauciones y seguía al perrito de una habitación a otra tropezando, cayéndose, arrastrándose y a veces incluso erguido. Fue casi como un milagro. Pedrito adquirió confianza en sí mismo, y dejó de exigir a sus padres continuas muestras de cariño, porque estaba orgulloso de ocuparse de su perro.
Podía, además, comunicarse mejor con sus hermanos, pues había un tema de conversación que interesaba a todos por igual: su perro. Un niño y un perro son dos en compañía. Eso da fuerza e independencia, tanto si se está sano como si se está enfermo.

Normas para los días fríos y calurosos

En invierno
La estación fría presenta una serie de problemas específicos y exige tomar determinadas precauciones.
¿Cuándo cortar o arreglar el pelo al perro por última vez? Hacia el mes de octubre y sin dejarlo demasiado corto. En invierno no se debe bañar al perro.
¿Hay que sacar menos al perro cuando hace frío? El frío seco no es tan desagradable como el frío húmedo. Los perros que se mueven mucho son menos sensibles que los perros más lentos. Los perros de pelo largo resisten mejor el frío que los de pelo corto.
¿Un abrigo en invierno? Si el frío es húmedo, a los perros viejos que no tienen pelo y están acostumbrados a vivir en pisos calientes se les debe poner una prenda de abrigo para protegerlos del resfriado o del reuma (→ pág. 22).
¿Medidas preventivas contra resfriados? Después de dar un paseo en un día frío y húmedo de invierno hay que secar al perro con una toalla y con el secador, si lo soportan. Los perros, como nosotros, pueden resfriarse y sufrir cistitis.
¿Carreras de fondo? Sólo los perros de razas adecuadas y con patas largas deben correr distancias grandes (en verano, por ejemplo, junto a nuestra bicicleta). ¡No debe creerse que los demás perros son corredores de fondo!
El cuidado de las patas: antes de salir de paseo por la nieve, póngale aceite o crema en las pezuñas y báñelas en una infusión de manzanilla caliente después del paseo. Es un buen procedimiento para proteger las patas contra la sal que a veces se esparce sobre la nieve.
Comer nieve: a los perros les gusta hacerlo, pero no es sano; puede causar diarrea o gastritis si se ingiere con el estómago vacío. Si eso ocurre, hay que llevar el perro al veterinario.

En verano
Si hace mucho calor, hay que tener en cuenta lo siguiente:
Agua fresca es algo natural, como durante todo el año. En verano es preciso controlar con mayor frecuencia el recipiente y renovar el agua más a menudo.
Comida: no se preocupe usted porque su perro coma menos de lo que acostumbraba. También nosotros comemos menos cuando hace calor.
Un lugar en la sombra: procure que su perro disponga de un lugar a la sombra. A la mayoría de los perros les gusta tumbarse al sol, pero es normal que cambien de sitio con frecuencia y busquen la sombra.
Paseos: limite los paseos más prolongados a las primeras horas de la mañana y a las últimas de la tarde.
El coche: procure estacionar a la sombra y dejar que entre aire fresco en el coche. La temperatura en el interior de un automóvil puede elevarse rápidamente y volverse insoportable.
El baño: a la mayoría de los perros les gusta bañarse en arroyos y lagos. Séqueles de manera que no salpiquen a los demás bañistas cuando se sacudan.

El perro en la ciudad

Los que no gustan de los perros y quisieran que se prohibiera su estancia en las ciudades, exponen principalmente estos dos argumentos:
1. No puede pedirse a un pobre perro que soporte la estancia en la ciudad.
2. Los propios perros y las suciedades que dejan son un peligro para la salud.
Ninguno de esos dos argumentos se tiene en pie y ambos son exagerados.

Los pobres perros de ciudad
Según encuestas llevadas a cabo por veterinarios, los perros que viven en ciudades no están más enfermos que los que viven en pequeñas poblaciones o en medio rural. Cierto que la ciudad con sus ruidos, sus humos y sus limitaciones para pasear no es precisamente un paraíso para los perros, como tampoco lo es para las personas. Pero en el transcurso de su historia, el perro se ha revelado como un ser con extraordinaria capacidad de adaptación y eso le ha permitido adaptarse a la vida en las grandes ciudades, Sobre todo si vive junto a verdaderos amantes de los perros. ¿Quiénes sino éstos estarían dispuestos a asumir los grandes problemas que trae consigo la tenencia de un perro en la gran ciudad?

La cuestión de los excrementos caninos
Hay personas que afirman que los excrementos de los perros hacen insoportable la vida en la ciudad. Olvidan los aludes metálicos de los coches, las nubes de gases contaminantes, la masa cada vez mayor de residuos de plástico y de papel... Nada de eso importa. Causante de las molestia son esos montoncitos y la orina de los perros. De vez en cuando, prestigiosas firmas se encargan de avivar desde los periódicos esa «histeria de los montones». ¿Pero dónde van a hacer sus necesidades los perros? Los desagües junto al bordillo de las aceras no se crearon para que los coches aparcaran allí, sino para dar salida a la suciedad. Una solución como la practicada en París, prohibiendo el aparcamiento en determinados tramos que se reservan para desahogo de los perros, sería impensable entre nosotros. El césped de los parques públicos se ha convertido en praderas para que la gente se tumbe. Realmente es difícil que el perro encuentre un sitio donde poder hacer sus necesidades discretamente. Lo más idóneo es la hierba y el suelo de tierra, pues allí se descompone rápidamente el excremento del perro, aunque no me refiero a la arena de los parques infantiles. Es una deplorable costumbre llevar al perro a un parque infantil por las mañanas y al atardecer, porque allí puede desahogarse con facilidad y rápidamente. Aparte de que con ello adquieren mayor consistencia los argumentos de los adversarios de los perros, es una irresponsabilidad desde el punto de vista higiénico.

El perro tiene su propia personalidad

En el folleto titulado «Hablemos del perro», de la Asociación de canicultura de Austria, encontré los «10 ruegos de un perro a los seres humanos». Los considero tan interesantes, que los reproduzco a continuación:
1. Mi vida dura unos 10 a 15 años. Cada separación de ti es para mí un sufrimiento. Piénsalo bien antes de adquirirme.
2. Dame tiempo para que pueda comprender lo que quieres de mí.
3. Infúndeme confianza. Vivo de ella.
4. No te enojes demasiado conmigo y no me encierres como castigo. Tú tienes tu trabajo, tus diversiones y tus amigos, yo sólo te tengo a ti.
5. Habla conmigo de vez en cuando. Aunque no entiendo tus palabras, sí reconozco la voz que se dirige a mí.
6. Aprende a tratarme como es debido. Yo nunca lo olvido.
7. Antes de pegarme, piensa que mis mandíbulas podrían destrozar fácilmente los huesecillos de tu mano y sin embargo no hago uso de ellas.
8. Antes de que me taches de «inútil», «testarudo» o «perezoso» cuando me pides que haga algo, piensa que ha podido hacerme daño la comida, o que he estado demasiado tiempo al sol, o que mi corazón está cansado.
9. Ocúpate de mí cuando llegue a viejo: también tú lo serás algún día.
10. Quiero que estés a mi lado cuando llegue ese difícil trance. No digas nunca: «No puedo resistirlo» o «que suceda cuando yo no me halle presente». Todo me resultará más fácil si estás conmigo.
Suscribo plenamente todo. Sólo el quinto ruego me parece que peca de modesto: hable mucho con su perro, tanto como le sea posible, siempre. El sonido de su voz creará una cierta armonía entre usted y su perro, lo que redundará también en beneficio propio, sobre todo si está solo.

Consideraciones sobre el tema «lobo»

Erik Zimen, investigador especializado en lobos y perros, vivió durante tres años entre una manada de lobos y muchos pudels reales y tomó nota de su comportamiento y actividades. Entre los lobos apreció 362 conductas individualizadas distintas, mientras que los dos tercios de los pudels presentaban características similares: habían perdido aquellos rasgos característicos que ya no precisaban debido a su convivencia con el hombre. Por consiguiente, podrá compreder mejor a su perro si tiene conocimientos básicos sobre el lobo:

- En una manada de lobos se establece una escala jerárquica que va desde el jefe de la manada –que también puede ser una loba– hasta el situado en el último peldaño, generalmente el más débil. Todos se ocupan del cuidado de la prole, y existe un control de natalidad condicionado biológicamente.
- También el cuidado de los cachorros está debidamente regulado; y es posible que los machos de menor rango se ocupen de los jóvenes, mientras la madre de rango jerárquico superior se dedica a la caza.
- Distintas generaciones de la misma familia viven en un sistema orientado a la protección de la manada.

• Para poder convivir de manera tan organizada, tienen que existir medios de comunicación claros y diferenciados. Como los animales salvajes tienen que ser silenciosos por naturaleza, disponen de un amplio surtido de señales visuales: posturas y movimientos de determinadas partes del cuerpo, sobre todo de la cola y las orejas, así como una expresiva mímica facial. De ese modo pueden comunicar a los demás las más mínimas sensaciones y los distintos estados de ánimo. Todo ello constituye un ceremonial perfectamente determinado, de reglas de interrelación y comunicación estrictamente observadas, a través de las cuales se establece con frecuencia el rango jerárquico. Según Zimen: «Al lobo se le ve lo que expresa».

• Cuando los lobos aúllan –casi nunca ladran– no se trata de una amenaza ni de un lamento: con sus aullidos tratan de orientar a otros lobos perdidos para que regresen a la manada; con sus aullidos se fortalece el sentir de grupo de la manada; el ambiente es amable y grande el sentimiento de pertenencia a un mismo grupo; algo así como cuando los seres humanos cantamos juntos.

• El gran espíritu de los lobos se manifiesta en el momento en que olfatean la caza: los animales se agrupan estrechamente con los hocicos orientados hacia la presa como si toda la manada se convirtiera en una «supernariz» colectiva. Después de unos segundos de total inmovilidad, la manada se lanza al ataque y comienza la caza.

Enseñanzas que puede deducir de utilidad para su perro

• La más importante es ese sentimiento de manada que algunas razas, como el pudel, por ejemplo, han hecho extensivo al hombre. Cada perro necesita a «su hombre». Sólo se encuentra a gusto en comunidad. Téngalo presente cuando tenga que dejar sólo a su perro durante mucho tiempo.

• Aprenda a entender lo que su perro quiere decirle. Lo expresa con orejas, pelaje y cola (→ páginas 65 y 66).

• Una perra también puede ser un animal alfa (→ «El perro de la A a la Z», página 112) y convertirse en el jefe de una familia mundana.

• Cuide usted de que en su «manada» familiar se mantenga el orden jerárquico y no permita que el perro se haga el jefe.

• La perra espera de usted que le ayude a criar a sus cachorros. Los perros dan mucho valor al espíritu de equipo y esperan lo mismo de nosotros.

• Cuando los perros quieren decirnos alguna cosa o avisarnos de algo, ladran. Es algo que han aprendido en su convivencia con nosotros y que es, en parte, su idioma. (→ página 62).

• Cuando los perros aúllan se trata de la llamada a su manada porque se les dejó solos; llaman a la compañera cuando hay una perra en celo en la vecindad y cantan a coro cuando quieren «hacer música».

Compañerismo entre hombre y perro

Un perro no es un juguete, ni un animal que esté ahí sólo para que se le hagan arrumacos. Es un ser vivo con personalidad propia, que sigue sujeto a las leyes primitivas de la Naturaleza que rigen a los depredadores aunque se haya adaptado al hombre como ningún otro animal. Hombre y perro se hacen compañía mutuamente. Con un perro se puede establecer una auténtica amistad; surge una compenetración entre ambos que va más allá del mero hecho de vivir juntos o de acostumbrarse el uno al otro. Es un entendimiento mutuo que a veces no precisa de palabras ni de signos externos.

Es condición indispensable para esa íntima relación hombre-perro que no considere a éste como un sistema de alarma de cuatro patas, como un juguete para los niños o como signo de prestigio, sino como un compañero, sin olvidar que es un perro, un ser distinto a nosotros. Pese a su estrecha relación con

◁
Página de al lado: Supersalto desde el suelo. Dos teckel mestizos en su juego de entrenamiento diario.

Al encontrarse dos personas con perro, hay que mantener las correas tal como se muestra en la foto.

el hombre, el perro sigue conservando esencialmente una forma de ser propia. Fred Graf, un experto en perros de raza Howavart y profundo conocedor de los canes, escribió: «El hombre es el único ser que se ha transformado en su ininterrumpido afán de "cambiar" sin realizar plenamente la domesticación en sí mismo. Esto impide, a veces, que el bípedo llegue a ser un compañero ideal para el perro, el cual, como "doméstico nato", es marginado muchas veces».
El investigador Erik Zimen agrega al respecto: «A la inclinación del perro hacia el hombre le corresponde la inclinación del hombre hacia el perro. A excepción de los horribles casos en que la deformada psiquis del hombre ocasiona la deformación psíquica y física del perro, se puede comprobar que no sólo el perro es un compañero para el hombre, sino que éste también lo es para el perro. El perro ayuda al hombre; y el hombre permite que el perro siga siendo perro en sus juegos y en su afán de moverse y de reproducirse. Eso es lo que mantiene vivo mi interés por los perros: su gran dependencia del hombre y, al mismo tiempo, su independencia, su alegría de vivir y su capacidad para conocer profundamente a sus amos».
Y a pesar de todo, el perro sigue siendo perro y seguirá siendo siempre un «depredador gregario» como su antecesor el lobo. Eso es lo asombroso y lo que nos hace felices. Él, «animal salvaje», poco después de nacer, queda integrado en la comunidad social humana, en una especie diferente a la suya a la que se siente estrechamente ligado. Su camarada el hombre le proporciona alimento, se hace cargo del cuidado de los cachorros, le protege de las inclemencias del tiempo, le cura sus enfermedades y decide —aunque con algunas excepciones— su pareja sexual, pese a lo cual, el perro sigue manteniendo su propia personalidad. Uno no puede menos de asombrarse de ello, lo mismo que del elevado rendimiento de sus sentidos, en lo que se diferencia de nosotros enormemente. Consideremos en conjunto cómo el perro percibe el mundo.

¿Por qué es el perro un buen guardián?

Usted está en casa leyendo un periódico. Todo está en calma y tranquilo. De pronto, su perro, que estaba dormido, levanta la cabeza y empieza a gruñir. Al sonar el timbre de la puerta empieza a ladrar. Antes ya de que sonara el timbre había oído que un extraño se acercaba a la casa. Lo bien que oye el perro, ha hecho que el hombre le asigne el papel de guardián.

Consideraciones sobre el oído del perro

La capacidad auditiva del perro es considerablemente mayor que la del ser humano. Percibe vibraciones que nuestro oído no puede captar. La capacidad auditiva del hombre varía entre 16000 y 20000 vibraciones sonoras por segundo; el perro, en cambio, puede percibir tonos entre 70000 y 100000 vibraciones. El silencioso silbato ultrasónico para perros se basa en esa capacidad auditiva. Un perro dispone de 17 músculos para mover sus orejas, y los perros que tienen las orejas levantadas por Naturaleza (→ «El perro de la A a la Z», página 122); pueden utilizarlas como una pantalla de radar para detectar la dirección de los sonidos.

Consideraciones sobre el olfato del perro

Cuando un perro entra en contacto con seres humanos o con sus congéneres, lo primero que hace es adelantar la nariz. Su olfato le dirá si la persona que llega le es conocida, si le es simpática o si, por el contrario, no le inspira confianza. Lo mismo hará en el trato con sus compañeros de especie: hay perros que, desde un principio, «no pueden ni olerse» (→ página 58).

Su extraordinario olfato capacita al perro para:

- Seguir las huellas de la caza y localizarla (ayuda para el cazador).
- Rastrear las huellas de un delincuente, buscar a un niño perdido o localizar droga aunque se halle en los más recónditos escondites (ayuda para la policía).
- Encontrar a personas sepultadas bajo la nieve hasta siete metros de profundidad, o debajo de las ruinas de una casa que se ha derrumbado (ayuda en casos de catástrofes geológicas y aludes).

El perro percibe el mundo a través de la nariz

Nuestro órgano sensitivo más importante, con el que percibimos el mundo que nos rodea, y nos dice exactamente cómo es, es el ojo. En los perros, es la nariz. No podemos ni imaginar todo lo que la nariz de un

El perro como vigilante (terrier de Airedale). El cartel avisador —en este caso en latín— dice: «Cuidado con el perro».

perro es capaz de transformar en percepciones. He aquí algunos ejemplos «inimaginables»:

- Un perro huele si estamos furiosos, tristes o si tenemos miedo; si le queremos o le rechazamos.
- Puede oler nuestra excitación interna cuando mentimos.
- Si sigue un rastro, sabe si es más o menos reciente, qué es y a dónde conduce.
- Olfatea todas las esquinas de la calle, farolas, árboles y coches para saber qué perros han estado allí antes que él y dejar noticias sobre sí mismo. De ahí la importancia de permitir que olfatee libremente (→ también página 68).

Otra prueba de las extraordinarias facultades olfativas del perro es su capacidad de oler el tiempo metereológico. Levanta la nariz al viento y aprehende partículas olorosas que flotan en el aire.

Cuando llega a casa un perro por primera vez, ya sea cachorro o adulto, el dueño debe permanecer «fiel a su propia marca olfativa» durante el primer medio año, es decir no se debe cambiar la propia imagen olorosa. Sólo así el perro podrá impregnarse de su olor. Otro ruego a los dueños: No se perfumen demasiado. Pude resultar, realmente, una molestia para el olfato de su perro. Tenga siempre presente que, aunque vive junto a usted, su vida se desarrolla dentro de un mundo sensitivo completamente distinto.

El sentido del gusto del perro

Aún no está suficientemente investigado, pero parece estrechamente relacionado con su notable sentido del olfato: parece seguro que la preferencia que siente el perro por determinadas comidas está influenciada por el sentido del olfato. La lengua (el órgano gustativo) tiene otras dos funciones más en el perro:

- Debido a su especial movilidad le sirve para tomar líquidos.
- Cumple la misión de refrescar al perro cuando suda. Al respirar entrecortadamente, la lengua desprende vapor de agua. Así pues, la lengua sustituye a unas glándulas sudoríparas prácticamente inexistentes.

¿Por qué el perro reacciona al movimiento?

Cuando el perro va hacia usted en la dirección del viento, es decir, cuando no puede olerle, tiene que confiar en sus ojos. El perro es présbita por naturaleza y está adaptado sobre todo a la percepción óptica del movimiento —herencia de su pasado como lobo cazador—. (Eso debe servir de advertencia para que ni un adulto ni un niño echen a correr cuando se encuentren ante un perro, pues eso es, precisamente, lo que excita su instinto de cazador). Si se conserva la calma y se permanece quieto, el perro no podrá distinguirle hasta que esté a poca distancia. Sólo entonces reacciona con rapidez y casi automáticamente. Esa facultad es aprovechada por los cazadores con sus perros de traída y de muestra, pero también sirve para que un perro lazarillo conduzca a su dueño con seguridad por calles con mucho tráfico y en medio de grandes aglomeraciones de gente. Los perros para ciegos pueden captar el menor movimiento a grandes distancias; lo estrecho de su cabeza les permite un ángulo de visión de 270º y hasta pueden ver tras ellos.

Consideraciones sobre la visión del perro

Aunque el campo de visión (→ «El perro de la A a la Z», página 114) del perro es mayor que el del hombre, su capacidad de percepción plástica es mucho más limitada. Su facultad visual va mejorando a medida que va disminuyendo la intensidad de la iluminación, lo que excita la capa reflectora de detrás del ojo y hace que sus ojos centelleen; por eso puede percibir los movimientos incluso en la oscuridad. Pero su olfato es el que le dice qué es lo que allí se mueve: ese es el sentido a través del cual percibe el mundo que le rodea. Lo vengo observando de continuo desde que mi

perro se quedó ciego. No está, ni mucho menos, tan impedido como una persona ciega. Cuando salimos de paseo juntos, manteniéndole siempre sujeto con la correa para poder avisarle de algún obstáculo, nadie se da cuenta de que no ve. Camina con soltura tras de su nariz y husmea como siempre lo había hecho. Sólo hay una diferencia: no divisa a los otros perros, sino que les huele sólo cuando están muy próximos.

El sentido del tacto

Los pelos del bigote del perro, tienen cierta función táctil, aunque no son tan importantes para el perro como los suyos lo son para el gato.
Otras zonas con células táctiles son los labios, las pezuñas y el espéculo nasal (→ «El perro de la A a la Z», página 117). El investigador sueco Dr. Zottermann ha comprobado que el perro tiene en la nariz una especie de detector de rayos infrarrojos. Esto podría explicar por qué los perros detectan personas vivas sepultadas bajo la nieve y, en cambio, no pueden localizar cadáveres helados.

Lo que un perro percibe con sus sentidos

La acción conjunta de sus sentidos permite al perro realizar cosas que dejan asombrados a los hombres civilizados, que sufrimos grandes deficiencias sensoriales.

- Un perro advierte cuando hemos decidido irnos.
- Duerme tranquilamente a pierna suelta delante del televisor, pero despierta si desenvolvemos un paquete con comida.
- Los perros de trineo pueden seguir una dirección determinada aunque sea de noche, mientras que los esquiadores no aciertan a hacerlo ni con una brújula.
- Los perros gustan de observar la vida desde una ventana que da a la calle o desde un sitio elevado sobre los alrededores.
- Un perro puede distinguir el sonido del coche familiar del de los otros motores.

Facultades que nos muestran que convivimos con un ser que ha sido dotado por la Naturaleza de órganos sensoriales que todavía le permitirían sobrevivir en medio de la Naturaleza.

El trote junto a la bicicleta es la mejor posibilidad de proporcionar al perro el necesario ejercicio. En la foto, un Hovawart rubio macho.

▷
Doble página siguiente:
Un pointer en una postura típica, con el hocico levantado al viento.

El perro tiene su comportamiento

En nuestra convivencia con el perro nos llaman la atención ciertas reacciones que nos parecen muy «humanas». Principalmente nos ocurre así cuando creeríamos que el perro no sería capaz de reaccionar de determinada manera. ¿Pero dónde está la frontera entre lo «humano» y lo «canino»? Las reacciones psíquicas de ambos ante una misma situación pueden ser muy similares. Cuando yo estudiaba zoología, había una nueva ciencia que se ocupaba del «alma» animal. Como es lógico, ese nuevo campo científico se denominaba «Psicología animal».
Hoy está en pleno apogeo esa rama de la ciencia y su nombre se ha convertido en un concepto de gran moda: Etología.

¿Qué es la Etología?
La Etología es la ciencia que se ocupa de investigar el comportamiento tanto de los animales como de los seres humanos. (El comportamiento es el estilo y la forma cómo alguien actúa, se porta y reacciona ante algo) teniendo en cuenta especialmente la evolución histórica de la especie. Es decir: Cómo surgieron, qué origen tienen y qué significan los movimientos, las expresiones sonoras o las posturas corporales.
Con respecto al perro, eso significa: ¿Qué quiere decirnos, con la forma de comportamiento típica de su especie, es decir, con los movimientos de su rabo, al erizar su pelaje, al levantar las orejas, al saltar o ladrar? ¿Cómo podemos aprender a comprender su forma de ser, sus maneras de expresarse y sus necesidades? Voy a intentar trasladar a la práctica y expresar en lenguaje cotidiano todo lo que la ciencia ha investigado hasta ahora, para que el lector pueda comprender por qué su perro reacciona de determinada forma en según que circunstancias y aproveche ese conocimiento para conseguir lo mejor en su convivencia con él.

La forma de comportamiento del perro

La forma de comportarse del perro viene determinada por su propia naturaleza que, a pesar de su larga vida en comunidad con el hombre, sigue conservando muchas de las peculiaridades características del lobo:

- Es un predador y por ello está tan bien capacitado para la caza.
- Tiene una profunda impronta de defensa de su territorio, por eso es tan buen vigilante.
- Su comportamiento social, su origen gregario de vida en manada, hacen de él un ser muy sociable.

A esa herencia de sus antepasados el perro suma una inteligencia propia, desarrollada gracias a su convivencia con el hombre y que se fundamenta en su capacidad para recordar experiencias vividas. Con su ayuda puede variar el disponible repertorio de reacciones ante distintas situaciones.
Por esa razón hay que señalar dos contradicciones:
1. Ciertas reacciones (como, por ejemplo, ante la percepción visual de un movimiento) ocurren de manera casi automática.
2. Simultáneamente, el perro es un

individuo independiente, muy sensible, capaz de tomar sus propias decisiciones. Así pues, el comportamiento del perro es la suma de:

- Una forma de comportamiento congénita en la especie canina.
- Un comportamiento especial propio de cada raza.
- Un comportamiento adquirido mediante la educación y la convivencia con el hombre.
- Emociones y valores sentimentales modificados igualmente por su trato social con el hombre.

Para el perro doméstico, una expresión de cariño o una alabanza por parte de su dueño son tan importantes como el premio material de una golosina. El perro conoce sentimientos tales como cariño, envidia o celos.

Comportamiento especial de las distintas razas

Debido a la intervención directa del hombre, algunas razas nos resultan «difícilmente identificables», pues los criadores los han dotado de características y formas de comportamiento especiales, lo que me posibilita una nueva descripción del carácter de las razas (→ Capítulo de razas, páginas 128 a 166). ¿Cómo interpretar, por ejemplo, las expresiones del rostro de un bobtail, oculto tras una cortina de pelo, o las de un doberman o un bullterrier si la piel de su rostro es tan lisa y fija que no puede reflejar emoción alguna (lo que vulgarmente se llama un rostro «falso»)? ¿Qué expresa la cara de un simpático basset, cuya gruesa piel tiene unos pliegues tan pronunciados que reflejan engañosamente un estado de ánimo que no existe?

En cuanto al carácter se refiere, algunas razas como los mastines de los Pirineos, o los perros de trineo y los terrier, se comportan de manera marcadamente dominante, necesitan ser educados con mano firme. Frecuentemente intentan modificar la escala jerárquica dentro de la familia. Eso no le pasará a usted con los perros de rastreo como los sabuesos o bassets. En ellos, como ocurre con el

El carácter y la forma de comportarse se heredan. Los foxterier son extraordinariamente vivarachos. En la foto, un foxterrier de pelo duro con un cachorro de 9 semanas.

El doguillo: ese incomprendido. Se le considera un perro gruñón por su aspecto, y sin embargo es alegre y cariñoso.

pudel y el galgo, la autoridad del hombre está asegurada. Se ha observado repetidas veces la manera de comportarse las distintas razas en el seno de las familias (no en el laboratorio) y se han obtenido datos que pueden influir decisivamente a la hora de elegir una raza.

Perfil del comportamiento en USA

Son fáciles de educar: el doberman, el corgíe galés, el caniche mediano y el caniche enano.
Entre los difíciles de educar se cuentan: el basset, el podenco, el foxterrier, el dálmata y el pequinés.
Especialmente vivarachos son: foxterrier, el terrier blanco de West Highland, el terrier, Schnauzer y el terrier de Yorkshire.
Son considerados muy tranquilos: el sabueso, el basset, el terranova, y el pastor australiano.
Muy buenos vigilantes son: el schnauzer, el terrier blanco de West, el terrier escocés, el doberman y el pastor alemán.
Menos vigilantes son: el sabueso, el terranova, el San Bernardo, el basset y el Vizla.
No gustan a los niños: el schnauzer enano, el teckel, el afgano y el pastor ovejero.
Soportan a los niños: el dálmata, el schnauzer gigante, el schnauzer mediano, el collie, el Hovawart, el doberman y el montañero bernés.
Quieren a los niños: bulldog, bullterrier, el dogo, el bóxer, el Rottweiler, el terranova, y el leonberger, entre otros.
Nota personal: Hay perros que son precisamente todo lo contrario de los descritos anteriormente, es decir de lo que por raza deberían. Ese es el inconveniente de generalizar los resultados de una investigación y dice mucho en favor de la individualidad del perro. Aunque la mímica de algunas razas nos resulta difícil de comprender (→ página 55), en la mayoría de los casos el perro habla con la expresión de su cara, y, además con sus orejas, su pelaje y su cola (→ «Lenguaje corporal», página 57). A tal respecto, no puedo menos que tachar de barbaridad el cortarle el rabo y/o las orejas, ya que así se priva al perro de uno de los más importantes medios de expresión.

Los movimientos de cola como expresión de los diferentes estados de ánimo

Hasta el que menos entiende de perros sabe que el perro que vuelve la cola es un perro amistoso. O al menos así se dice. Lo que no todos saben es que la intensidad de esos movimientos de cola expresan una amplia gradación de sus estados de ánimo. ¿Y cómo podrá expresarse un bóxer al que cortaron totalmente el rabo? ¿Cómo va a decirnos si está contento, si se encuentra bien, si está nervioso o si se halla en una situación conflictiva? ¿Cómo va a expresar todo eso si, para ello, necesitaría mover la cola de un lado para otro a un determinado ritmo? El perro se sirve del rabo para hablar con el hombre y con sus congéneres.
Con movimientos de cola rápidos y enérgicos el perro quiere decir a los

demás perros y al hombre que se siente contento. Mis basset machos tienen una manera especial de mover la cola cuando se encuentran ante un congénere hembra y desean demostrar su gran interés: la hacen girar con rapidez como si se tratara de una hélice.
Con movimientos de cola lentos y cortos, golpeando con ella el suelo un par de veces mientras está echado, quiere decir al hombre que se encuentra a gusto.
Una cola erecta, que se mueve lentamente de un lado a otro como el limpiaparabrisas de un coche, es la expresión de un conflicto entre la bienvenida y el rechazo. El perro no sabe qué hacer.
El rabo metido profundamente entre las patas significa retraimiento y miedo.
Una cola llevada horizontalmente es la expresión de un gran contento.
Debe observar a su perro para descubrir nuevas variaciones en sus movimientos de cola. Sólo con una profunda observación se aprenderá a comprender el lenguaje del perro.

Un perro tiene dos lenguajes
Uno para comunicarse con sus congéneres y otro para entenderse con los seres humanos. Uno y otro confunden en parte sus límites. Tan sólo el lenguaje olfativo nos está vedado a los humanos (→ «Consideraciones sobre el olfato del perro», página 49). Al lenguaje del perro también pertenece la emisión de sonidos (Lenguaje sonoro, → página 62), las posturas, la mímica; es decir, la expresión a través de todo el cuerpo (expresión corporal), de las orejas, la cola, la cara y el pelaje. El perro habituado a vivir con el hombre también tiene que poder comunciarse con sus congéneres, aún cuando ya no le sea vitalmente necesario.
Si no domina las reglas que rigen entre perros, será como si hubiera dejado de ser un perro y será difícil salir con él de paseo, pues no sabrá cómo usar ante sus congéneres la cola y el pelaje. Se convertirá en un perro inseguro y reaccionará con temor, manteniéndose alejado de los otros perros; se hará agresivo y pendenciero.

Jóvenes akitas jugando. La postura reflejada en la foto puede ser un gesto de sometimiento.

Con el contacto nasal comienza todo encuentro entre perros. En la foto, un cocker spaniel con un cachorro de bobtail de 6 semanas. Obsérvese la tensa postura del spaniel.

Cómo se reconocen los perros: El contacto nasal

¿Qué es lo que pasa cuando dos perros se encuentran?: Los perros se presentan uno al otro con la nariz como puede verse corrientemente. Dos perros que se encuentran por primera vez se acercan uno al otro con la boca abierta hasta que sus hocicos casi se tocan. Se olfatean y comprueban si «pueden entenderse». Después de ese control olfativo, adoptan una postura amistosa o de repulsa. Los investigadores del comportamiento llaman a ese saludo «contacto nasal».

Es condición indispensable para el adecuado desarrollo de ese proceso de conocimiento que ambos perros sean normales y no neuróticos, y que tengan relaciones abiertas con otros perros. Que esto ocurra dependerá de los dueños. Si toma en brazos a un cachorro en cuanto se acerca otro perro; si impide el encuentro de su perro con sus congéneres e interrumpe todo contacto entre ellos, no se asombre si después su perro se niega a tratar con cualquier otro perro. Son ésos los perros que rehuyen con aullidos de miedo todo contacto nasal o que se lanzan contra los otros perros gruñendo y ladrando: se comportan frente a ellos como unos cobardes o, por el contrario, con un aire de superioridad completamente anormal, desmedido y de modo que un perrito pequeño se atreve a atacar a un pastor alemán, por ejemplo. Pese a todos los cuidados de sus dueños, serán perros marginados pues los contactos entre perros forman parte importante de su vida. Todo propietario de un perro debe acostumbrarle desde pequeño a tales encuentros para que aprenda las reglas y las observe. A los perros jóvenes se les puede dejar que contacten con cualquier otro perro, ya que no están expuestos a ningún peligro. Ningún perro adulto, por poco domesticado que esté, olvida la ley natural «no morderás a los cachorros». La etóloga doctora Dorit Feddersen-Petersen, niega al pudel la facultad de entenderse con otros perros y comunicarse con ellos, pues suelen ser criados como los perros más cariñosos

con los seres humanos, y nadie concede valor a su entendimiento con otros perros, lo que produce una paulatina degeneración de sus cualidades congénitas, herencia del lobo. Para los pudels sólo es importante su contacto con el hombre.

Reglas de encuentro entre perros
Como todo en el mundo canino, también los encuentros están sujetos a leyes estrictas:
El perro que ya tuvo contacto nasal con otro, la próxima vez que lo encuentre tendrá que mover la cola para decirle «¡Hola amigo!» si le cae bien o le gruñirá, lo que significa ¡Déjame en paz! Su prodigiosa memoria olfativa guarda el recuerdo del anterior encuentro y el perro sabe que ya conoce al otro. El dueño puede darse cuenta de ello, pero apenas puede hacer nada para evitarlo, ni para conocer el porqué.
Los perros seguros de sí o muy grandes tienen una tercera posibilidad: ignorar a ciertos perros; y pasan a su lado como si no existieran.

Olfatear la parte trasera es el paso siguiente al contacto nasal. Ese control anal no es una «cochinada», sino algo totalmente natural para el perro, pues debajo del rabo se encuentran las glándulas que le dan información sobre el otro perro. Los científicos llaman a esa zona «rostro anal» y todo perro que, con el rabo levantado, presente espontáneamente esa zona a otro perro, es un animal seguro de sí mismo.
El lugar que cada perro ocupa en la escala jerárquica determina cuál de ellos debe someterse primero a ese «control de pasaporte». La jerarquía (el rango social) del perro juega un papel dominante. Se mantiene no sólo en la convivencia regular con otros perros, sino también en los encuentros ocasionales. También en el mundo de los perros hay quienes nacieron para líderes o para una permanente sumisión. Para determinar a quién le corresponde el rango superior, los perros pelean de acuerdo con ritual preestablecido. ¿Cómo se puede reconocer a tiempo esa situación?

Otra escena de encuentro entre perros: el control anal. En la foto, dos perros mestizos.

En la mayoría de los casos, los perros grandes tienen un rango más alto que los pequeños. En la foto, un gran Schnauzer negro.

Suponiendo que ambos perros sean normales y que se comporten con naturalidad, el encuentro se desarrolla del siguiente modo:

Del encuentro entre perros a la pelea entre ellos

Una vez establecido el contacto nasal, ambos perros se sitúan uno paralelo al otro y se olfatean sus respectivas partes traseras. Mientras muevan alegremente la cola, no habrá nada que temer.

Los perros asustadizos suelen ponerse rígidos en esos encuentros y se les erizan los pelos del lomo. Eso demuestra inseguridad, y no significa que esté dispuesto a la pelea. Cuanto más seguro se sienta el otro, menos peligrosa será la situación.

Si los dos perros se consideran igual de fuertes y al mismo nivel y uno de ellos deja de mover la cola, entonces el otro la pondrá rígida y erizará su pelo como diciendo: «¡Eso no lo consiento!». Ambos perros empiezan a moverse en círculo y se empujan con el costado. Si uno de ellos deja caer la cola, y se cubre así su «fisonomía anal», se puede traducir por: «¡No quiero jaleos!» y ahí se habrá acabado todo. El otro tiene un rango superior que es aceptado y ese puede ser el comienzo de una buena amistad entre ellos.

Si ninguno de los dos cede y se colocan formando alternativamente una «T», es decir perpendiculares entre sí, puede producirse la pelea.

El perro que forma el trazo transversal de la «T» está a la defensiva, mientras que el que forma el pie de la «T» es el dipuesto a atacar.

Pero aún se está a tiempo de evitar la pelea. Para ello no debe tirar bruscamente de su perro para apartarlo del otro con lo que se arriesgaría a provocar la lucha inmediata. Ninguno de los dos perros debe dejar de «dar la cara». Si obliga a su perro a hacerlo, la próxima vez que se encuentre a otro perro se lanzará de improviso sobre el confiado animal para descargar en él su furia. Separe a los dos perros con una orden enérgica. La autoridad del amo suele ser suficiente para que el asunto se

solucione de modo incruento. Separe a los perros; la situación y la obediencia de su perro determinarán la forma de su intervención.
Si se deja pasar la oportunidad de separar a tiempo a los perros, puede producirse la pela. Por encarnizada que parezca, generalmente no será tan seria, sobre todo si ambos perros han aprendido a convivir con otros perros y respetan las normas del comportamiento canino. Por el contrario, una pelea a mordiscos, incontrolada, entre dos peros que no dominen sus instintos, puede resultar muy sangrienta. Cuanto más ruidosa sea la pelea tanto menos peligrosa. En esos casos sólo los belfos suelen sufrir heridas cuando los perros se muestran los dientes tan cerca uno del otro que se hieran.
Si uno de los perros se somete o cede, la pelea se termina si los dos animales controlan sus instintos. No pretendo dar aquí normas generales, como se hacía en otros tiempos: los perros como individuos y las situaciones son tan variadas que no cabe generalizar. Los dueños de los perros sólo pueden poner fin a la pelea si consiguen separar a los contrincantes. Lo mejor sería levantarlo y tomarlo en brazos pero su perro podría llegar a morderle. No intente tomarlo cuando ya esté enzarzado en la pelea. Cuando los perros luchan están como en trance: no oyen ni sienten nada; sólo ven a su contrario.
Los perros sujetos con correa suelen ser causa de más peleas que aquéllos que están acostumbrados a encontrarse sueltos con otros perros. La correa, como prolongación del brazo del dueño, hace que el perro se crea doblemente fuerte, pero esa creencia le sirve de bien poco cuando se le deja suelto en los parques y otros lugares apropiados para los encuentros entre perros.
Los encuentros entre dos machos terminan siempre cuando los dos perros levantan la pata. Eso forma parte del ceremonial y fortalece la confianza del perro en sí mismo. Deje que su perro lo haga aunque vaya con correa.
A las perras hay que mantenerlas siempre separadas. Cuando se pelean,

Se suele subestimar la facultad para correr del basset. Puede ser muy rápido y correr durante mucho tiempo.

El salto al agua. A la mayor parte de los perros les atrae el agua y saben nadar instintivamente.

no aceptan reglas y luchan de modo brutal. En los parques y otros lugares frecuentados por perros, si ve que se aproxima uno, averigüe previamente si es macho o hembra. Y suelte la correa de su perro macho sólo cuando quiera permitir un encuentro.

En los contactos entre perros tenga en cuenta:

1. Cuantos más perros conozca el suyo, más libremente y con mayor naturalidad se comportará.
2. Los perros no se muerden de improviso: primero amenazan y hacen mucho teatro.
3. Algunas razas, como el foxterrier o el bullterrier, son remisas a contactar con otros perros. No se les debe apremiar.
4. No hay nada más bonito que un encuentro amistoso entre perros: media hora de juego juntos proporciona más movimiento que un paseo de dos horas.

Las expresiones sonoras del perro

«¿Cómo habla mi perro...?» es una orden con la que muchos dueños de perros incitan a ladrar a su preferido. Los sonidos que emite el perro son, para el hombre, sinónimo de lenguaje, sobre todo los ladridos. A lo largo de los años, he ido anotando todo lo que mis perros son capaces de expresar.

El repertorio de su lenguaje sonoro: ladran, aúllan, golpean, gruñen, ululan, gimen, dan alaridos, gritan, chillan, lloriquean, se lamentan, suspiran, refunfuñan y ronronean. A veces hacen varias de esas cosas al mismo tiempo, y no sé cómo debería llamarlo. Mi relación de sonidos contiene sólo los destinados a la comunicación.

Aprenda a comprender al perro: Un perro puede aullar de alegría o gritar de miedo, puede bostezar de aburrimiento o abrírsele la boca porque tiene sueño. Debe entender este lenguaje sonoro, unido al lenguaje corporal. Así, por ejemplo, cuando llega a casa y su teckel, lleno de alegría, mueve no sólo el rabo sino también el trasero, cimbrea todo su

cuerpo, salta como si fuera una pelota de goma, aúlla y ladra, hasta lastimar sus oídos...

Esa forma de saludo precisa una respuesta por su parte. Dígale a su perro: «!Está bien... muy bieeeen!» y éste se tranqulizará. Si el animal emite un sonido entrecortado y monótono como «guó-guó-guó» y al mismo tiempo que se le queda mirando mueve mucho la cola, le está pidiendo que lo saque a pasear. Un ladrar fuerte y continuado puede significar que el perro quiere comer. Un gruñir apagado, el pelo erizado y algún que otro «guau-guau», indican que hay alguien al otro lado de la puerta de entrada y va a sonar el timbre; cuando esto ocurre, el ladrido se hace más fuerte y seguido.

Importante: la relación humana Un dueño de perro que se precie debe entender todo lo que el animal quiera expresar, cómo debe ser en la relación hombre-perro, y reaccionar correctamente. Correctamente significa con una mezcla bien dosificada entre hacer como que no oye nada o intervenir. El dueño que «oye demasiado» se convierte en el criado de su perro, que lo notará enseguida y se aprovechará de ello descaradamente.

Los ladridos: Entre los muchos perros que he conocido a lo largo de mi vida, los hubo charlatanes, callados, ruidosos y conversadores serios. Hay perros que son apasionados ladradores, lo mismo que hay personas a las que les gusta contarlo todo. Cuando paseo por un parque, puedo distinguir qué tipo de perro ladra, lejos o cerca: los bóxer y demás perros de cabeza voluminosa tienen un ladrar bronco, como si tuvieran la boca llena. Los dálmatas y los setter son melódicos, como cantantes tiroleses; el collie se repite de manera monótona. Desde un punto de vista crítico, podríamos decir que el ladrido es menos una manifestación idiomática que una manera de expresar sentimientos transformándolos en tonalidades. Una cualidad que el perro desarrolló y perfeccionó a lo largo de su covivencia con el ser humano.

Importante para la práctica diaria: Cuanto

mejor comprenda y más atienda los ladridos de su perro, más los empleará el animal.

Los perros de caza ladran de manera consciente, para transmitir al cazador las informaciones que adquieren gracias a su mayor capacidad sensorial: ladra cuando encuentra un rastro; ladra cuando avista su presa, indicando su dirección; ladra cuando la ha localizado escondida entre la hierba y, también para indicar dónde cayó muerta.

¿Qué tiene de cierto el proverbio «perro ladrador poco mordedor»? El perro avisa y con sus ladridos aleja a los extraños. El perro que ladra no suele estar de humor para morder; cuando quiere morder, lo hace en silencio y con rapidez.

Cómo habla el hombre con su perro

La respuesta a los ladridos es nuestra forma de hablar con el perro; hablar con las manos son los gestos cariñosos (→ página 64). Si quiere comunicarse con su perro, lo primero que tiene que hacer es eliminar la barrera de sus propios complejos, pues es posible que al principio tenga reparos en poner en sus labios esos términos amables y cariñosos que tanto gustan a los perros. Dígale, sin sentirse avergonzado, aunque, y al principio, sin testigos: «¡Hola, bonito! ¡Pero qué guapo eres! ¡Huy, cuánto te quiero! ¡Eres un sol! ¡Precioso tú!» Tenga presente que la acción de ladrar tiene mucho de emotivo y compórtese con la misma emoción en sus conversaciones privadas con su perro. Lo de menos son las palabras. Lo que importa es el tono de voz, la cadencia del sonido, el efecto tranquilizante de esas palabras.

Cuán eficaz puede ser ese lenguaje lo vi con claridad durante mi visita al Jardín Inglés de Munich, cuando se me cruzó un doberman en mi camino. No sirvieron de nada mi amable «¡Vete!» o mi enérgico «¡Fuera de aquí!». El doberman siguió allí, impertérrito. Entonces cambié de tono, lo hice más amistoso, sonreí, busqué con mis ojos la mirada del perro y le dije: «¡Pero qué simpático eres y qué tontoi» El perro movió la cola, levantó la pata y se perdió entre los matorrales. A partir de ese

De cada cuatro personas que tienen perro, una tiene un mestizo. En la parte izquierda de la foto: un mestizo de ackel y perro pastor. A su lado, un mestizo de Rotweiler y perro pastor.

instante, estoy plenamente convencido de que las alabanzas y el trato amistoso son el mejor medio de establecer relaciones entre hombre y perro.
Observación: la sonrisa es lo más importante en el contacto visual, es como el aura de la amistad, sin la cual la mirada es como una amenaza.

Los gestos de ternura

Como a nosotros nos faltan dos de las más importantes posibilidades de comunicación del perro (No podemos hablar con la cola ni con las orejas, subiéndolas o bajándolas) debemos complementar nuestro lenguaje, cuando nos dirigimos al perro, con gestos que le muestren nuestro afecto. Cuando lo acariciamos no debe ser, como se hace con un gato para que ronronee, es decir con la mano extendida y suavemente; eso no gusta mucho a los perros que prefieren que se les frote enérgicamente.
Yo distingo seis posibilidades de demostrar ternura: 1. Rascarles el pecho, lo que les gusta mucho, sobre todo a los machos.
2. Rascarles la base del rabo, lo que despierta en ellos sensaciones agradables.
3. Rascarles debajo de la mandíbula, suavemente con las yemas de los dedos.
4. Frotar los músculos de las orejas y rascarles detrás de ellas.
5. Darle pequeñas palmaditas en el lomo y acariciarlo, pero no como cuando las personas se abrazan y se dan palmaditas en la espalda.
6. Poner la palma de la mano sobre el lomo o en el abdomen y dejarla así durante un rato. Si su perro quiere corresponder lamiéndole la mano, no lo rechace, sino déjele hacer. Lávese luego las manos.

De perro a perro:
Cuando los perros dicen lo que piensan unos de otros

Los perros en sus relaciones entre ellos tienen métodos muy sutiles para decirse lo que piensan. Se sirven para ello de todo el cuerpo, del rabo, las orejas y el pelaje. Cuando un perro se dirige expectante hacia algo o alguien, todo en él tiene una tendencia positiva: cuerpo, orejas, cabeza, cuello y cola. El perro amplía su propia imagen, esa imagen ampliada debe intimidar al otro, convirtiendo en amenaza lo que era una actitud expectante. Los etólogos llaman a eso «conducta de imposición».
Imponerse: eso es lo que significa enseñar los dientes sin que necesariamente se llegen a utilizar; significa hacerse más grande de lo que se es realmente, erizando el pelaje, manteniendo la cabeza en alto, las orejas tiesas, las patas tensas y la cola rígida, a veces completamente erecta. Al mismo tiempo, se presenta al contrario el lado más ancho y se le mira fijamente. Con ese movimiento puede decidirse cuál de los dos perros tiene un mayor rango jerárquico, sin necesidad de que se peleen.
Me gustaría estimular la siguiente reflexión: si, para el perro, el tamaño es importante y amenazador, ¿cómo nos percibe a nosotros? En comparación con los perros, podemos ser entre dos y seis veces mayores que ellos, según su raza. Por eso le aconsejo que no trate de hacerle aún más pequeño, conscientemente. Y otra cosa: ante perros dominantes, nuestra estatura es nuestra mejor baza para imponernos a ellos. La mayor parte de los casos de mordeduras se producen casi siempre, cuando la persona se cayó y perdió la superioridad de su tamaño.
El movimiento defensivo: es lo contrario de la «conducta de imposición». El perro no quiere moverse ni hacer nada para acercarse a nadie. Se derrumba; agacha la cabeza, las orejas, la cola, mientras que el pelaje se mantiene liso. El perro no quiere amenazar, sólo desea escapar con la mayor rapidez posible.

Lo que las orejas nos delatan

La mejor manera de conocer el estado de ánimo y las intenciones del perro es «leerlo en sus orejas», sobre todo en los perros de orejas tiesas. Pero también un spaniel o un basset, que tienen orejas muy caídas, pueden decirnos algunas cosas con ellas. A grandes rasgos esto es lo que significan:
Orejas empinadas: estado de alerta, atención, confianza en sí mismo; orejas

inclinadas hacia adelante o vueltas a los lados: predisposición al ataque; orejas retraídas o pegadas: inseguridad.
En el seno del perro viven dos almas, cuando ladra con las orejas estiradas y al mismo tiempo mueve la cola. Eso es lo que suele sucederle con frecuencia al perro que está detrás de la valla de un jardín. Tiene que defender su territorio y sin embargo le gustaría ser amable.
Cómo reaccionará en último extremo, es algo que nadie puede saber; en ese momento, ni siquiera él.
Por lo general, puede afirmarse que:
- Cuanto más seguridad en sí mismo tiene un perro, tanto más móvil es su cola.
- Si la cola es rígida y se mantiene inmóvil, el perro es retraído, receloso o incluso miedoso. Perros de estas características suelen morder por miedo.
- El perro que lleva el «rabo entre las piernas», caído, es un perro inferior salvo en el caso de los galgos a los que su criador enseñó a llevar siempre el rabo metido entre las patas.

Ya debe saber todo lo relacionado con el movimiento natural de la cola del perro (→ pág. 56); pero no debe confundirlo con las oscilaciones de un lado a otro de un rabo erecto. Éste significa una excitación que tiende a progresar. En tales casos tiene que saber leer la cara del perro. Una cara «de enfado» conjuntamente con una cola erecta, son una advertencia: «¡Cuidado!»
Otra señal característica de aviso es el pelo erizado, sobre todo en la raíz del rabo.

Cómo habla el perro por medio de su pelaje
El perro ha tomado del lobo la facultad de erizar algunas partes de su pelaje, principalmente en la raíz del rabo. Si en esa zona se le ponen los pelos de punta, el perro quiere decirnos: «Hasta aquí hemos llegado, pero ahora, basta». Ese «basta» consiste en un profundo gruñido, que puede venir seguido de algo tan desagradable que es mejor no probarlo.
Los lobos erizan igualmente los pelos del rostro que pueden convertirse en una verdadera máscara.
El pelaje erizado y el rabo erecto están presentes en todo gesto amenanzador.
Si el rabo cae hasta la vertical, el cuadro general de amenaza varía: el perro se siente inseguro.
Si el pelaje se alisa, el perro parece más pequeño y todo indica que está dispuesto a ceder, a escapar, a correr, a esconderse en cualquier parte. El signo más claro de su sumisión es cuando el perro se pone boca arriba.

Cuando los perros ríen
Entre mis amistades hay quienes me aseguran que su perro puede reírse. Eso es algo que nunca he dudado, salvo que encuentro raro que sea sólo ese perro.
La risa no es rara en los perros. Cuando el perro echa hacia atras los labios, levanta las comisuras de la boca y abre ligeramente sus fauces, da a su cara el mismo aspecto, la misma mímica de los hombres cuando sonríen. Como, al hacerlo, el perro no enseña los dientes, es fácil darse cuenta sin posibilidad apenas de confusión de que no se trata de un rostro amenazador. El perro muestra esa «risa» tanto al hombre como a sus congéneres.

El olor como medio de entendimiento
Yo siempre he dicho que «el perro ve el mundo a través de la nariz»; dispone de un código de expresión mediante olores, inconprensible para nosotros, y me he referido a ellos en el capítulo sobre los encuentros entre perros (→ página 58).
Observará a diario, cuando saca de paseo a su perro, que éste se pone a olisquear por todas partes, y si es macho levantará la pata una y otra vez: eso tiene que ser así, se trata de una necesidad ineludible, opinión en la que coinciden unánimemente todos los amigos de los perros y los expertos.
Muchos ecologistas convencidos consideran que ese «riego» de árboles, setos y esquinas perjudica al medio ambiente y no es, precisamente, una manera de fomentar el crecimiento de las plantas que lo sufren. Sin embargo, prohibir a su perro que levante la pata es limitar el comportamiento propio de su especie.
Cuando el perro levanta su pata lo hace no sólo para vaciar su vejiga, sino, sobre

▷
Página de al lado: «¿Como el perro y el gato?». En contra de ese prejuicio tan extendido, la amistad entre perro y gato es muy frecuente. La foto muestra una perra Hovawart y un gato doméstico.

todo, para transmitir señales olorosas a otros perros. Por eso los machos dosifican su orina tan escrupulosamente. Los etólogos llaman a eso, gráficamente «marcar», porque eso es precisamente lo que hacen: señalizar su propio terreno y darse a conocer a los demás perros por medio de su olor. Además de marcar su propio teritorio, es como si quisiesen decir: «Aquí he estado yo». Entre los perros, el que más alto levante su pata será el más grande.

¿Por qué el perro husmea y olfatea?
Así como el hombre contempla el paisaje o lee el periódico, el perro olfatea y husmea, pues vive su mundo a través de una gran variedad de imágenes olfativas, y todas las huellas que detecta a su alrededor tienen un gran valor informativo. Si se trata de marcas de otro, entonces el macho tiene que borrar la marca existente impregnándola de su propio olor. Algunas perras dominantes también lo hacen, aunque lo normal es que las hembras no marquen: simplemente evacuan. Su postura característica es en cuclillas. Los perros dejan su marca donde ya la dejaron otros. Este continuo recibir y mandar mensajes olfativos es de gran importancia para todos los perros, especialmente para los machos. Si usted se lo impide, puede ocasionarle en casos extremos, trastornos psíquicos.
A los perros les gustan algunos olores molestos para el hombre. Y como tienen muy buena nariz, los descubren hasta en las más pequeñas concentraciones. No debemos avergonzarnos de que nuestro perro meta la cabeza debajo de la falda o huela nuestro pantalón por detrás. Para el perro, el ser humano está rodeado de una nube de olores y, de entre éstos selecciona los de su preferencia. Es una forma de establecer contacto.

Sobre la costumbre de cavar y rascar
La costumbre de enterrar huesos y restos de carne, heredada de su antepasado el lobo, tuvo su origen en la necesidad de hacer provisiones y dejar también que la carne madurara. Aunque el perro, como compañero del hombre, ya no necesita aprovisionarse de restos de comida, ha conservado ese hábito de comportamiento hasta nuestros días. Por eso entierra restos de comida y ocasionalmente algún juguete. Tapa el hoyo empujando con el hocico la tierra antes cavada para volver a llenarlo. Esos mismos movimientos suele realizarlos también en el interior de la vivienda fingiendo que escarba en el suelo como si quisiera «enterrar» algo.

El perro y el sexo

Es este un tema más bien triste, sobre todo para los machos, pues sus necesidades sexuales no están limitadas a un determinado período, como ocurre con las hembras (→ «El perro de la A a la Z», página 127), sino que se mantienen durante todo el año. De ahí que en las grandes ciudades el 90 por ciento de los perros sufran trastornos de comportamiento a causa de sus frustraciones sexuales.

Comportamientos sustitutivos contra la frustración sexual
Puede suceder que los perros consideren a sus amos como pareja sexual y que intenten hacer el amor con ellos; o que monten a otros perros jóvenes o de rango inferior.
Esa monta es un comportamiento sustitutorio y no tiene nada que ver con sodomía u homosexualidad. Es un intento inútil por parte del perro de satisfacer sus necesidades.
Cuando el perro se abraza a la pierna de una persona resulta desagradable: el perro se agarra a la pierna con sus patas delanteras y mueve agitadamente su trasero. Las piernas de las personas le gustan al perro no sólo porque el hombre le parece un compañero más próximo, sino porque, además desde el punto de vista práctico, se pueden asir mejor que a un cojín. Cuando se da ese caso, más que reñirle, debería tenerse compasión por el perro. Sería desmedido un castigo duro y basta con una leve reprimenda. Si perros

demasiado seguros de sí mismos tratan de dominar a su dueño agarrándose a su pierna, es atrevimiento que hay que rechazar con energía. Me acuerdo de una señora cuyo teckel siempre estaba abrazado a su pierna, sin que a ella le molestase en absoluto andar por toda la casa con el perro colgado.

Cuando el perro olfatea a una perra en celo

En esa situación, el perro se siente totalmente inquieto. Si huele con frecuencia la marca olfativa, levanta la cabeza repetidas veces, se queda mirando en silenciosa concentración una lejanía imprecisa y le empiezan a castañetear los dientes: es señal de que ha olfateado a una perra en celo; el mensaje químico es muy fuerte. En tal caso hay que sujetarle bien con la correa, pues hasta el perro más dócil y obediente intentará escapar hacia la desconocida amante. En la primavera, cuando entran en celo las perras del vecindario o, incluso, de más lejos, el perro se siente muy afectado. Se vuelve inquieto e intentará por todos los medios reunirse con alguna de esas perras. Para lograrlo, no dudará en cavar por debajo de las alambradas para escaparse, las saltará o trepará por ellas; aprovechará el menor resquicio de las puertas para huir; mientras lo llevamos de paseo hará cosas que nunca habría pensado en otras circunstancias. O empezará a aullar con la cabeza echada hacia atrás y la boca en círculo, alzando el cuello hacia adelante.

Unas palabras a los dueños de perras

Si no se evita que la perra entre en celo mediante un tratamiento hormonal (→ página 99), el mejor medio para impedir el acoso de los perros durante ese período es procurar que no la encuentren. Si la perra no es muy pesada se la llevará en brazos (si pesa mucho en coche) hasta un sitio, fuera del alcance de los machos, donde ella pueda hacer sus necesidades con tranquilidad. Con ello se evitará que deje un rastro que lleve a la casa y que los perros ronden delante de la puerta.

La perra amamanta a sus cachoros durante 4 a 6 semanas. En la foto, una setter irlandesa amamantando a cachoros de 3 semanas.

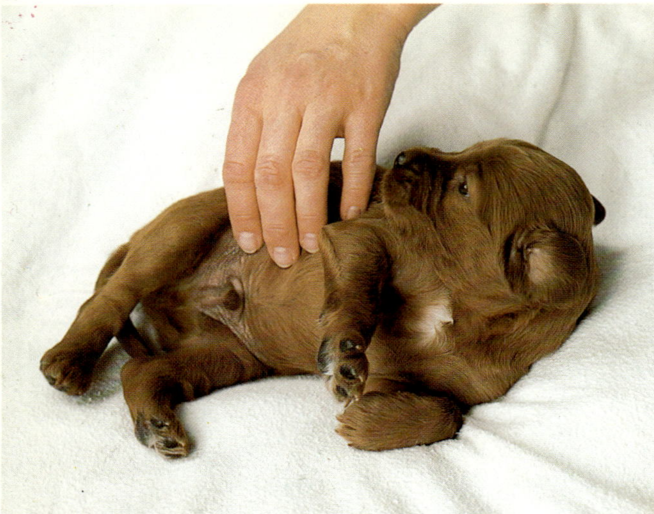

Control sexual del cachorro y, al mismo tiempo, contacto físico con el hombre. El apego al ser humano tiene lugar entre las tercera y séptima semana. En la foto, un cachorro de setter irlandés de 3 semanas.

Es una falta de consideración dejar que una perra en celo corra libremente por la calle, entre otras cosas porque la perra también podría escaparse y tener una hemorragia. Por otra parte obliga a los dueños de perros machos a mantenerlos sujetos para evitar que sigan el rastro dejado por la perra. Hay quienes piensan que son los demás los únicos obligados a tener consideración con ellos y sus perras; exigen a los dueños de los perros que les aten, porque su perra está en celo. Puedo comprender muy bien que a muchos dueños de perro les molesten estas exigencias y dejen sueltos a sus machos pese al riesgo.
Consumado felizmente el acto sexual, el acoplamiento (tiempo en que perro y perra permanecen íntimamente unidos entre sí) dura unos 15 minutos. Todo intento externo extraño de separar a los animales es una brutalidad y puede herir gravemente a la pareja.

Cuando una perra va a ser madre

No describiré este acontecimiento como si diera instrucciones a criadores aficionados; mi intención es informar a los dueños de perros, sobre el desarrollo del período de preñez de la perra y cómo ésta pare sus cachorros. La salud de la perra no exige que tenga cachorros, por lo que se deben poner todos los medios para evitar la descendencia. Todos debemos contribuir personalmente a que la cría de perros se haga de manera responsable, es decir, controlada. Pero si, a pesar de todo, el acto ocurre, lleve la perra al veterinario, cuatro o seis días después del «desliz», para que con una inyección interrumpa el proceso de embarazo. Si no lo hace tendrá que contar con un período de preñez de unos 60 días, aunque no es raro que los cachorros vengan al mundo antes. Consulte al veterinario o con alguien que tenga experiencia en partos caninos y adquiera literatura especializada sobre el tema (→ página 120) y «Preñez aparente» (→ página 124) del capítulo «El perro de la A a la Z».

Preñez y parto
Si la perra ha sido cubierta con éxito y queda preñada, el veterinario o un criador experimentado podrá notar la existencia de los cachorros a los 22 ó 28 días. Al cabo de 5 semanas, se apreciará como el vientre se abulta paulatinamente hasta que, transcurridos 60 ó 63 días, tenga lugar el parto.
Tenga bien presente:

- Durante la preñez, la perra tiene que ser objeto de muchos cuidados y se le ha de dar una alimentación de calidad.
- Hay que prepararle una cesta para la camada.
- Hay que acostumbrar a la perra al lugar donde va a parir.

Usted debe decidir personalmente si se atreve a asistir al parto sin ayuda ajena. Unas 24 horas antes de que empiecen las contracciones la perra se pondrá inquieta. Pero pueden pasar horas hasta que nazcan los cachorros. Durante ese tiempo usted tiene que permanecer tranquilo, pues la perra lo necesita y percibirá el eventual pánico que se apodere de usted. El nacimiento del primer cachorro es el que más tiempo dura, pero todo transcurrirá normalmente si la perra se mantiene tranquila. El número de cachorros varía entre 4 (caniche enano) y 8 (San Bernardo).

El perro, la mejor medicina

Nuestro más fiel animal doméstico no es solamente guardián y compañero del hombre, sino también una especie de medicina, como han descubierto médicos, psicólogos y sociólogos. El mantenimiento de un perro contribuye a la salud física y psíquica:

- Muchos médicos aconsejan tener un perro como terapia contra la falta de ejercicio y las enfermedades que de ello se derivan.
- Médicos y psicólogos están de acuerdo en que el perro es el mejor remedio contra el stress en la vida cotidiana.
- Su importancia se hace mayor para el hombre cuando llega al final de su vida profesional: El perro no sólo nos transmite la sensación de que todavía se nos necesita, sino que además impone al hombre ciertas obligaciones diarias que se traducen, a su vez, en el mantenimiento de contactos con otras personas. Esto es trascendental en estos tiempos de aislamiento y soledad.

El perro contribuye a que nos movamos

La falta de ejercicio es causa de una serie de atrofias físicas que, en conjunto, dan lugar a verdaderas enfermedades. El simple hecho de salir de paseo es de por sí una actividad capaz de contrarrestar los síntomas de atrofia. El 85 por 100 de los médicos a los que se preguntó si consideraban que andar aumentaba la esperanza de vida, contestaron afirmativamente sin dudarlo. El dueño de un perro se ve obligado a sacarlo de paseo de manera regular, y dos paseos diarios suponen andar de 10 a 20 horas cada semana, lo que nos mantiene sanos.

El perro como remedio curativo

Esos paseos periódicos pueden incluirse también en los procesos de rehabilitación. La profesora americana Erika Friedmann hizo una encuesta entre pacientes que habían tenido un infarto, y observó que quienes tenían un animal doméstico contaban con cuatro veces más de posibilidades de sobrevivir que los pacientes que no los tenían. De ello sacó las siguienes conclusiones: la actividad física que un perro exige no sólo alarga la vida del dueño, sino que su compañía y las obligaciones que nos impone influyen directa y positivamente en nuestra salud psíquica.

Un cachorro de 4 días que más tarde se convertirá en un fuerte ejemplar de perro pastor de Entlebuch.

El perro junto a la cama del enfermo

El contacto constante con el propio perro reafirma nuestras ganas de vivir. Ésta es la conclusión a que se llegó en clínicas gerontológicas de Estados Unidos y Australia cuando se suprimió la prohibición de que los enfermos tuvieran cerca a sus perros. En Alemania, el profesor Wolfgang Piotrowski, director de la clínica de neurocirugía de Mannheim, también apuesta a favor de esa terapia. Considera que la convivencia entre paciente y perro puede causar efectos tranquilizantes, sobre todo en las instalaciones donde se aplica la terapia de radiación o en las clínicas donde se atiende a enfermos de cáncer. Propone que los Dachshund, caniches o Schnauzer sean considerados «perros de clínica».

El perro y el bienestar psíquico

Un perro puede mejorar sensiblemente la calidad de vida de un ser humano.

• Puede satisfacer necesidades psicológicas fundamentales; por ejemplo: evita la soledad y el aburrimiento, nos hace mantener contactos sociales y despierta sentimientos de agradecimiento y comprensión.

• Ayuda a despertar en su dueño sentimientos de autoestima, ganas de vivir y autoconfianza.

El perro ayuda a vivir

En opinión de la mayoría de los psicoterapeutas, el perro es el compañero ideal para las personas que padecen determinados trastornos afectivos o tienen deficiencias funcionales de origen psíquico. El doctor Marcel Heimann, del Mount Sinai Hospital, Nueva York, lo explica de este modo: «Para el enfermo afectivo, el perro es a menudo el "clavo ardiendo" al que se aferra para no hundirse definitivamente en la enfermedad. Cuidando a su perro, el introvertido aprende a dejar en segundo término sus propios deseos para dedicar atención a otro ser. El perro también es una válvula de escape del desbordado sentimiento de amor de personas que, por algún motivo, ya no son capaces de realizar ese amor con otros seres humanos».

Los perros son una importante fuente de contactos para las personas que, sin estar todavía enfermas, viven en medio de un gran stress y atraviesan situaciones difíciles. El contacto con el perro elimina las condiciones afectivas negativas. Los estados de ansiedad o de miedo disminuyen al acariciar a un perro y, gracias al contacto físico con él, puede producirse, también, una disminución de la presión arterial.

El perro alarga la vida de las personas

Para los ancianos, apenas hay mejor receta para mantenerse sanos y equilibrados que convivir con un perro. Para los ancianos que viven solos en un piso o casa de campo, el perro es, muchas veces, la última y frágil barrera que les separa de la resignación, de la renuncia absoluta.

Para las personas impedidas físicamente, el perro es una ayuda vital. En la foto, un mestizo de perro pastor Rotweiler sirviendo de acompañante.

La educación del perro para su integración en casa

Hay numerosas obras sobre la educación del perro, con los más variados puntos de vista y tendencias. En este libro, voy a dedicar a ese tema sólo unas pocas páginas que, no obstante, le serán de gran utilidad. De ahí que me limite a los ejercicios más importantes, aquéllos que mejor «encajan» en este libro.

Curso básico de adiestramiento

En general, cuanto más pronto empiece usted a ocuparse del perro tanto mejor y más fácilmente logrará enseñarle. Las primeras experiencias de un perro con las personas le marcan para toda su vida.

¡Hay que imponer autoridad!
Si es usted partidario de la educación infantil, antiautoritaria, olvídelo. Entre los seres humanos el secreto de la buena convivencia estriba en la tolerancia y la amabilidad, en saber ceder en caso necesario. Pero en la educación del perro, la autoridad es el secreto del éxito. Todo perro necesita autoridad y si nota su ausencia, hace lo que quiere y, en plan contestatario, se niega a obedecer. Tranquilícese: su perro le seguirá queriendo pero la falta de autoridad sólo hará que no le respete. Autoridad signfica, aquí, no el mando por el terror, sino imponer la reconocida superioridad de un «jefe» que, consecuentemente, insiste en hacer que prevalezca su voluntad. Y eso con una mezcla de bondad y de firmeza, en la que siempre dominarán los buenos modos.

Reglas de oro para la educación del perro

1. Enseñe a su perro las menos cosas posibles, pero haga que las aprenda a conciencia y de modo preciso.
2. Enseñe a su perro todo lo necesario para una buena convivencia con usted y también con los vecinos.
3. Antes de empezar a hacer ejercicios con el perro, empiece consigo mismo. Como adiestrador de perros debe tener ciertas virtudes y cualildades que en la normalidad cotidiana no suelen ser tenidas en cuenta (→ página 73).
4. La realización de los ejercicios tiene que convertirse en un rito para el perro. Compórtese, pues, con pedantería y afectación, aunque eso vaya en contra de su manera de ser. Con excesiva tolerancia no se puede educar a nadie, ni siquiera al perro más inteligente.

Cualidades que ha de tener un adiestrador de perros

En todos los ejercicios de adiestramiento tiene que haber un ambiente agradable. Un adiestrador de perros ha de tener, además de autoridad, las siguientes cualidades:

Mucha paciencia: por muy distraído o tozudo que sea su perro, no pierda nunca los nervios ni la ilusión. Por poco que el perro quiera aprender, conserve la alegría en cada ejercicio y demuéstresela.

Persistencia: repita cada ejercicio tanto como sea necesario hasta que salga bien del todo. No permita que el perro interrumpa un ejercicio: es usted quien debe decidir cuándo hacerlo; repita tal ejercicio una y otra vez como si se tratara de un acto ritual. Nunca debe resultarle aburrido.

Amabilidad: educar a un perro no significa imponerse con amenazas. Durante los ejercicios tiene que reinar un ambiente armónico, lo que no quiere decir que se permita al perro hacer su voluntad. Una «estricta amabilidad» es la expresión más adecuada.

Distensión: no se sienta dominado por la presión o el stress, ni se imponga a sí mismo la obligación de terminar el ejercicio en un tiempo preciso. Cuanto más distendido y tranquilo haga los ejercicios con su perro, tanto más fáciles resultarán; no habrá ninguna tensión que intranquilice al perro.

Valorarse a sí mismo correctamente: Empieza ya en el momento de elegir la raza: ¿Se adapta realmente a usted o «le queda grande»? Claro que en este caso se puede usted crecer ante las dificultades. Las categorías «perro complementario» o «perro eco» son ciertamente conceptos que pueden resultar útiles a la hora de decidirse. El «perro complementario» complementa con sus cualidades el tipo humano, es decir: un perro equilibrado para una persona colérica; un perro muy alegre para un flemático. El perro «eco» está en la misma onda que su dueño: un perro equilibrado y vivaz para un sanguíneo, un perro de temperamento apagado para un melancólico.

Eduque su tono de voz: piense que se

Cuanto más aprenda un perro joven, tanto más dócil será en los años venideros. En la foto, tres cachorros de bulldog inglés de 8 semanas, en sus primeros ejercicios de adiestramiento.

prepara para un examen de actor. Practique cuanto sea preciso para que sus órdenes, sus reprimendas y sus alabanzas sean dadas en el tono adecuado para que su perro las entienda. Consiga que su perro sepa si está usted contento, descontento o enfadado. Como los perros oyen muy bien, no hace falta que les grite: es el tono el que hace la música. Utililce siempre las mismas palabras y grábeselas en su memoria. Las palabras son la llave de acceso al cerebro de su perro, las que desencadenan el comportamiento que llamamos obediencia. Durante los ejercicios no hable demasiado. Su voz sólo debe sonar dulce y melodiosa cuando alabe a su perro.

Controle los movimientos: Obsérvese a sí mismo en el espejo cuando practica un ejercicio; o mejor, aunque quizá más llamativo: haga que su pareja realice un vídeo. ¿Tiene usted dominio de su cuerpo? ¿Domina sus manos y sus piernas o bracea y patalea de modo desordenado? Los perros son maestros en comprender las expresiones del cuerpo. Los logros de los perros de circo se basan precisamente en que reaccionan al menor movimiento del artista. Si la expresión corporal no coincide con las órdenes que se le dan, el perro se sentirá inseguro. Procure que cada orden vaya acompañada del correspondiente ademán de la mano: con la orden de «siéntate», baje la mano extendida; al decir «ven aquí», agite la mano...

Las aptitudes del perro como animal doméstico

Aprender jugando es el gran secreto del éxito de todos los seres sociables. Los perros aprenden gustosamente. La Naturaleza les ha dotado de una serie de aptitudes que facilitan la educación para la obediencia. Estas aptitudes aclaran por sí solas por qué el perro se ha convertido en el animal doméstico preferido del hombre. Entre estas aptitudes se cuentan:

- El instinto de manada, su tendencia a integrarse en un grupo.
- Su predisposición al sometimiento, que hace que funcione la convivencia en el grupo. El perro, que sigue siendo lobo, se somete primeramente a su padre, después al jefe de la manada. Como amo suyo, el dueño asume ese papel de jefe y tiene que desempeñarlo. Eso es lo que su perro espera.

Tenemos además:

- Su conformismo, disposición a aceptar el puesto que se le asigne en el seno de un grupo (familia) y a regresar siempre al grupo. Ese «permanecer en el grupo» está profundamente anclado en el instinto del perro perdiguero y traedor.

Otras aptitudes características del perro son:

- Gran capacidad de percepción.
- Gran aptitud para la vigilancia.
- Buena capacidad de comprensión.
- Una memoria metódica.

A tal respecto hay que saber que el perro no puede relacionar entre sí más que aquellos acontecimientos que se suceden directamente, unos tras otros. Algo que no hay que olvidar si se quiere tener éxito con el programa de adiestramiento.

- El cariño y el apego que el perro tiene por su dueño hacen de él, un alumno muy predispuesto a aprender.

La voz de su amo

A su perro le gusta oír la voz de su amo, sobre todo si habla con él cariñosamente, cosa que debería hacer a menudo. Aunque al principio las palabras signifiquen poco para él, prestará gran atención a su tono de voz y sabrá reaccionar instintivamente de manera adecuada.

La alabanza como base

Durante los ejercicios de adiestramiento, tanto si se trata de un cachorro como de un perro adulto, tiene que haber armonía entre el hombre y el animal. Mientras más distendidamente actúe el hombre, tanto más dispuesto a aprender estará el perro. Las alabanzas son para el perro «psíquicamente necesarias»: se crece con ellas, le motivan y le hacen feliz. Hay que alabar al perro por

▷
Página de al lado: La cría y adiestramiento de un perro exigen tanto tiempo como la educación de un niño. En la foto: Heidi con su cachorro chow chow de 8 semanas.

principio, y no sólo como premio.
Alabanzas orales y corporales: Mientras se está realizando un ejercicio, las alabanzas tienen que ser siempre orales. Si da palmaditas o rasca al perro desviaría su atención y no querría seguir practicando. Como ya he dicho, los elogios tienen que hacerse con palabras de tono agradable y cariñoso: deben ser la expresión de un sentimiento que sale de lo más profundo del corazón. El perro tiene un fino instinto telepático. Alábele con palabras sencillas y no se avergüence consigo mismo ni ante los extraños que le estén observando.

Ordene en el tono adecuado
Las órdenes y las voces de mando deben distinguirse claramente de las palabras de alabanza o elogio; serán palabras monosílabicas que requieren un tono claro y definido (de aquí la preferencia de los educadores por el uso del alemán o el inglés para sus voces de mando). Palabras como «por favor» están fuera de lugar en el lenguaje de comprensión entre hombre y perro, por muy acostumbrado que uno esté a usarlas corrientemente.

La reprimenda tiene que ser enérgica
El «castigo oral», siempre con palabras cortas, tiene que ir acompañado de un enérgico tono de voz cortante e imperioso. Por el tono de voz, el perro distinguirá a una «reprimenda» seria de otra menos grave. Los términos que use para reñir al perro debe eliminarlos de su lenguaje habitual con el perro. Puede subrayar sus palabras de reprimenda golpeando con la mano el suelo delante del perro o el objeto prohibido. No pegue nunca al perro. Para mí, la reprimenda oral es el castigo más importante dentro del programa de adiestramiento de un perro; un cachete, un golpe o restregarle el hocico no sirven más que para confundir al perro.

¿Es necesario el castigo?
Intente pensar, conmigo, como un perro.
La situación: un cachorro araña una alfombra, porque el rascar es importante para él. No sabe qué es una alfombra y al rascar responde a un instinto natural. El dueño quiere quitarle esa costumbre, empieza a reñir al perro dando voces y acaba por darle un sopapo.
La reacción del perro: cuando empieza a reñirle, el perro dirige su atención hacia la persona que le riñe y se olvida por completo de la alfombra.
Las consecuencias: lo único que aprende el cachorro, si esa situación se repite, es que después de cada reprimenda recibe un golpe y que eso le hace daño. Así, cuando vuelva a reñirle, reaccionará con gestos de sumisión, como mover la cola o inclinar la cabeza (que la mentalidad humana interpretará como signo de «mala conciencia» o «sentimiento de culpabilidad»). Pero el perro no tiene conciencia y desconoce el concepto de culpabilidad. Para él, todo eso no tiene nada que ver con la alfombra y la seguirá rascando.
Qué conviene hacer: cuando el cachorro arañe la alfombra, su amo, sin reñirle y como si aquello no tuviera nada que ver con lo que hace le arroja algo, por ejemplo un llavero, que le dé en su parte trasera. El perro se asusta y, como está ocupado de lleno en arañar la alfombra, pensará que ésta es la causa del susto. Después de varias veces que ocurra así, el perro llegará a la conclusión de que la alfombra le causa dolor en la parte trasera. Así de sencillo: siempre que usted quiera desacostumbrar a su perro a alguna cosa, tiene que inventarse una situación que le dé la impresión de que esa actividad no permitida le trae consecuencias desagradables, que no son causadas por el dueño. Claro que eso es más fácil de decir que de hacer. Como los perros no saben de mentiras ni de artimañas, podrá engañarles si sabe usar adecuadamente su mímica y sus movimientos, es decir, si sabe disimular.

Reglas de oro para el castigo
1. No se trata de castigar al perro, sino de quitarle las ganas de hacer lo que no deseamos que haga.
2. Todo correctivo por algo reprobable hay que darlo en el momento preciso, para que también sea compredido por el perro.

Las fases de desarrollo del cachorro

Lo repito una vez más —y nunca me cansaré de hacerlo. La mejor manera de educar a un perro es enseñándole a hacer determinados ejercicios en determinadas épocas: en las fases de desarrollo del cachorro, lo que le imprimirá carácter para toda su vida. Los investigadores J. P. Scott y J. L. Fuller lo descubrieron y Eberhard Trumler recopiló y popularizó esas investigaciones. Tan importante como aprovechar el primer año para su educación, son las primeras 10 semanas de vida del cachorro, cuando está con su madre y su criador. Por eso, cuando vaya a comprar un perro, fíjese bien.

- Si los cachorros viven en un ambiente parecido al que usted va a ofrecerle.
- Si los perros crecen en un ambiente tranquilo y no viven en medio de un gran stress.
- Si los cachorros tienen contacto con personas. Una perrera supermoderna, con bandejas de plástico donde se recoge la camada, no es lo más importante.

De la semana 10 a la 12: Fase de socialización

La época en que el cachorro llega a su poder es, precisamente, cuando se establece una profunda amistad entre perro y hombre. Pero en esa fase también es muy importante el contacto con otros perros. ¿Qué se le enseña al cachorro en esas semanas?

- Se le educa para que sea limpio en la casa (→ página 80).
- Se le acostumbra a la correa.
- Se le acostumbra a ir en coche (→ página 85).
- Se le deja que establezca contactos con otros perros (→ pág. 58).
- Cuando juguemos con él siempre le quitaremos «la presa» para que aprenda a vigilarla y a defenderla.

Esas dos semanas equivalen a un programa educativo completo que no debe ser excesivamente exigente. Procure que los ejercicios no duren más de un cuarto de hora. Pero no interrumpa nunca un ejercicio porque el perro no quiera hacerlo. Todo ejercicio comenzado ha de ser terminado.

De la semana 13 a la 16: La fase de imposición de autoridad

En esa época el perro comprende mejor que nunca que el castigo y la reprimenda son las consecuencias de hacer lo que no debe. Comprenderá que su amo es la autoridad a la que tiene que someterse y que todas las alabanzas vendrán de él. En comparación con el hombre, el cachorro se encuentra ahora en una edad equivalente a la del párvulo. Si desaprovecha esa fase y no le impone su autoridad su perro se sentirá toda su vida como el jefe de la familia. En ese tiempo debe enseñarle a no saltar sobre las personas. Aprenderá a obedecer a las voces de «ven aquí», «siéntate», «ponte aquí». Aprenderá que no le está permitido pedir comida cuando la familia come y que muchas veces tendrá que quedarse solo en casa. Además, se le enseñará a atender a las voces «suelta» y «sucio» o «puf».

De la semana 17 a 24: Fase de la toma de conciencia ambiental

Es éste un momento crítico en el que se manifiesta la conciencia ambiental. El perro capta el espacio vital en que vive, y reacciona nervioso y temeroso ante tantos cambios. No le enseñe nada nuevo; sino trate de hacerle profundizar en lo ya aprendido. Entre el quinto y sexto mes (semanas 20 a 24), el perro empieza a valerse por sí mismo: después del «parvulario» ya tiene una cierta «escolaridad» y se necesita mano dura y mucha más paciencia. Es el momento de enseñarle la manera correcta de ir atado a la correa, reteniéndole, haciéndole cambiar de dirección y obligándole a permanecer a su lado (→ página 83).

Del mes 6 al 12: La fase de la pubertad

En la fase de la pubertad, el perro se comportará mal: intentará olvidar mucho

El elogio es el medio educativo más importante. Se elogia con palabras y, como en la foto, con gestos.

de lo «aprendido», intentará rebelarse y comprobar si es usted realmente su jefe de manada. Si en ese período no lo educa para la obediencia ciega, perdió para siempre la oportunidad de hacerlo. A partir del séptimo mes, el macho empezará a levantar la pata y la perra entrará en celo por primera vez. Teóricamente, el perro tendría que obeder ya todas las órdenes de su dueño, tanto si va atado como si se le deja correr en libertad. ¡Ojalá fuera así en la práctica! Quítele la costumbre de ladrar sin razón justificada, hablándole pausadamente y repitiendo una y otra vez la misma palabra: «¡Tranquiiilo...!». A grandes rasgos he explicado en este capítulo lo que conviene enseñar a un cachorro y cuándo. Pero si usted ha adquirido un perro algo más viejo, no se desanime. Como los perros son capaces de aprender hasta muy avanzada edad y siempre están dispuestos a ello, no hay ningún inconveniente para que aprenda a ir atado a la correa correctamente, por ejemplo. No obstante, sigue siendo válido lo ya dicho: cuanto más pronto comience la educación del perro, más fácil será para ambos, y el perro retendrá lo aprendido durante toda su vida.

Los dos principios fundamentales de la educación del perro son:

- Enseñe al perro a entender lo que usted quiere de él.
- Una vez que el perro ha comprendido la orden, oblíguele a realizarla.

Observación: nunca dé órdenes con voz plañidera, sino con energía.

El adiestramiento del cachorro

Antes de poder enseñar al cachorro las normas de conducta para hacer de él un perro cariñoso y bien educado hay que acostumbrarle a estar con nosotros en casa. Es conveniente ir a recogerlo del lugar de procedencia. No permita que se lo envíen: los perros son seres vivos y no paquetes. (→ página 12).

Ir a buscarlo para traerlo a casa

Haga por lo menos dos visitas al criador a quien va a comprar su cachorro: una, para elegir y otra, para ir a buscarlo. Si, entretanto, puede visitar a su cachorro y jugar con él, tanto mejor. Debe llevarlo a su casa con 10 semanas de vida. Traerlo a las 6 semanas, tal como aconsejan los etólogos, me parece demasiado pronto, pues muchos cachorros aún maman a esa edad.

Si va a buscarle en coche, deje que sea otra la persona la que conduzca mientras usted se ocupa del cachorro. Procure que el viaje sea tranquilo y sin molestias: el perro tiene que acostumbrarse al automóvil y no hay que asustarle. Es conveniente disponer de una manta que no deje pasar la humedad y de un trapo de los que el perro usó en la perrera, para que lo vaya oliendo durante el trayecto a casa. Si además el cachorro va calentito, podrá soportar el viaje sin inconveniente alguno hasta llegar a su futuro hogar.

En la primera noche, el dueño debe actuar de modo consecuente: el cachorro tiene que acostumbrarse al sitio donde debe dormir. Elija para ello un lugar determinado de la casa. Si aúlla y llora, tranquilícele un poco con caricias, pero no permanezca mucho tiempo a su lado. Después de unas noches de intranquilidad, el proceso de habituación seguirá su curso. El nuevo cachorro se convertirá pronto en un perro adulto. Sobre el cuidado de la salud del cachorro, lea el capítulo «Cuando el perro cae enfermo» (→ página 95).

Cómo educar al perro para que sea limpio

La limpieza y el aseo es lo primero que tenemos que enseñar al cachorro. Para la convivencia con el perro es muy importante que no haga sus necesidades en casa. Un perro aseado hace sus necesidades en el jardín o cuando sale de paseo y avisa si siente una necesidad imperiosa en un momento determinado estando en casa. El cachorro tarda unas tres semanas en acostumbrarse a ello; tres semanas que obligan a actuar consecuentemente. Como el estómago

La primera educadora en la vida de un perro es su madre. Ella le proporciona lo necesario para su bienestar. En la foto, un terrier de Airedale con un cachorro de 11 semanas.

lleno presiona sobre la vejiga, el cachorro tiene que ser sacado fuera después de cada comida. No le deje salir solo; llévele usted mismo hasta un lugar con hierba o a un suelo blando y que suela ser frecuentado por otros perros. Si mantiene ese «lugar de cita», el cachorro comprenderá enseguida qué es lo que se espera de él.

Cómo se agarra a un cachorro: En las primeras semanas de vida, la perra agarra a sus crías por la piel de la parte superior del cuello. Pero no es ese el mejor método para hacerlo cuando ya está en edad de ser educado.

Además, se le lleva muy mal así. El perro no es como un bebé al que se puede asir por debajo de los brazos, pues se le separan del cuerpo los omóplatos, que se mantienen unidos a la caja torácica solamente por el gran músculo serrato, lo que le causa un gran dolor. Para agarrar a un perro hay que hacerlo de manera que se sienta a gusto. Lo más fácil es poner una mano debajo del pecho y apoyar la otra en el trasero.

Dele tiempo al cachorro y vigile para que haga su «río» y su «montoncito». No pierda los nervios ni la calma si al principio no hace nada fuera y sí tan pronto entra en casa.

Alábele en exceso y con cariño cada vez que haga sus necesidades correctamente. Pero espere a que haya terminado del todo, pues de lo contrario se contendrá y soltará el resto donde mejor le parezca.

Oblíguele a hacer sus cosas con la correa puesta, aunque sea en el propio jardín, para que se acostumbre a ello y más tarde se le pueda controlar cuando lo hace. Intente que el perro asocie la idea de evacuar con una orden concreta como , por ejemplo, «hazlo». Si aprende a hacer sus necesidades por mandato, será muy útil pues en lo sucesivo las hará donde nosotros queramos.

En su cesta, el perro tiene que estar caliente. Si un cachorro tiene frío, no puede controlar su vejiga. En cuanto despierte, sáquelo fuera para que se desahogue.

Por la noche, coloque la cesta de dormir junto a su cama, para que pueda oírle si se despierta. Su dueño no tendrá más remedio que volver a levantarse. No es ciertamente una etapa cómoda.

Si lo hace dentro de casa y en presencia del dueño, éste deberá soltar una exclamación de «asco»; deberá hacerlo inmediatamente después del acto para que sea de utilidad.

No se ponga dramático: Educar a un cachorro para que sea aseado no es ninguna tragedia, sólo un trabajo duro. Cualquier «descuido» tiene que ser limpiado de inmediato con un desinfectante, cuyo olor impedirá que el perro reincida en el mismo sitio. El dueño debe sentirse satisfecho cuando logre que su perro llegue a ser limpio y aseado.

Cómo acostumbrar al perro a la correa y al collar

Después de haber «aprobado» la educación básica de la limpieza, el cachorro tiene que aprender a familiarizarse con el collar y la correa. Al principio, el collar será un cuerpo extraño para el cachorro, que se arrancaría si pudiera. En cuanto a la correa, supone una limitación de su movilidad que le retiene cuando quiere lanzarse hacia adelante y tira de él cuando quiere quedarse atrás. Pero tiene que acostumbrarse a llevar ambas cosas, pues un perro no puede andar suelto más que cuando obedece todas las órdenes que se le dan.

Se acostumbra al perro al collar poniéndoselo al principio durante poco tiempo, sobre todo para jugar y para comer, pues así no lo extraña tanto, por estar ocupado en cosas agradables. Una vez que se haya acostumbrado al collar, emplee la correa.

Primeros ejercicios para llevar la correa puesta: realícelos en un lugar familiar de la casa o en el jardín. Al principio déjese llevar por el perro, si obedece elógielo. No tire nunca de la correa, sólo él puede hacerlo. El truco consiste en hacer creer al perro que no son su amo y la correa los que tiran, sino que es él quien tira de ellos.

Observación: ni el collar, ni la correa son objetos para jugar; no permita que su perro los muerda lo que iría en detrimento de la autoridad de su dueño.

¿Es correcta esta forma de llevar al perro con la correa? La foto muestra a un perro que va de paseo con su dueña. No ha aprendido a andar con correa como es debido.

Ejercicios de adiestramiento

Ejercicio de correa

Tirar de la correa es un privilegio del perro joven que, desgraciadamente (no hay más que mirar alrededor y ver la cantidad de amos de perros que van arrastrados por estos) conservan muchos perros adultos, porque sus dueños no supieron quitarles esa mala costumbre.

En ese aspecto poco importa que el perro haya aprendido a «andar» como deben hacerlo los perros.

Lo importante es que el perro respete el campo de acción de la correa, es decir, que nunca tire de ella. También es importante que no considere la correa como «un instrumento de tortura», sino como un medio de establecer una unión más estrecha con usted.

Mediante correcciones en el momento oportuno, su perro irá perdiendo el vicio de tirar; cada vez que el perro haga presión sobre el collar, tirando hacia adelante, el dueño deberá tirar fuertemente de la correa para mantenerlo a su lado, pero sin gritar, con tranquilidad. Inmediatamente después, vuelva a dejar la correa floja. Repita esa operación cada vez que el perro vuelva a tirar de la correa. Poco a poco, el perro irá asociando la inesperada y desagradable sensación del tirón que se da a su collar con la acción de lanzarse hacia adelante, y procurará evitarlo. Un consejito: tire fuertemente del perro, pero sin animosidad contra él.

Si no es usted lo suficientemente enérgico a la hora de imponer ese correctivo y no hace sino dejar tensa la correa cuando su perro tire de ella, conseguirá el efecto contrario: el cuello de su perro se irá haciendo más fuerte e insensible y pronto tendrá usted atada a la correa una máquina de tracción que le destrozará brazos y piernas. Sé por experiencia lo que eso supone. Actúe correctamente y quítele enseguida al perro su costumbre de tirar.

Ejercicio de avanzar

Tome la correa con la mano derecha, ponga al perro a su lado izquierdo y comience a andar: el perro le seguirá complacido. Anímelo pero no reduzca el ritmo de la marcha. No tiene importancia que «sus patas delanteras estén o no a la altura de la pierna de su amo», tal como se especifica en las instrucciones que se suelen dar para el adiestramiento de perros. Usted no lleva a su lado a un robot que anda, sino a un perro lleno de vitalidad. Mientras vaya andando a su lado sin tirar de la correa, todo irá estupendamente.
Cambie de dirección sin dar ninguna orden, girando siempre hacia la derecha para tomar el sentido contrario. Como la correa pasa por delante de su cuerpo de derecha a izquierda, con el propio impulso del cuerpo arrastrará consigo al perro, que seguirá sus movimientos con gran atención. Si se hace todo eso con soltura, al perro le gustará y le seguirá contento. Cuando la cosa más o menos funcione, amplie el adiestramiento.

Así es como se debe ir de paseo: el perro no es el que impone el ritmo y la dirección de la marcha, sino su dueña.

Ejercicio de parar y sentarse

Cuando usted se detenga, el perro deberá sentarse: algo muy importante, sobre todo cuando se va a atravesar una calle. Con este ejercicio se pretende que, cada vez que usted se detenga, el perro se siente.
Actúe de esta manera: tome la correa con ambas manos para que el perro tenga que levantar la cabeza un poco. Camine más despacio y deténgase. Quizá su perro se siente por sí solo. Si no es así, mantenga la correa ligeramente tensada y, con la mano izquierda, presione hacia abajo ligeramente la parte trasera del perro hasta que se siente. Permanecerá en paralelo a usted y con la cabeza levantada. Afloje entonces la tensión de la correa poco a poco y con cuidado, al tiempo que dice «quieto», «sentado». Espere unos segundos y dé fin al ejercicio elogiando al perro. El ejercicio se dará por terminado cuando el perro siga sentado.
De lo contrario, interrúmpalo con un «nooo» y vuelva a empezar desde el principio. El ejercicio resultará mucho mejor si se hace con meticulosidad, pues, entonces, se convertirá en un ritual para el perro y ya se sabe que a los perros les gustan los rituales.
Practique el ejercicio de andar-dar la vuelta-parar-sentarse cada vez que salga de paseo. Si va a atravesar la calle, haga que el perro se siente, dé la orden de «¡vamos!», atraviese la calle rápidamente y deténgase de nuevo otra vez para que el perro se siente. Así se percatará que es allí donde se termina el ejercicio y estará atento.

Ejercicio de echarse

El perro que se sienta cuando queremos, también aprenderá a echarse. La voz de mando a emplear es la de «échate».
Realice el ejercicio de echarse del modo siguiente: partiendo de la posición de sentado, con la mano derecha le hace echar las patas delanteras hacia adelante, mientras que con la mano izquierda se presiona sobre los omoplatos para que el perro se eche, diciendo al mismo tiempo «échate» y elogiándolo si así lo hace. Si pretende levantarse

inmediatamente, vuelva a presionarle hacia abajo diciendo «no» y «échate». De este ejercicio se puede pasar a los siguientes.

Ejercicio «quieto» (1ª parte)
Si el perro ha de permanecer echado aunque usted se aleje, déle la orden «quieto», manteniendo la palma de la mano delante de su cara. Repítalo una y otra vez con muchas palabras de elogio hasta conseguirlo. Es muy importante que el perro se siente y se eche por mandato a la hora de llevarle a la consulta del veterinario, sobre todo si tiene que ser colocado encima de la mesa de observación. Ponga siempre buen cuidado en no dar más órdenes que las que realmente quiere que se cumplan. Las órdenes no obedecidas y no corregidas después echan por tierra todo el trabajo de adiestramiento.

Ejercicio «quieto» (2ª parte)
La voz de mando «quieto» podemos utilizarla también siempre que queramos que el perro permanezca en un sitio determinado. Como ya se dijo anteriormente, dé la orden de «quieto» y al tiempo que mantiene la palma de la mano delante de la cara del perro. Retírela luego lentamente. Si con ese gesto no se consigue que el perro permanezca en su sitio, empújele repitiendo la orden «quieto».
Repita este ejercicio en las condiciones más variadas, acompañando siempre la orden de «quieto» con el gesto de mostrar la palma de la mano, que en realidad no es sino una especie de mandato visual que sirve de apoyo a la orden oral mediante un gesto siempre igual y que siempre significa lo mismo.

Ejercicio «a tu sitio»
Decir al perro «a tu sitio» significa que tiene que ir a su cesta y permanecer allí. Si el perro lo hace voluntariamente, dígale también «a tu sitio» y prémielo de palabra. Si no obedece, condúzcale hasta su sitio y realice con el ejercicio combinado de «échate» y «quieto».
Varíe el tono de la orden «¡A tu sitio!» de suave a enérgico según las circunstancias. Al dar la orden, sujete fuertemente al perro en el lugar designado con la mano izquierda, primero realmente y luego de modo símbolico manteniendo extendida la mano sobre él. Aléjese lentamente del perro dando la orden de «quieto» y haciendo el gesto de «a tu sitio»: el brazo extendido y el dedo índice señalando el lugar.

Ejercicio «suelta» y «puf»
Ambas palabras conminatorias se utilizarán también para acostumbrar al perro a que suelte en cualquier momento —y sin que gruña— lo que haya agarrado (juguete, hueso o algo por el estilo). Esto va contra su propio carácter pero puede salvarle la vida en más de una ocasión. Por ejemplo, si tomó un hueso puntiagudo, un trozo de plástico o en un cebo envenenado. Cuanto más joven sea el perro al que se adiestra, tanto más fácil resultará acostumbrarle a que suelte su presa sin gruñir, a la primera indicación.
Al tiempo que da la orden de «suelta», agarre fuertemente la boca por arriba, presionando los belfos contra los dientes, e intente así hacerle abrir sus fauces. Elógielo después: no olvide darle esta recompensa oral cada vez que la cosa resulte bien. Este ejercicio debe ser realizado a la perfección, pues luchar por arrebatarle una presa a un perro adulto, más aún si se trata de una raza grande, es mucho más difícil que si se trata de un cachorro. Si el perro intenta correr o esconderse con su presa, no se debe interrumpir el ejercicio, ni permitir que el ejercicio se convierta en un alegre juego y aun menos que se convierta en una persecución. Hay que ganarle la partida a base de sangre fría. Si, en este ejercicio, el perro le amenaza directamente, es imprescindible que se le castigue directamente y con toda claridad para que se dé cuenta de que el castigo procede de su amo y que éste mantiene su autoridad. Aquí el castigo indirecto es inútil y podría hacerle perder al dueño su rango de jefe de la manada.
Diga «puf» siempre que el perro esté haciendo algo que no deba. «Puf» una exclamanción de asco que significará para el perro:

- hacer las deposiciones en casa.

- Tomar inmundicias.
- Revolcarse en la suciedad.
- Saltar sobre personas extrañas.
- Ladrar ante cualquier ruido.
- Robar algo (no después de que lo haya hecho, sino en el momento de hacerlo).

La palabra «puf» tiene que ser pronunciada enérgicamente, al tiempo que se señala con el dedo (sal) o se dan palmadas (ven) para darle más fuerza expresiva a la exclamación.

Ejercicio «auto»

El perro tiene que aprender ciertas normas para subir y bajar a un automóvil.

Corte tajantemente todo intento de subir mediante un seco «quieto» o «stop», al tiempo que se hace el gesto de «sentado» poniendo la palma de la mano delante de su cara. El perro tiene que sentarse ante la puerta del coche y sólo tendrá el camino libre para subir al auto cuando le digamos «a tu sitio». Lo importante es que el perro se dé cuenta de que no puede meterse en el coche sin recibir antes esas dos órdenes: «quieto» y «a tu sitio».

Para bajar, hay que proceder al contrario: Al tiempo de abrir la puerta se dirá «quieto», y el perro no deberá salir hasta que se le diga «ven».

El perro al que hemos acostumbrado a estar en el coche (→ «El perro en el coche», página 109), lo considerará como una prolongación de su territorio, que defenderá contra extraños como hace con la casa o el jardín.

Ejercicio «ven»

Este ejercicio tiene por objeto que el perro obedezca a la voz de «ven» y acuda a donde está su dueño; es sencillo de realizar. Como el cachorro desea estar al lado de su amo, basta que usted se aleje de él y le diga «ven». Esto se consigue en poco tiempo. Estas enseñanzas, siempre que lo elogie al llegar, contribuirán sobremanera a hacer de su perro un «ciudadano» educado y un digno y obediente miembro de la familia. Pero no se conforme con esto; sea más ambicioso. Aproveche sus propios conocimientos y siga adelante.

Hay escuelas para perros de todas las razas en las que éstos aprenden, con sus dueños, a caminar correctamente con la correa puesta.

El perro y su alimentación

No todo lo que sabe bien es sano. Eso lo sabe usted por propia experiencia, y en cuanto al perro, no se puede confiar en su instinto en lo relativo al alimento. El perro vive con usted: usted también es el responsable de su alimentación. Alimentar correctamente a su perro requiere un cierto aprendizaje. Lo mismo que usted, también el perro tiene que aprender a alimentarse como es debido. Prueba de lo difícil que esto resulta es el gran número de perros con exceso de peso. El perro de una familia está expuesto a los mismos riesgos que sus amos: uno de cada tres está demasiado gordo y no come correctamente.
Su perro, ya sea un cocker, un spaniel o un dogo, desciende del lobo, y el lobo no vive sólo de carne. Devora sus presas, (ratones, perdices y ciervos) con piel, plumas y pelo, y además se come el contenido de sus estómagos e intestinos junto con su sangre. De ese modo, cubre sus necesidades proteínicas mediante la carne musculosa; consigue la grasa necesaria, los hidrocarbonos, (gracias al contenido de los intestinos, y los minerales los obtiene de la sangre de su presa).
Devoran rápidamente y en grades trozos, para regurgitarlos en sitio tranquilo y allí comerlos plácidamente. Los restos de la presa son enterrados para que, por un proceso similar al que se da en los quesos, resulten más sabrosos. En el perro se pueden distinguir algunas reminiscencias de su pasado como lobo:

- Anatómicameante considerado, sigue siendo un animal carnívoro, lo que se pone de manifiesto por su dentadura y su aparato digestivo.
- El perro come con avidez, y a veces no sabe controlar su apetito.
- También vomita con facilidad lo comido en exceso, sin que de ello debamos deducir, sin más, que se trate de una enfermedad.
- Le gusta enterrar carne y devorarla una vez desenterrada; para él resulta un verdadero manjar. La carne descompuesta en la tierra no es tóxica; pero sí lo es la que se descompone en la cazuela.
- Los pelos y plumas de las presas, son muy efectivos para la limpieza del intestino, y el perro suele sustituirlos por las hierbas que ingiere. En esto su perro sigue siendo un ex-lobo.

Qué se suele dar de comer a los perros

Las presas habituales que caza el lobo no se pueden comprar. Por otra parte, el perro doméstico se ha adaptado perfectamente a la alimentación humana, aunque sigue nencesitando alimentos apropiados a su especie y a su naturaleza. Aunque ya la ciencia ha hecho grandes avances en lo relativo a la adecuada alimentación del perro, sigue habiendo criadores y dueños de perros con distintas opiniones, y a los que podemos agrupar en cuatro grupos:
1. Los comodones, ahorrativos y conservadores: alimentan a su perro con restos de comida en la creencia de que esta alimentación es suficiente. En realidad esa es la peor manera y la más insana de alimentar a un perro; pese a

Página de al lado: El perro correctamente alimentado está sano, es fuerte y tiene temperamento. En la foto, una perra terranova de pelaje blanco y negro.

La cría a biberón (en la foto, un cachorro de setter irlandés), no es ningún problema actualmente como medio para suministrar leche al cachorro.

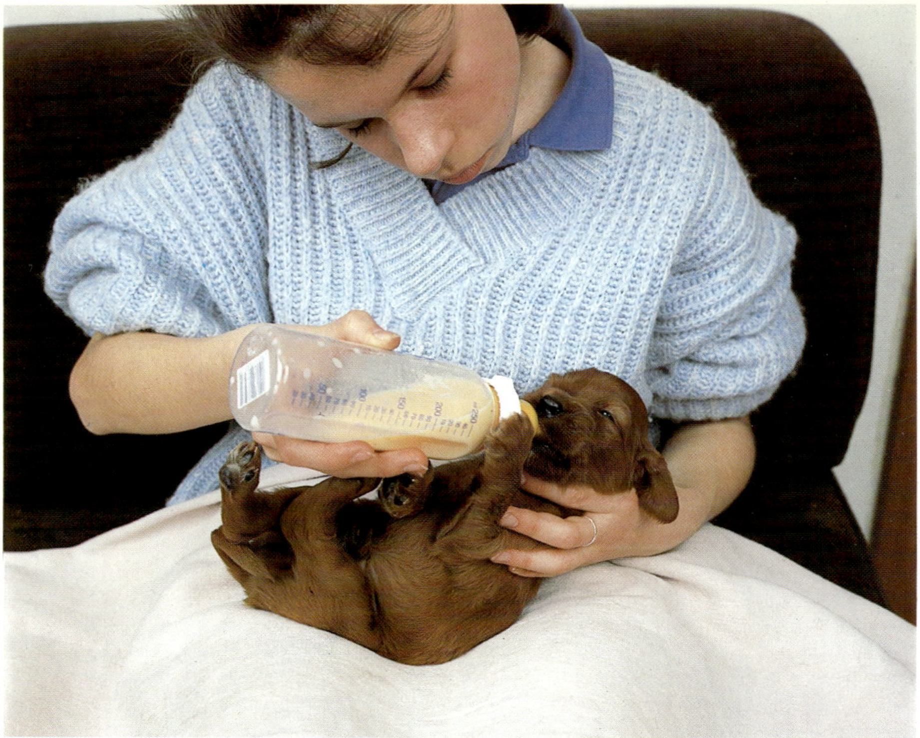

que alguien conozca perros que han llegado a muy viejos con tal alimentación.

2. Dueños de perros que consideran a estos animales puramente carnívoros: les dan mucha asadura y carne musculosa o huesos, con lo que acabará, poco a poco, por hacer del perro un animal enfermo (estreñimiento, cálculos renales, eccemas). Por si fuera poco, dan a su perro la carne cruda, con lo que corren el riesgo de que se intoxique por salmonela o contraiga la enfermedad de Aujeszky (infección vírica transmitida por la carne de cerdo cruda y, también, recientemente por la de vaca), lo que podría provocar su muerte.

3. Los que compran cosas especiales para su perro. Consideran que esa «es la mejor de todas las dietas alimenticias». Naturalmente, todo dependerá de los conocimientos que se tengan sobre la alimentaicón del perro.

4. Los que utilizan alimentos ya elaborados: son progresistas y no tienen ningún problema. Esta alimentaicón regulada, que contiene todo lo que el perro necesita para vivir, reúne condiciones óptimas. Los sibaritas no deben confundirla con los platos precocinados para consumo humano.

¿Cuál es la adecuada alimentación del perro?

Quien come demasiado, engorda; quien come mal, enferma: esta ley es aplicable tanto al hombre como al perro. En la práctica, significa: la alimentación ideal del perro combina proteínas, grasas e hidratos de carbono como sustancias alimenticias básicas, en cantidades que deben guardar entre sí una correcta proporción. A ello hay que añadir las necesarias vitaminas y las imprescindibles sustancias minerales. En cuanto a la

cantidad, hay que dosificarla de suerte que el perro no esté ni demasiado gordo, ni demasiado flaco. Aunque esto suena fácil, en la práctica no resulta tan sencillo si es usted mismo el que prepara la comida del perro.
Existen actualmente datos científicos exactos sobre las calorías/kilo y julios/kilo que necesitan los perros. Por eso, en cada descripción de una raza determinada, (→ páginas 128 a 166) expreso en calorías/kilo y julios/kilo la cantidad de alimentos que un perro necesita.
Por los resultados que nos proporciona la investigación, sabemos que la alimentación óptima del perro tiene que estar compuesta de un mínimo de 30% de proteínas, 5% de grasa y 5% de fibras (sustancias de arrastre) y un máximo de 50% de hidratos de carbono. A ello hay que añadir un 2% de calcio y fósforo (en sustitución de los huesos de las presas). Todo eso está contenido en los alimentos ya preparados que, además, vienen tan exactamente dosificados (léase las indicaciones de las etiquetas) como para poder suministrar con exactitud tanto las 840 calorías/kilo y los 3 520 julios/kilo que necesita a diario un cocker spaniel de 13 kilos de peso, o las 1700 calorías/kilo y 7116 julios/kilo diarios que consume un pastor alemán de 30 kg de peso.

¿En qué se conoce que el perro está mal alimentado?
Observando las deposiciones de su perro podrá detectar defectos de alimentación:
- Si son pocas, negras y pestilentes, su perro come demasiada carne.
- Si tienen color entre pálido y blanco, y son duras (una «fábrica de calcio»), está claro que el suministro de huesos en la comida es excesivo.
- Si forman grandes montones, es señal de que la alimentación tiene poco valor nutritivo y no es asimilada por el cuerpo.
- Si son claras y ligeras o diarreicas, el perro habrá bebido leche o habrá comido demasiado hígado, bofes, carne de caballo cruda, panza de cerdo o ubres de vaca.

Los estreñimientos o deposiciones duras pueden solucionarse de manera natural con ubres de vaca.
Las deposiciones ligeras puden volver a ser normales con zumo de zanahoria, manzana picada, pan rallado mezclado con la comida, infusiones de manzanilla o té negro poco cargado.
Observación: los excrementos de un perro correctamente alimentado tienen una forma bien definida: ni demasiado blandos, ni demasiado duros, de color marrón claro a medianamente oscuro.
El perro come excrementos: de ese comportamiento se deduce que el perro come demasiada carne, por eso su cuerpo reacciona con sobredosis de ácidos. Una avidez natural de sustancias alcalinas capaces de contrarrestar la acidez es lo que le lleva a ingerir carroña (como sistitutivo de la carne enterrada de su antepasado el lobo) o excrementos, en los que el ácido de la proteína se ha transformado en amoníaco básico. También contienen sales básicas las frutas y verduras, pero hay que hervirlas un poco.
El perro está demasiado gordo: a menudo se constata esta circunstancia cuando ya es demasiado tarde, pues, como el amor es ciego, los ojos del dueño no aprecian tales defectos. Puesto que en una misma raza hay unos ejemplares que son más corpulentos que otros, las costillas son el único indicio que nos permite saber si el peso del animal es normal: tienen que ser visibles o poder ser apreciadas con las puntas de los dedos.

Adiestramiento para una conducta correcta en el comer
Para que su perro no se convierta en un animal ansioso de comer todo lo que encuentre o en un desganado al que no le apetece nada, hay que enseñarle desde cachorro a «guardar compostura en la mesa». Naturalmente que la cuestión de la herencia desempeña un importante papel en cuanto a que al perro le apetezca o no comer una cosa. Hay razas, como los spaniel, muy comilonas, mientras que otras como los setter y los caniches pequeños suelen tener poco apetito. Los machos castrados suelen ser muy comilones.

Lo importante es:

- Que si se observa un cierto método en las comidas, sirviéndolas siempre a la misma hora y en el mismo sitio, el comilón nato también mantendrá su peso normal.
- Que los perros inapetentes –siempre que el veterinario no haya diagnosticado enfermedad alguna– pueden ser incitados a comer dándoles vitamina B (levadura de cerveza en polvo) o bien ofreciéndoles comidas que estimulen su apetito; por ejemplo poner encima de la comida normal algo de comida elaborada para gatos. Previamente se tendrá en ayunas al perro todo un día. A algunos perros no se les abre el apetito hasta que su dueño no les da el primer bocado en la mano. Esto es un fallo en la educación del perro, pero ¿qué otra cosa puede hacer en esos casos el amo que quiere a su perro?

Los perros jóvenes necesitan más sustancias nutritivas que los adultos, pues el crecimiento y el aumento de peso exigen una mayor aportación de energía. En la foto: Cachorros de Wolfsspitz de 5 semanas.

Las comidas caseras

Si usted quiere alimentar a su perro con comida casera, tendrá que cocinar para él una comida diaria. La carne cortada en trozos, como los usados para hacer gulasch, es la base de una adecuada comida canina. Para evitar infecciones, toda la carne tiene que cocerse. El corazón, hígado, panza o la carne musculosa resulta lo más apropiado; también pueden dársele pescuezo o tripas de gallina y pescado de mar de vez en cuando. A esto hay que añadir arroz cocido, pan integral, patatas cocidas en trozos o copos de cereales ablandados; todo ello en la debida proporción.

Si es usted ferviente partidario de la comida biológica y dispone en casa de diferentes cereales en grano, puede añadir al menú avena, trigo o mijo. Hay que machacar los granos y dejarlos macerar durante 2 horas en el caldo que se forma al cocer la carne.

Añadidos importantes: una cucharada de aceite de girasol o de manteca de cerdo; levadura de cerveza; requesón y huesos molidos; algo de verdura al vapor o un preparado de vitaminas y minerales.

Cambiar la composición de las comidas es adecuado según los conocimientos adquiridos por los investigadores; el perro no es un animal que siempre coma lo mismo, sino que le gusta la variedad; como es lógico, también en él se han desarrollado preferencias y gustos diversos.

Más difícil que la preparación propiamente dicha de la comida, resulta calcular las cantidades precisas y, sobre todo, la adecuada composición de la misma. La cantidad de calorías se puede calcular consultando libros especializados, mientras que la composición de las sustancias alimenticias apenas si es posible hallarla incluso en la literatura especializada, pues algunos alimentos como los callos o los sesos aún no han sido valorados en su poder nutritivo. Por eso, con el paso de los años, cada vez soy más partidario de

los alimentos ya preparados, con los que estoy seguro de alimentar a mis perros del modo más adecuado, aunque no utilizo exclusivamente estos alimentos: tres veces a la semana les doy corazón o tripas de gallina con copos de cereales y verdura, con la carne; esto gusta mucho a mis perros, al igual que, en ocasiones, una comida a base de panza y callos. Y como los perros tienen dientes con los que roer y masticar, también les doy trozos de chuletas de ternera con hueso para roer y ternillas o tejido cartilaginoso de búfalo en pequeñas cantidades para masticar.
Nota: La carne cruda no es más nutritiva que la cocida. La carne con tejido fibroso es incluso más digestiva cuando está cocida. La carne de la caza cruda supone un gran peligro para la salud del perro; la carne cruda de cerdo y vaca puede ser mortal para él (→ página 88).

Los alimentos preparados son los mejores

He utilizado mucho tiempo alimentos preparados para perros y estoy muy impresionado por su limpieza, por la calidad de los componentes básicos, su control y la exactitud científica de las composiciones. Por si no lo sabía usted, la Ley de Alimentación de perros es mucho más severa que la de alimentación humana, y en cada paquete tiene que venir detallado con exactitud el contenido. Mis perros confirman, con su buena salud y sus buenas digestiones, que están bien alimentados.

¿Qué es un alimento preparado?

Un alimento preparado es una dieta completa en sí misma, es decir contiene todo lo que el perro necesita. Se fabrica como alimento en conserva (= alimento húmedo) con diferentes sabores, al que se deben añadir otros aditivos tales como cereales, y como alimento seco, es dedir, desprovisto de agua, lo que hace que se conserve durante mucho tiempo; es muy concentrado (30 gr. equivalen a 100 g de alimento húmedo), aunque su composición es igual a la del alimento húmedo. Como el perro tiene un sentido del olfato mucho más desarrollado que el nuestro, los técnicos de laboratorio han introducido en ese tipo de alimentación aromas que nosotros no podemos percibir, pero los perros sí.

Perro de un kilo: En la foto, un cachorro de Yorkshire de 9 semanas puesto en una balanza. Hasta llegar a adulto, tendrá que triplicar su propio peso.

Mi perro no quiere comer alimentos preparados

Es cierto: algunos perros no se acostumbran a estos alimentos. La práctica aconseja empezar dándoles esa alimentación desde cachorros, o nada más traerlos a casa; un día de ayuno hace milagros. Por otro lado, es tal la variedad de tipos y sabores, que siempre habrá alguno que guste a su perro. Será el comienzo de una alimentación correcta además de sencilla:

- Se ahorrará tener que cocerla, pues el alimento preparado está libre de gérmenes.

Este es el aspecto que ofrecen unos cachoros bien alimentados. De izquierda a derecha, arriba: mestizo de pequinés, 4 semanas; Kuvasz, 6 semanas. Abajo: Beagle, 9 semanas; Dachshund de pelo duro, 6 semanas.

- No tendrá que trocear ni pesar nada.
- En cinco minutos el perro tendrá preparada su comida, la mejor que puede darle.

Nota: la mayor necesidad de beber que siente el perro con los alimentos secos no se debe al contenido de sal de los mismos, sino a que no le proporcionan suficientes líquidos.

Dieta para el perro

Los especialistas de nutrición han elaborado una serie de dietas para perros enfermos, a base de alimentos secos.
Consultar con el veterinario antes de aplicarlas.

- Dieta antialérgica, para perros que no toleran una alimentación normal.
- Dieta para perros con problemas cardíacos crónicos.
- Dieta para trastornos gastrointestinales y hepáticos.
- Dieta para enfermedades renales y cálculos biliares.
- Dieta reconstituyente para convalecientes, perras gestantes o que estén amamantando, y cachoros antes y después de la vacunación preventiva.
- Dieta adelgazante, para perros demasiado gordos (→ «El perro de la A a la Z», pág. 123).

Cómo dar de comer al perro

Alimentar bien a un perro cuesta dinero: de 120 a 600 pesetas diarias, según la raza, el tamaño y los alimentos que podamos comprar. Las siguientes normas son válidas para cualquier caso: perros grandes y pequeños, alimentos preparados.
1. Al perro adulto se le dará una sola

comida al día, siempre a la misma hora.
2. La mejor hora para ello es la del mediodía. Así evitaremos tener que sacarlo a pasear por la noche para que haga sus deposiciones.
3. La comida debe estar preferiblemente a temperatura ambiente. Si el animal no come toda la ración que le pone, reduzca la cantidad a la vez siguiente. Un perro sano puede comer hasta un 50% más de lo que realmente necesita.
4. No deje los restos de comida en la escudilla; ha de estar vacía y limpia.
5. La escudilla del agua, en cambio, debe estar siempre llena de agua fresca. El perro ha de poder beber siempre que quiera, y sólo ha de beber agua.
6. No dé sopas a su perro: ni alimentan, ni su organismo las asimila.
7. Después de comer, el perro necesita tranquilidad. Los paseos ha de darlos antes, para abrir el apetito.

Cuántas veces y a qué horas debe comer un cachorro

Edad	Núm. de comidas	Comida primera	Comida última
3 meses	5	7 horas	19 horas
4/5 meses	2	8 horas	18 horas
6/7 meses	2	9 horas	17 horas
8/12 meses	2	9 horas	15 horas
más de un año	1	13 horas ó 18 horas (o dos pequeñas comidas al día)	

Normas especiales para los perros jóvenes

Entre las semanas 10 a 14 de vida de un cachoro:

- Se implantan los hábitos alimentarios del perro para toda la vida.
- Se decide si su estructura ósea va a tener o no un desarrollo sano y vigoroso.
- Pueden originarse deficiencias por una alimentación equivocada.
- El perro aprende a comportarse «en la mesa» y a no pedir comida fuera de horas.

Los perros jóvenes necesitan más sustancias nutrientes que los adultos. El crecimiento y el aumento de peso consumen mucha energía y exigen una alimentación de mejor calidad. Hay que prestar especial atención a que contenga suficientes vitaminas, sustancias minerales —calcio y fósforo, fundamentalmente— y proteínas de alto valor nutritivo. Todo ello, y bien dosificado, se encuentra en los alimentos preparados especialmente para cachorros.

En la fase del crecimiento, la necesidad de energía y sustancias nutrientes del cachorro es, en proporción al peso, dos veces mayor que la del animal adulto. Téngalo muy en cuenta. En la siguiente tabla se indica el ritmo normal de aumento de peso en un cachorro.

Tabla de pesos para perros de 3 a 9 meses
(promedio de gramos aumentados en cada mes)

Raza	3º	4º	5º	6º	7º	8º	9º	Mes
muy grande	7000	6000	6000	5000	3000	3000	3000	
grande	3500	3500	3000	2750	2500	1750	1500	
media	2250	2000	1500	1000	1000	750	750	
peq.	1250	1250	1000	600	600	400	400	
enana	600	500	500	250	150	100	100	

Conviene pesar al cachorro periódicamente. Para perros pequeños utilice un pesabebés. Y tampoco hay problema con los medianos y grandes: pésese usted primero, tome el perro en brazos y vuélvase a pesar; la diferencia entre la primera y la segunda pesadas es el peso del perro.

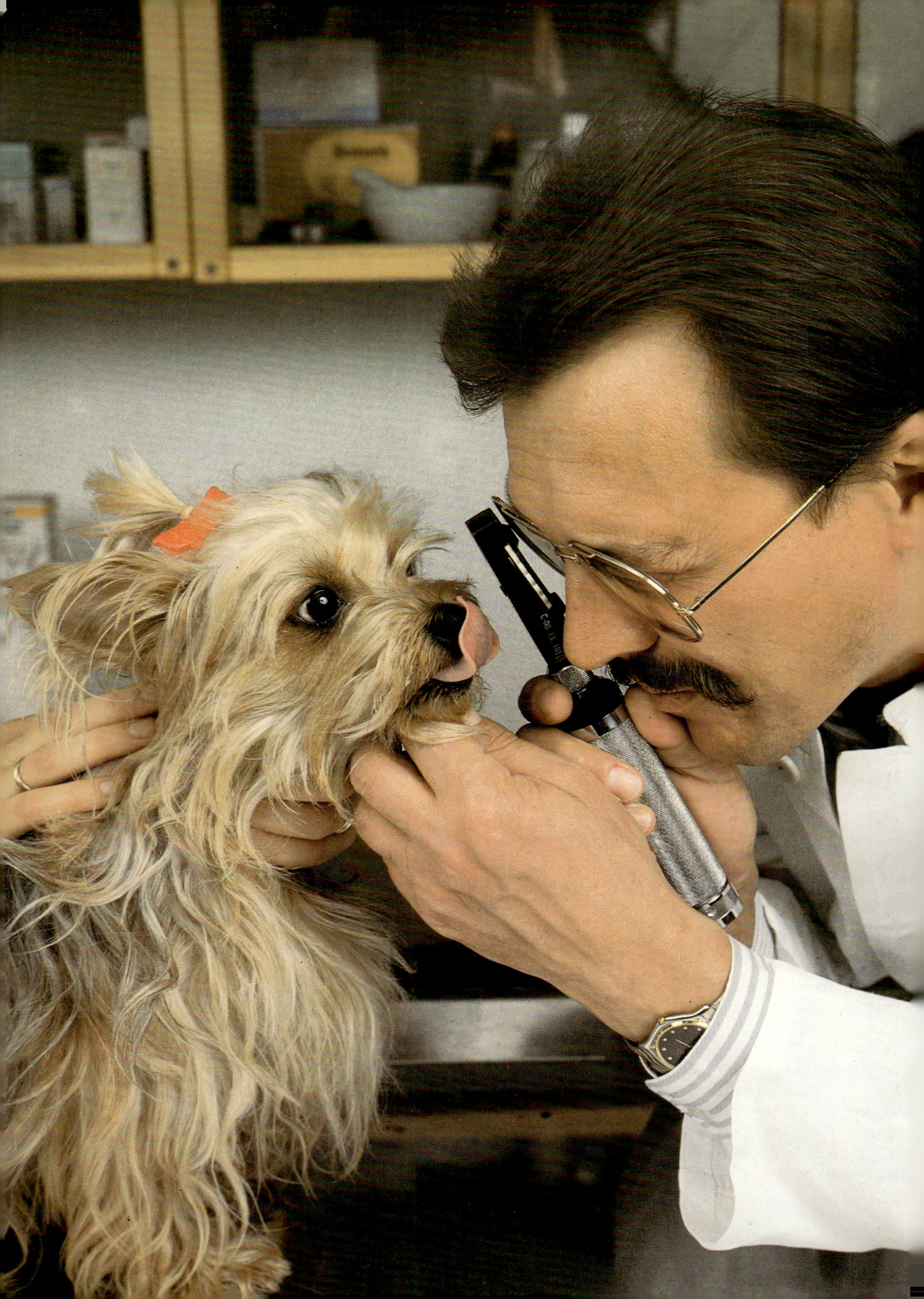

Cuando el perro cae enfermo

Un perro sano mantiene un aspecto y un comportamiento normales. Eso significa que:

- Tiene su carácter propio y natural.
- Su pelaje está brillante.
- Sus ojos están limpios y claros.

El deber del dueño es procurar mantener sano a su perro, lo que exige una correcta alimentación, paseos periódicos, cuidados y atención permanente.

¿Cómo se reconoce una enfermedad?

Observe antentamente a su perro, y si nota que algo ha cambiado en el cuadro general de su estado, acuda al veterinario: es mejor una consulta aun cuando no sea necesaria, que dejar de hacerlo en caso preciso, pues el perro no puede comunicarle cuando la necesita. El veterinario puede diagnosticar las dolencias y aplicar el mejor remedio posible, pero el dueño tiene que ser el «intérprete» entre perro y veterinario. Le ofrezco una serie de consejos, mediante los cuales podrá reconocer posibles enfermedades de su perro y sabrá comportarse adecuadamente en los momentos críticos: hasta el perro más protegido puede herirse, contagiarse o comer algo que le siente mal.

Síntomas que pueden señalar la presencia de distintas enfermedades:

Diarrea: se puede deber a una alimentación incorrecta, a que el perro haya comido nieve (→ , también, página 43), o a un desequilibrio en la flora bacteriana intestinal. Cualquier diagnóstico, (cuidado con la aparición de sangre en las deposiciones ¡peligro de envenenamiento!) tiene que ser ratificado por el veterinario.

Vómitos: No siempre son síntoma de enfermedad; puede tratarse de una reacción natural del perro cuando ha comido muy deprisa o en exceso. Vómitos frecuentes pueden indicar que se ha atragantado con algún cuerpo extraño, y también envenenamiento. Vómitos acompañados de fiebre son siempre indicios de una grave enfermedad. Sólo el veterinario puede diagnosticar las causas.

Fiebre: Es un síntoma inequívoco de enfermedades infecciosas o inflamaciones. Es imprescindible la visita al veterinario. Signos externos que denotan la existencia de fiebre son: pelaje lacio, nariz caliente y seca, ojos turbios, postración y calor corporal superior a lo normal. Asegúrese tomándole la temperatura; el termómetro debe ponerse en el recto (→ página 99).

Arrastrar el trasero: casi siempre indica obturación o saturación de las glándulas anales, la existencia de un cuerpo extraño en el recto (una paja, por ejemplo) o el comienzo de un absceso (→ también página 34). Acuda de inmediato al veterinario.

Sacudir la cabeza. Puede denotar la presencia en el oído de un tapón de cera (cerumen), o de otro cuerpo extraño, como podría ser una espina; también puede ser síntoma de una infección auditiva. Es al veterinario a quien corresponde poner remedio.

No sacudir el cuerpo. Al levantarse (los perros suelen hacerlo para desentumecer su musculatura), indica que algo va mal en el estado general del perro (→ «El perro de la A a la Z», página 126).

◁
Página de al lado: el buen comportamiento ante el veterinario es parte fundamental en la educación del perro. En la foto: exploración de los ojos a un Yorkshire.

Cojera: puede deberse a una fractura, una herida, una espina clavada, un desgarro de ligamentos o a una pata torcida. Otras causas posibles son los trastornos circulatorios o la debilidad senil. El teckel puede sufrir una cojera típica de su raza.
Toser y estornudar: puede tratarse de una reacción del perro ante un cuerpo extraño en cuello o nariz o bien una manera de eliminar gases; también puede ser síntoma de resfriado, de inflamación en la garganta o de catarro. Si a esto acompaña la fiebre, puede tratarse de moquillo (→ página 97).
Fuerte olor de boca: síntoma de caries, de gingivitis, de alimentación equivocada o de gastritis. Lleve al perro al veterinario.
Un bulto puede ser un simple lobanillo, pero también puede tratarse de un tumor maligno. Como puede agrandarse rápidamente y resultar peligroso (los perros «domésticos» son propensos a contraer cáncer) es mejor ir al veterinario enseguida.
Rascarse sin cesar: puede significar que tiene pulgas (→ «El perro de la A a la Z», página 124) o un eccema, lo que requiere un largo tratamiento. Como los perros muerden y se rascan las zonas donde sienten dolor, lo mejor es acudir al veterinario como medida preventiva.

El veterinario tiene que convertirse en médico de cabecera

Si su perro está enfermo, hay que ponerle en manos de un veterinario experimentado. Cuanto mejor conozca a su perro tanto más fácil le resultará detectar los cambios, diagnosticar con más seguridad y ofrecerles el tratamiento más adecuado. Por tanto, si tiene confianza en un veterinario, no debe cambiarlo, sino hacer de él una especie de médico de cabecera de su perro;

El cuidado de la salud empieza desde cachorros. En la foto, perra de Pomerania enana, con cachorros de color melocotón y blanco.

pero no ha de ser el veterinario quien vaya a su casa a mirar al perro: los veterinarios prefieren tratar a su pacientes en la clínica, pues allí los perros son más dóciles y disciplinados que en la seguridad del ambiente familiar. A los veterinarios, lo mismo que a los médicos, no les gusta que se acuda a su consulta con un diagnóstico preconcebido. Pero valoran mucho que el amo del perro les explique los detalles y síntomas concretos que motivan la visita. Usted ha de ser portavoz de su perro.

La visita al veterinario
Un perro bien educado consentirá sin dificultad que el veterinario:

- Le mire la boca y las orejas.
- Levante sus patas.
- Le ponga sobre una mesa.

El buen comportamiento del perro ante el veterinario es parte fundamental de su educación. Pero también usted tiene que observar ciertas normas en la consulta del veterinario:

1. El perro tiene que ir limpio.
2. En la sala de espera estará sujeto a la correa.
3. Se evitará, por razones de posible contagio, que contacte con otros «pacientes».
4. No han de darse rodeos innecesarios para explicar los síntomas de la enfermedad: hay que ceñirse a lo esencial.

Su primera relación con el veterinario tendrá lugar cuando lleve a su perro a vacunar o desparasitar; el cachorro conocerá así a su doctor.

El cuidado de la salud: Curas vermífugas y vacunaciones

La cura vermífuga
Al nacer, todos los perros tienen lombrices, transmitidas por su madre. Es un sabio mecanismo de la Naturaleza para que el cachorro desarrolle sustancias inmunológicas contra esos parásitos. El problema de los parásitos se solucionaría por sí solo si el perro viviera libre, pero, como no es así, hay que llevar a su cachorro al veterinario; la primera vez a las 8 semanas (si el cachorro tiene más edad cuando llega a su casa, pregunte al criador si ya le ha desparasitado) y se repetirá el tratamiento 4 meses después. Los parásitos reducen la capacidad de resistencia contra las enfermedades infecciosas. Controle de vez en cuando los excrementos para detectar la presencia de parásitos (como pueden ser las lombrices, parecidas a spaguetis, o los equinococos, parecidos a granos de arroz; los equinococos suelen ser raros en los perros, pero tienen que ser combatidos inmediatamente). Repita la cura vermífuga si es necesario, sobre todo si el perro convive con niños.

Vacunaciones contra enfermedades infecciosas
Desde cachorros, los perros están expuestos a enfermedades infecciosas, que deben prevenirse con vacunaciones periódicas. Las cinco más peligrosas son:
El moquillo: es una infección vírica que se presenta en tres formas distintas:

- Moquillo intestinal con diarrea.
- Moquillo pulmonar con neumonía.
- Moquillo nervioso con parálisis.

Síntomas: fiebre, diarrea, tos y ojos llorosos. En estado avanzado, convulsiones y trastornos motrices.
No es una enfermedad exclusiva del cachorro; la vacunación sistemática ha

Cada raza tiene sus propias enfermedades. Los bulldogs son propensos a sufrir de los ligamentos. En la foto, un macho de dos años.

disminuido sensiblemente su presencia, pero no la ha hecho desaparecer por completo.

La hepatitis contagiosa

(También llamada H. c. c. = *Hepatitis contagiosa canis*) es igualmente una enfermedad vírica con un cuadro sintomático o similar al del moquillo.
Síntomas: Fiebre, inflamaciones en la región buco-nasal, diarrea y gran sensibilidad al dolor en la región ventral. Su vacuna se suministra combinada con la del moquillo.

La leptoespirosis

Esta infección bacteriana está provocada por diversos gérmenes de leptoespiras, algunos de los cuales son transmisibles al hombre, al que producen ictericia contagiosa.
Síntomas: fiebre, cansancio, vómitos, falta de apetito, amigdalitis, enfermedades gastrointestinales y renales, a menudo debilidad en las patas traseras. En casos graves, ictericia y perturbaciones de la movilidad.

La vacunación impide tanto la transmisión como la propia enfermedad.

La rabia

Esta enfermedad vírica, la peor de todas, no ha podido aún ser erradicada ni circunscrita.
Síntomas: Comportamiento anormal, tendencia a morder, parálisis y calambres, dolores al tragar. La vacunación antirrábica de los perros es muy importante, pues así se interrumpe la cadena de transmisión de esta enfermedad entre los animales silvestres y el hombre. En las zonas donde hay brotes de rabia, la vacunación del perro puede salvar su vida, pues los perros sueltos sospechosos de rabia suelen ser sacrificados si no llevan en el collar la chapa con la fecha de la última vacuna certificada por el veterinario que se la suministró. En los viajes al extranjero también es posible que se exija su inscripción en el libro de vacunaciones (→ más adelante).

La parvovirosis

Enfermedad vírica que se transmite frecuentemente en exposiciones y concursos, donde conviven muchos perros.
Síntomas: Repentina aparición de diarrea sangrante, fuertes vómitos que también pueden ser sangrantes. El perro se vuelve apático, rechaza la comida que se le da y padece una intensa deshidratación.
El stress aumenta la propensión a esta enfermedad, por lo que suelen padecerla a menudo los perros encerrados en perreras. La parvovirosis guarda cierta similitud con la peste felina. Se combate con la vacuna Felindovac-P.
La vacunación más completa es la que inmuniza al cachorro contra el moquillo, la hepatitis y la leptoespirosis (MHL) a las 8 semanas de vida, después de haber sido desparasitado. Es el propio criador el que debe ocuparse de esta inmunización básica. La segunda vacunación se llevará a cabo cuando el perro tenga entre 12 y 14 semanas, repitiéndose la MHL. En zonas donde haya brotes de rabia, también se le vacunará contra esa enfermedad. Todos los años se procederá a la vacunación

contra la leptoespirosis y la rabia, y cada dos años contra el moquillo y la hepatitis. La inyección es indolora. Las vacunaciones debe hacerse constar en el libro internacional de vacunaciones.
El libro internacional de vacunaciones contiene, además de los datos sobre las vacunaciones oblitatorias, el lugar de nacimiento y la raza del perro, así como los datos personales del dueño. Es, por tanto, un documento de identificación del perro y, al mismo tiempo, un certificado de que ha sido vacunado contra las enfermedades infecciosas más importantes, sobre todo la rabia. Este documento lo extiende el propio veterinario, especificando la clase de vacuna. Todos los datos van en alemán, inglés y francés. Por lo que viene a ser una especie de pasaporte.

Cosas que los dueños de perros deben saber

Hay unos cuantos actos médicos que se ha de saber llevar a cabo personalmente para prestar ayuda a su perro. Entre ellos se cuentan:
Medir la fiebre: La temperatura normal del cuerpo del perro está entre 38,2 y 38,8 grados. Hay fiebre si se rebasan esas cifras. Si la temperatura del cuerpo baja de 37,8 grados, significa que el perro padece de hipotermia y ha de acudirse inmediatamente al veterinario. Para tomar la temperatura, lo mejor es colocar al perro sobre una mesa, con la ayuda de otra persona que, pasando su brazo por encima del cuello, le sujete la cabeza con una mano, mientras agarra la correa. Se introduce cuidadosamente en el recto un termómetro untado de vaselina (no más de unos 2 cm), que sacaremos al cabo de un minuto. Durante la medición, el perro debe permanecer quieto. Hable con él todo el tiempo, mimándolo y elogiándolo.
Suministro de medicamentos en polvo o tabletas: Se envuelve el medicamento en carne picada formando una bola y se introduce en las fauces del perro lo más profundamente posible. Tenga buen cuidado de que realmente se la trague.
Tabletas: Déjelas igualmente en una bola de carne picada o bien abra la boca del animal tirando del labio superior hacia arriba y de la mandíbula inferior hacia abajo, para introducir la tableta lo más posible por encima de la lengua. Cerrar un poco la boca al tiempo que se le da con la mano un cariñoso cachete para que trague la tableta. ¡Atención!: algunos perros escupen la tableta después de pasado un tiempo.
Otro método: córtese un taco de carne o un trozo de embutido y, metiendo en él la tableta, déselo al perro.
Suministro de gotas u otros líquidos: eche las gotas en la punta de la lengua o detrás de los colmillos.
Para los líquidos, eche un poco hacia un lado los belfos para dejar una pequeña abertura por donde ir vertiendo el líquido poco a poco. Mantenga en alto la cabeza del perro.
Poner supositorios: También aquí es

El vendaje requiere una determinada técnica y ha de quedar bien colocado. El veterinario es quien mejor lo hace.

recomendable contar con la ayuda de otra persona: mientras una tranquiliza al perro y le acaricia o sujeta en su regazo, la otra introduce el supositorio lentamente en el intestino, lo más profundo que sea posible. Para hacerlo hay que usar un guante de goma. Si es necesario, empuje el supositorio con el termómetro y presione la cola contra el recto para que el perro no lo expulse.
Sujetar al perro estando en contacto con él en los tratamientos u observaciones: hable y tranquilice al perro sujetándole por la nuca. Si ha de permanecer quieto, sujétele con el brazo de tal forma que su cabeza repose sobre la articulación del codo, impidiendo así que el perro se vuelva hacia la zona en que está siendo tratado. La otra mano sujetará los omoplatos. A los perros inseguros o con tendencia a morder se les pondrá bozal o una venda alrededor del hocico. Si durante el tratamiento el perro tiene que permanecer echado, sujétele las patas ya extendidas, apoyese sobre el cuerpo con el brazo. Lo más importante es que exista un ambiente tranquilo.
Una venda en el hocico: haga un nudo corredizo con 1 metro de venda fuerte o con una corbata y pásela por el hocico del perro; apriete después suavemente y cruce ambos terminales para atarlos detrás de las orejas.
Poner una venda compresora: ponga una compresa directamente sobre la herida y enrolle por encima varias vueltas de venda. A la tercera vuelta, ponga un poco más de algodón. Para conseguir una buena sujeción, vaya torciendo la venda a medida que la enrolla (los legos suelen dejar el vendaje flojo). Si, a pesar del vendaje, la herida sigue sangrando, hay que impedir el flujo de sangre mediante torniquete más arriba de la misma (use una cinta elástica, unos tirantes u otro material elástico). Cada media hora afloje la venda durante un corto espacio de tiempo.
Todo perro accidentado ha de llevarse inmediatamente al veterinario.

El transporte hasta la consulta del veterinario

A los perros no les gustan las visitas al veterinario, incluso sin haber padecido nunca malas experiencias en ellas. La presencia de los otros perros excitados, el olor a miedo y el de los medicamentos son razón más que suficiente para asustar al perro más valiente. Por eso hay que llevar siempre al perro sujeto con la correa.
Como medio de transporte de su perro herido puede servir una caja de cartón grande, abierta y cubierta con una manta.
Llévelo en coche al veterinario y, por si acaso ha de ser intervenido, vaya acompañado de otra persona: a la vuelta, podrá ir tranquilizando al perro o sujetándole.
En países como Alemania existen taxis y otros medios de transporte para animales, así como un servicio de urgencia que se encarga de llevar al perro al veterinario en las grandes ciudades. Infórmese en las asociaciones de animales sobre si su ciudad posee este servicio. En caso afirmativo, ellas mismas le proporcionarán los teléfonos correspondientes. El servicio de urgencia veterinaria puede ser de gran utilidad en caso de accidente, pero si no lo hay, el perro accidentado deberá ser transportado, con ayuda de otra persona, colocándolo cuidadosamente sobre una manta, tendido de costado, como si fuese en camilla. Vaya con sumo cuidado y evite sacudidas que podrían causarle dolores. Si el perro ha perdido el conocimiento, debe procurarse que saque la lengua, pues podría ahogarse.

¿Castración o inyecciones contra el celo?

Para evitar que su perra tenga crías cuando no se desean, existen varias posibilidades:
El tratamiento veterinario a base de hormonas por medio de inyecciones que, según la perra y su ciclo, se pondrán cada cuatro o cinco meses. El

veterinario le informará de todo ello adecuadamente.
La esterilización, ciertamente, impide que la perra quede preñada, pero no excluye el celo, que puede incluso hacerse crónico.
La castración (estirpación de los ovarios) es la solución difinitiva para evitar tanto el peligro de una indeseada preñez como los frecuentes casos de preñez aparente. Hoy se ha convertido en una intervención tan rutinaria como una operación de apendicitis y es aconsejable realizarla antes de que la perra llegue a la primera menstruación (→ «El perro de la A a la Z», página 116). No afecta en absoluto a la psiquis de la perra y elimina las enfermedades de matriz que suelen sobrevenir con la edad. Como las perras no tienen menopausia, las no castradas pueden estar en celo y tener cachorros a muy avanzada edad. La castración de los machos rara vez es aconsejada por el veterinario.

Trastornos de comportamiento del perro

Los trastornos psíquicos no son exclusivos del ser humano: también se los hemos «contagiado» a nuestro mejor amigo. Nuestra manera de vivir desenfrenada, el stress, y otras muchas cargas que nos impone la vida moderna, han sido transmitidos también a algunos perros, produciendo trastornos del comportamiento que se ponen de manifiesto en:

- Agresividad excesiva.
- Furia destructiva dentro de la casa.
- Timidez excesiva.
- Exceso de celo en la vigilancia, con ladridos continuos.
- Tendencia a correr tras bicicletas y automóviles.
- Avidez por la comida.

Las razas de mucha apariencia tienen sus problemas. En el caso del Shar Pei (nuestra foto), hay que contar con eccemas en los dobleces de la piel.

• Sentimiento de miedo ante otros perros.

Pueden presentarse también otros síntomas. Hallar las causas de estos trastornos es casi tan difícil como su eficaz tratamiento. Son rarísimos los casos en que la enfermedad psíquica es congénita. A veces son culpables los propios criadores, en el caso de perros muy sensibles o adiestrados con rigidez extrema. Pero a menudo somos nosotros mismos, los dueños, los causantes de esas «taras» en nuestros perros. He aquí un catálogo de comportamientos erróneos del hombre capaces de enfermar psíquicamente a un perro:

Perro grande en vivienda pequeña: conduce a una represión de los instintos si el dueño no trabaja con el perro o procura que haga ejercicio al menos 2 horas diarias.

Estados de ánimo cambiantes: si el dueño está malhumorado o su estado de ánimo cambia frecuentemente, el perro no sabrá a qué atenerse. En tales casos el perro no «comprenderá» a su dueño y se sentirá confuso.

Frecuentes excursiones de fin de semana a lugares distintos cada vez, pueden resultar interesantes para su perro, al principio, pero acabarán por atacarle a los nervios (como al dueño).

Paseos cada vez más cortos: constituyen una reducción de su territorio, y el perro reacciona con incomprensión.

Forma de vida irregular: los perros son animales de costumbres y necesitan sus paseos y comida a una hora determinada. El perro se altera si estos hábitos sufren continuas modificiaciones.

Alteración de la vida familiar: las disidencias matrimoniales, la separación de la pareja o de la familia pueden hacer enfermar al perro del mismo modo que a las personas.

Excesivos mimos hacia una persona: el perro siente celos de ella y reacciona con agresividad.

Falta de autoridad y educación relajada: el perro suele reaccionar agresivamente y adquiere aires de superioridad.

Haga usted un detenido examen de conciencia para descubrir otros puntos débiles en su vida que pueden afectar a su perro. Al perro hay que tratarle siempre de manera correcta y consecuentemente, no de modo irreflexivo; así permanecerá psicológicamente sano.

Los perros chinos, como los de la foto, no tienen pelaje y lo compensan con una mayor temperatura del cuerpo. Son más fuertes de lo que parece.

La higiene en el trato con el perro

Ya se ha tratado este tema en el capítulo «Perro y bebé» (→ página 15), pues en tal caso la higiene es de extraordinaria importancia. No hay que confundir higiene con histeria, pero tampoco hay que obrar a la ligera. Ni las personas, ni los perros están esterilizados. Ambos viven en el mismo ambiente microbiológico y se inmunizan mutuamente. El Dr. Stefan Götz, en su tesis doctoral, «Investigaciones sobre la higiene en el mantenimiento del perro en viviendas urbanas», llegó a las mismas conclusiones que el profesor Anton Mayer y el doctor Hans Schels: sus investigaciones microbiológicas pusieron de manifiesto que, cuando un perro convive con nosotros, la higiene doméstica no solamente no empeora, sino que va a mejor. Ya me parece oír la inmediata réplica: ¿Y qué pasa con las enfermedades que transmiten los perros?

Con el nombre de zoonosis se designan las enfermedades infecciosas que hombre y animal se transmiten mutuamente. El veterinario trata las de los animales, y el médico las de las personas. La mejor manera de protegerse contra ellas es:

- La limpieza en el trato con el perro: lavándose las manos con regularidad y no permitiendo que el perro nos lama.
- La vacunación periódica del perro.
- La desparasitación siempre que sea preciso.
- Suministrarle la carne siempre cocida.

Las lombrices de los cachorros no desparasitados pueden ser transmitidas a los niños pequeños a través de los huevos de aquéllas.

Los huevos de las lombrices caninas se transmiten al animal cuando este ingiere carne cruda o al comer ratones. La transmisión al hombre tiene lugar también por vía bucal. El consumo de carne cruda implica mayor peligro de contagio que el contacto con el perro.

Los dermatofitos (hongos de la piel) pueden ser transmitidos lo mismo del perro al hombre que a la inversa. Se trata de manchas rojas y circulares, que provocan picor. El tratamiento médico es largo y pesado, tanto para el hombre como para el perro.

En los casos de toxoplasmosis (enfermedad infecciosa producida por un microzoo unicelular), el perro casi no tiene relación con el contagio según se desprende de las últimas investigaciones. El contagio tiene lugar más bien a través de la carne de cerdo cruda o de los excrementos de los gatos. Como esta enfermedad ataca al feto en el claustro materno, es conveniente pedir al ginecólogo que lleve a cabo las oportunas observaciones preventivas.

Desde que la tuberculosis en el hombre ha quedado erradicada casi por completo, es difícil que los perros sean contagiados de esta enfermedad por el ser humano o que éste lo sea a través del perro.

La rabia y una variante especial de la leptoespirosis (*Leptospira icterohaemorraghiae*) son dos de las

Bobtail de 8 semanas con un ojo de color oscuro y otro azul. Esos ojos azules (Wall-Eyes) hay que cuidarlos para prevenir la formación de cataratas.

Ciclo vital de un bóxer: a la izquierda, un joven bóxer macho de 8 semanas, a la derecha, un bóxer adulto de 5 años.

cinco grandes enfermedades caninas contra las que es preciso vacunar al perro periódicamente (→ página 98); además, son transmisibles al hombre. En ambos casos, la vacunación del perro también protege al hombre contra la enfermedad.

Amigdalitis y paperas pueden ser contagiadas del hombre al perro y viceversa, lo mismo que un resfriado o una infección gripal. En tales casos, el perro es el que más peligro corre.

Sobre la vejez y la muerte

Una de las preguntas más frecuentes que se me hacen, en cuanto a perros y razas caninas, es la de su promedio de vida.

Una cuestión que yo realmente no comprendo: nadie va preguntando por ahí la esperanza de vida media de una persona. La contestación siempre es deprimente: la vida media de un perro (sin tener en cuenta enfermedades, accidentes y cosas parecidas) es sólo de unos 7 años. El terrier tibetano (tibet apso) es el Matusalén de los perros: puede llegar hasta los 20 años de edad con promedios de entre 10 y 14 años. Los grandes perros y los bulldogs suelen vivir de 7 a 9 años por término medio. ¿Qué valor tiene un año en la vida de un perro? 9 años de vida de un perro corresponden a 58 años de vida del hombre. La vieja fórmula: 1 año del perro = 7 años del hombre, está muy extendida, pero no es exacta, si se tiene en cuenta que un perro ha llegado prácticamente a su mayoría de edad a los 12 meses, la fórmula en cuestión tendría que ser: 1 año del perro = 20 años del hombre.

La vejez del perro empieza a los 6 años, afectando primero a labios y quijadas y extendiéndose después a los pómulos; de ahí, a todo el hocico. A los 8 ó 10 años, el proceso alcanza la zona próxima a los ojos y, a mayor edad, la frente y la cabeza. Los perros que realizan alguna actividad útil envejecen antes que los perros caseros.

El perro viejo

A los 12 años, el perro ya es viejo. Como se trata de un animal eminentemente olfativo y este importante sentido no llega a faltarle, las deficiencias auditivas y la pérdida de visión no le afectan tanto como a las personas. Sólo que sus huesos ya no le obedecen como antes y que sus paseos tienen que ser más cortos y más lentos. Su limpieza también puede deteriorarse, sin que ello tenga nada que ver con su educación, sino que, a esa edad, ha de atribuirse a un debilitamiento natural. El perro dependerá más y más de nosotros, lo que, a su vez, hará que nos resulte más y más entrañable. Seguirá sin olvidar lo aprendido, entendiéndolo todo e incluso jugará y retozará como antes, todo lo cual hace más difícil el momento de la despedida, ya sea a causa de su muerte natural, o bien porque nos veamos obligados a ayudarle a morir para que no sufra.

El sueño letal se produce, actualmente, mediante un perfeccinado procedimiento que aumenta progresivamente las dosis de narcótico sin que el perro note nada. Hasta el dueño más sensible puede tenerle en sus brazos hasta que exhale el último suspiro: es lo menos que debemos hacer por nuestro perro.

Cómo murió nuestro David

Era un sábado cuando tuvimos que ponerle una nueva sonda, aunque nuestro veterinario no nos dio muchas esperanzas. David estaba tranquilo y se adentraba en el gran jardín, donde gustaba de tenderse entre los arbustos o las hierbas altas. En la noche del domingo al lunes, mi mujer se acostó en un colchón en la planta baja que nos servía de enfermería para estar cerca del perro. David se acercó y se acurrucó junto a ella como si fuera un cachorro; durmió muy tranquilo durante toda la noche. No había vuelto a mover la cola durante los dos últimos días, cosa que hizo 10 minutos antes de morir, al entrar un macho mestizo en la sala de espera del veterinario. Después de ponerle la inyección, tomamos en brazos a David y le tuvimos así todo el tiempo. Se durmió enseguida, con un sueño muy tranquilo. No volvió a respirar. Minuto a minuto, su cara iba reflejando un mayor envejecimiento, pero el resto permanecía suave, conmovedor, con sus patas recogidas en la clásica postura fetal. Al volver a casa, me coloqué con él en el asiento de atrás del coche, igual que hicimos al llevarle, pero mi consuelo ya no podía servirle de nada. Le envolví en la manta marrón en la que siempre dormía en casa y que tantas veces defendió. Nunca como en el momento de la despedida me había sido tan entrañable. Cuando lo saqué, ya acusaba la rigidez cadavérica. Me quedé mirando la tumba y los ojos se me llenaron de lágrimas.

▷ *Doble página siguiente: Dos perros imponentes: Un Chow Chow de color crema y otro de color rojizo.*

Un anciano bóxer de 12 años. Está decrépito, casi ciego, apenas oye y sufre de artrosis.

De viaje con el perro

Ahora conoce la vida cotidiana con el perro y creo que ya carece de secretos para usted; no obstante también hay que pensar en otro tipo de circunstancias más o menos excepcionales, como son las excursiones y viajes con el perro. De ellas me ocuparé en este capítulo.

Vacaciones con el perro

La mayoría de los amos de perros no quieren pasar «la mejor época del año» sin su mejor amigo. Los países generalmente preferidos para pasar unas vacaciones «con perro» son Alemania, Austria, Francia e Italia. Viajar en avión con un perro supone muchas dificultades, y por eso el 83 por ciento de los amos escogen para sus vacaciones el coche. Decisivo en la elección ha de ser la presencia en el lugar de vacaciones de un veterinario.
Si no puede dejar a su perro perfectamente alojado, o no tiene familiares o amigos que puedan tenerle en su casa durante su ausencia, en ningún caso lo deje solo. No podría comprender por qué lo abandonó durante dos semanas, que, para él, son toda una eternidad. Tiene que llevárselo por supuesto. No es aconsejable llevar al perro a los trópicos o a unas vacaciones que incluyan aventuras agotadoras o peligrosas.
Si por razones insuperables se ve obligado a dejar a su perro en una residencia canina, infórmese a través de personas conocidas que ya hayan tenido una cierta experiencia, pues las buenas escasean bastante. Pida también información a las asociaciones de perros.

Gestiones antes de emprender viaje
Siempre que realice viajes al extranjero necesitará el libro internacional de vacunaciones. Como la legislación del permiso de entrada varía según los países, infórmese antes en el correspondiente consulado. La mayoría de las vacunaciones exigidas (→ página 97) ya las habrá realizado por propia iniciativa y como dueño del perro responsable.
Para determinados países necesitará también un certificado médico oficial. Para ir de vacaciones con el perro, Inglaterra, Noruega y Suecia son países tabú: en ellos se exige una cuarentena de, al menos, cuatro meses.
Si va a ir de hotel, de pensión o de camping, pregunte previamente si se admiten perros, y exija que en la reserva de plazas quede constancia escrita de que lleva uno consigo.

El equipaje del perro
También el perro tiene que llevar su equipaje; en él estarán:
- Sus escudillas para comer y beber, ya que está acostumbrado a ellas.
- Su manta y una o dos toallas para él solo.
- Una botella de agua para el camino.
- Un pequeño botiquín con remedios contra el mareo y la diarrea; también polvos para las heridas, gotas para los ojos y spray o polvos contra las pulgas.
- Una chapa para el collar en la que se indique la dirección durante las vacaciones y la dirección de casa.

El perro en tren y en avión
Antes de emprender viaje en tren infórmese de las posibilidades que tiene para llevar consigo al perro, ya que varían para perros grandes o pequeños. En un coche cama puede llevar al perro sin inconveniente alguno, siempre que tenga un compartimento para usted solo

o su familia. Infórmese de las condiciones en cada país.
En el avión, si el perro pesa menos de 5 kg, puede ir en la zona de pasajeros. En Alemania Occidental, un perro pequeño se conceptúa «equipaje de mano» y no paga tasa alguna. Los perros grandes van en la zona de carga dentro de unas perreras que alquila la compañía aérea. Si su perro puede soportar o no esa forma de viajar, es algo que tendrá que decidir personalmente. Pero infórmese con antelación en las compañías de vuelo o en las agencias de viaje sobre las normas vigentes.

Con el perro en el lugar de vacaciones
El perro, al igual que las personas, ha de habituarse al nuevo ambiente que le rodea. Tenga en cuenta que, a lo mejor, su perro no está acostumbrado al calor del sur, por lo que, durante las horas diurnas, no deberá cansarle demasiado. Pida información sobre la presencia de perros sueltos en los alrededores. Tenga también consideración hacia los demás turistas: Aunque, en términos generales, están permitidos los perros en la playa, no por eso se puede molestar a los demás bañistas.

El perro en el coche

En la vida de un perro casero actual, el automóvil desempeña un importante papel. Ocupémonos, ampliamente, de ese tema.

El viaje de vacaciones
Con independencia de cuántos kilómetros se proponga recorrer a diario, deberá detenerse varias veces para que su perro haga sus necesidades y dé un pequeño paseo, algo que tampoco le vendrá mal al conductor y pasajeros. En todo momento hay que guardar estrictamente la siguiente regla de oro: los perros subirán y bajarán del coche por la puerta que no da a la carretera. Y otra regla más: al subir al coche, primero tiene que entrar el perro, luego se colocará el equipaje y por último entrarán las personas; para bajar, se procederá al contrario: primero las personas, luego el equipaje y, por último, el perro.
En las pausas para dar cortos paseos lleve siempre al perro sujeto con la correa. Dejarle suelto puede provocar accidentes, aparte de que, al moverse su perro en una zona que no conoce, si se aleja siguiendo un rastro tentador, es posible que no vuelva a encontrarle o, en el mejor de los casos, perdería mucho tiempo hasta localizarle.
Si se detiene en una zona de descanso o de aparcamiento al borde de la autopista, lleve a su perro a hacer sus necesidades lo más lejos posible, para que sus residuos no molesten a las demás personas allí estacionadas. Lo mismo se aplica a los alrededores de los comedores o terrazas donde rigen las mismas normas que en cualquier restaurante. El perro sólo podrá entrar allí:

- Si se admiten perros.
- Si está bien educado para no molestar a nadie y se tumba tranquilamente debajo de la mesa o encima de una silla sin que «se le vea ni se le oiga».
- Si entra con la correa puesta y permanece así.
- Si no se le deja comer en utensilios que utilizan habitualmente los huéspedes. Si el servicio es amable, seguro que le proporcionarán algún recipiente donde el perro pueda beber, o, en todo caso, llene de agua el que usted traiga consigo.

En caso de avería, cuide de que su perro no se aleje del coche. Déjele dentro o pida a su acompañante que vaya a dar un paseo con él. Si es necesaria la presencia del acompañante para reparar la avería, ate al perro a cualquier sitio (un árbol, un banco, una señal de tráfico, etc), asegurándose de que esté convenientemente sujeto para no entorpecer los trabajos de reparación, ni en un bienintencionado afán vigilante, se acerque al coche. Y no se olvide de él cuando emprenda la marcha.
Si viaja en barco y lleva el coche tendrá que respetar las normas generales. Si la

travesía es muy larga, podrá subir al perro a cubierta (siempre sujeto con la correa) o dejarle en el camarote. En las travesías cortas se le dejará dentro del coche. Los perros —como los bebés— son inmunes al mareo en el mar.

Si el perro se intranquiliza durante un largo y rápido trayecto por la autopista, las causas pueden ser:

- Que la alta velocidad ha despertado la pasión del perro por la caza; así explican ese fenómeno los etólogos.
- Que el sonido continuo emitido por los neumáticos a alta velocidad, que no es perceptible por el oído humano, moleste al perro. Variando la velocidad se modificará la frecuencia de ese sonido y eso, tal vez, tranquilice al perro.
- Que los perros seguros de sí mismos se irritan al verse obligados a seguir los movimientos del coche mientras ellos están inactivos. Una parada en el viaje y un pequeño paseo, con algunos ejercicios de obediencia («siéntate» o «quieto»), serán suficientes para apaciguarle. También ayudaría poner al perro en un sitio del coche desde el que no pueda mirar al exterior durante el viaje.
- También la forma de conducir (frenazos, acelerones, tomar las curvas a gran velocidad) puede influir en el estado de ánimo del perro.

El mejor sitio en el coche

Donde mejor y más seguro está el perro es en el suelo, delante del asiento del pasajero, junto al del conductor, echado sobre su manta. Allí no hay corrientes de aire y es donde menos vibra el coche. En caso de frenazo inesperado, el perro no resulta despedido y sigue sujeto en su sitio. Además, la proximidad del dueño que conduce tiene un efecto tranquilizante, y las piernas del acompañante le proporcionan contacto humano; esto sólo es aplicable a perros no muy grandes para que dejen sitio para esas piernas.

Un perro grande tiene que ir atrás: en el suelo, si el cohe es de tracción delantera y no ocupa mucho sitio el eje de transmisión, o en la superficie plana de atrás si el coche es de tipo ranchera,

El coche debe convertirse en un segundo territorio para el perro. Si viaja en un coche tipo ranchera —como el hovawart de nuestra foto— habrá que ponerle algo debajo para que se sujete bien.

procurando que tenga buena sujeción. De no darse ninguna de las condiciones indicadas, lo mejor es que el perro vaya echado en el asiento de atrás sobre una manta colocada de modo que no resbale. Si el perro tiene tendencia a levantarse dentro del coche, átele lo suficientemente corto para que no pueda saltar del asiento, pero no tanto que llegue a ahogarse con su propia correa. Para los perros inquietos hay rejas y redes especiales —para seguridad tanto del perro como del conductor— que les impide trepar hacia adelante o molestar al conductor. Si acostumbra a su perro a ocupar desde pequeño un lugar determinado en el coche, él lo considerará como su sitio y será un buen acompañante del conductor.

Sitios improcedentes para el perro

- El regazo del conductor.
- Entre la puerta y el conductor, sacando la cabeza por la ventana.
- Junto al conductor, en el asiento de éste.
- En la bandeja de atrás, situada entre el asiento y la puerta trasera. En caso de accidente durante la marcha, incluso un perro pequeño puede convertirse en un proyectil mortal para el conductor o para alguno de los viajeros.
- En el maletero de un coche normal, pues allí el perro no ve nada y tiene poco aire.

Un coche seguro para el perro

Cuanto mayor sea la superficie de cristal del coche, tanto más se calentará el recinto interior durante los viajes veraniegos. Si no dispone de aire acondicionado, tendrá que dejar abiertas las ventanillas lo que no está exento de peligro. Al perro le gusta asomar la cabeza, y la fuerza del viento, puede causarle una conjuntivitis. Si se le ocurriera saltar de repente desde una ventanilla abierta crearía para todo el tráfico una situación de gran peligro.

Una red de plástico resistente que pueda ser llevada plegada en la guantera cuando no se usa evitará esos incidentes: se adhiere a la ventanilla semiabierta, favoreciendo la entrada de aire fresco, incluso durante el estacionamiento, al tiempo que impide a los extraños el acceso al interior del coche.

Cinturón de seguridad para el perro. La ley alemana exige que lleven puesto el cinturón de seguridad las personas que viajen en el asiento de atrás del coche, a excepción de los niños menores de doce años y de los perros, debido a su poco peso, que hace difícil su sujección en caso de frenazo. Si lo desea, puede poner a su perro un cinturón de seguridad, con lo que reducirá el peligro para él y para los demás viajeros.

Los cinturones que se ofrecen en el mercado suelen constar de tres piezas: un cinturón dorsal, otro de sujección y un arnés para el pecho. Las tres piezas se suministran sueltas, se pueden montar en cualquier coche y son fáciles de manejar. Hay cinturones de todas las tallas, desde el diminuto terrier de Yorkshire hasta el San Bernardo.

Una red detrás de los asientos delanteros impedirá que su perro salte hacia adelante desde su sitio en el asiento trasero. Estas redes son elásticas y van montadas en un bastidor hecho con tubos de acero. Las hay para casi toda clase de vehículos, tanto para rancheras como para turismos convencionales.

Hay también redes universales, montadas sobre bastidores de cintas elásticas, que se pueden colgar mediante cuatro puntos de sujección, por lo que pueden ser utilizadas en coches de dos puertas y en descapotables.

Mediante una reja de tubos de acero que puede ir atornillada o se puede sujetar con barras de altura regulable que hacen posible separar el «compartimento de los perros» del resto del coche. Rejas de ese tipo ya las hay para casi todo tipo de coches.

En el mercado se pueden adquirir otros sistemas de seguridad que impiden que:

- El perro trepe desde atrás hacia adelante.
- Resbale entre los asientos al frenar de repente.
- Ensucie el tapizado del coche.

Es muy conveniente utilizar cinturones, redes, rejas y cualquier otro sistema de seguridad en bien de la vida del perro y de la de sus dueños. Los accidentes suceden cuando menos se piensa.

El perro de la A a la Z

En las páginas siguientes encontrará, por orden alfabético, una serie de epígrafes acompañados de breves explicaciones que le permitirán ampliar sus conocimientos sobre los perros, al tiempo que sirven de complemento al texto general, de suerte que, profundizando en el mismo, adquiera usted la competencia necesaria para un correcto cuidado y mantenimiento del perro.

A

Acariciar
El cachorro y el perro adulto sienten gran necesidad de caricias: primero necesitan el contacto con la madre y luego el contacto tranquilizador con la mano del hombre. Unos perros buscan por sí mismos esas caricias, incluso hasta resultar molestos, empujando con la nariz o golpeando y rascando con las patas; otros son más retraídos. Las palmaditas y caricias no deben hacerse con demasiada rudeza, sino pasando suavemente la mano desde la cabeza a la región de los hombros. Si se le acaricia con la palma de la mano debajo del abdomen, el perro se tranquiliza enormemente; también le gusta que le rasquen en la base del rabo (→ página 65).

Agresividad
Sinónimo de espíritu combativo o afán de atacar. Según Konrad Lorenz «un instinto como otro cualquiera que, en condiciones naturales, conserva la vida y la especie». En determinadas razas, como en el caso de los perros de muestra (también los sabuesos) o los perros guardianes, es deseable que posean esa → fogosidad natural, que se fomenta con con una educación orientada a tal fin. En su sentido negativo, la agresividad extremada puede convertir a los perros en un serio peligro para los que están a su alrededor. El → perro mordedor patológico es, frecuentemente, consecuencia de una crisis nerviosa (neurosis) que aumenta la agresividad del animal, y aún más si se halla atado, o sujeto con la correa.

Alimentación integral
El afán por alimentar al perro de esta manera es un signo de nuestros tiempos. La alimentación integral del perro se logra con productos ya elaborados. Según la definición del profesor Kollat, pionero de la alimentación integral, la alimentación se considera que es integral «si contiene todo lo que el organismo precisa para el mantenimiento y conservación de la especie».

Alimentación vegetariana
Esta clase de alimentación puede resultar de utilidad para el perro durante una dieta temporal, pero a la larga es insuficiente, pues el perro es carnívoro por naturaleza (→ «El perro y su alimentación», página 87).

Alzada
Está establecida en el → standard y se mide hasta la → cruz, el punto más alto de la parte delantera del lomo, mediante un listón graduado.

Animales alfa
Concepto que hace referencia, en etología a los animales de mayor rango jerárquico (machos o hembras) dentro del seno de una manada. Se les denomina por la primera letra del alfabeto griego. También se utiliza para designar a los perros muy seguros de sí mismos.

Apareamiento consanguíneo
Apareamiento entre animales con parentesco cercano, en el que, si bien

no suelen darse nuevas taras hereditarias (entre otras cosas porque ninguno de los animales aporta genes comunes a ambos), sin embargo pueden evidenciarse defectos presentes en la herencia. El apareamiento consanguíneo, si se controla debidamente por parte de los criadores, puede llevar a una rápida y definitiva eliminación de defectos, mientras que, sin tal control, los defectos se acentúan.

Apareamiento incestuoso
Apareamiento entre parientes muy próximos: hermano/hermana, madre/hijo o padre/hija. Entre los animales salvajes se practica asiduamente sin consecuencias perniciosas.

Apego al hombre
El apego que el perro siente hacia el hombre se manifiesta muy pronto: entre la 3ª y 7ª semana de vida. Antes de que pase ese período de tiempo, el cachorro deberá conocer a varias personas. La adaptación tiene lugar entre las semanas 8ª y 12ª, de ahí la importancia que tiene no adquirir el perro demasiado tarde (→ página 78).

Árbitro de concursos
Así se denomina al juez que realiza la valoración de las formas o del grado de adiestramiento de los perros y es el encargado de dirigir los → concursos

Árbol genealógico
Representación, en forma de árbol o de tabla, de la ascendencia y descendencia de cada pareja. En el lenguaje corriente se suele emplear equivocadamente para designar el → pedigree o conjunto de pruebas documentales que certifican el origen racial del perro.

Asilo de animales
Instalaciones que suele mantener la Sociedad Protectora de Animales, en las que se da alojamiento y cuidados a los perros abandonados hasta proporcionarles nuevo amo.

Aspecto anal
Zona situada debajo de la cola que es como el documento de identidad del perro y constituye el más importante → campo olfativo utilizado para establecer sus relaciones sociales: el control anal. Es un privilegio social de los machos dominantes (→ «Reglas de encuentro entre perros», página 59).

B

Belfo
El labio que cuelga de la mandíbula superior. Se dice que es *jugoso* cuando cuelga mucho, como en el basset o en el bóxer, y que es *seco* cuando cuelga muy poco, como en el bullterrier. Los spaniel suelen padecer de un maloliente eccema de belfo localizado en el pliegue de la mandíbula inferior.

C

CAC
Certificat d'Aptitude au Championat, certificado de aptitud, necesario para aspirar al campeonato nacional de belleza en exposiciones caninas.

CACIB
Certificat d'Aptitude au Championat International de Beauté. Certificado de aptitud del perro para aspirar al campeonato internacional de belleza, el título más importante de las exposiciones caninas internacionales.

CACIT
Certificat d'Aptitude au Championat de Travail. Certificado de aptitud para aspirar al campeonato internacional de trabajo para perros de utilidad. Este tipo de campeonato se celebra rara vez.

Cachorro
El perro desde que nace hasta el momento de dejar la lactancia. El cambio de dentición tiene lugar a los 3 1/2 ó 4 meses.

Calentura
Otra manera de denominar la → época de celo.

Calzón
Los largos y suaves pelos de la parte trasera de los muslos.

Callosidades posicionales
Formación de durezas córneas en codos y articulaciones posteriores (corvejones) de perros de gran tamaño y muy pesados, al tener que acostarse sobre sitios duros. Pueden derivar en inflamaciones. Es conveniente procurar al perro lugares más cómodos para acostarse.

Camada
Término que hace referencia a todos los → cachorros que nacen de un parto. Según las razas, su número varía entre 3 y 10. Camadas más numerosas hacen necesaria otra perra como nodriza.

Campo olfativo
O área olfativa. Zona nasal del perro que contiene células sensoriales olfativas. El campo olfativo del perro es 30 veces mayor que el del ser humano, y su capacidad olfativa es aún mayor (→ «Consideraciones sobre el olfato del perro», página 49).

Campo visual
El espacio que puede percibir el perro con la vista, sin girar la cabeza. Según la forma del cráneo y la disposición de los ojos, puede variar entre 200º y 270º, mientras que en el hombre es de unos 100º (→ «Por qué un perro reacciona al movimiento», página 50).

Carácter
Compendio de rasgos característicos de cada individuo, tanto los propios de su raza, como los adquiridos: temperamento, afán de aprender, resistencia, instinto combativo o especial efectividad. El carácter de una raza juega un papel decisivo a la hora de decidir si se adapta o no a una persona determinada. (→ «Capítulo de razas», páginas 128 a 166).

Casta
Grupo de perros que tienen en común especiales características, dentro de una misma raza.

Catarata
Opacidad del cristalino, generalmente causada por razones de edad.

Cinología
Ciencia que trata del perro. Se considera como cinólogo a quien se ocupa científica o prácticamente del perro (crianza, adiestramiento).

Cola enroscada
La que el perro lleva enroscada encima del lomo o lateralmente. El moloso, el chin japonés o spaniel japonés y el pequinés, así como toda la estirpe de los que tienen colas enroscadas que, en el caso de estos últimos, recibe el nombre de «rabo de corneta de postillón». Llevar la cola enroscada es signo de → domesticación.

Collar de cadena
Consta de eslabones que se estrechan en cuanto el perro tira de la correa. En casos de perros especialmente «testarudos», esos collares van provistos de púas interiores (collar de pinchos). Mucho cuidado al utilizarlos. No deben confundirse con los collares de pinchos exteriores que protegen el cuello de los grandes perros pastores.

Comer carroña
Costumbre no deseable, reminiscencia del pasado como perro salvaje, que tiene como finalidad mantener el equilibriio de ácidos y bases. La pequeña aportación de sustancias proteínicas contenidas en la carroña o en el estiércol debilita los ácidos producidos en el organismo por una alimentación poco variada (→ página 89). La carroña (carne fermentada), al contrario que la carne podrida, no supone peligro alguno.

Condición
Estado físico del perro.

Constitución
Complexión genética, resistencia a las influencias externas, rendimiento físico.

Consumo de calorías
Un perro de 10 kg de peso necesita diariamente unas 740 kcal ó 3100 kjul. Andando a paso normal consume 6 kcal o 25 kjul por kilómetro. Al correr, triplica el consumo de calorías (→ «El perro y su alimentación», página 87).

Criador
Propietario de una o varias perras desde el momento de la cubrición o a partir del nacimiento de los cachorros.

Crianza de perros
No está sometida a ninguna regularización legal especial. Un criador no está obligado a acreditar una formación técnica en particular. Únicamente, si pertenece a la Asociación Nacional Canina o a cualquiera de las sociedades caninas adheridas, tendrá que someterse a las normas que dicte la asociación y a lo que prescriban las sociedades en lo referente a crianza de perros.

Crianza dirigida
Intento de fomentar las buenas cualidades de una familia mediante el apareamiento entre parientes; y de aminorar las menos deseables mediante el apareamiento de parejas que no las poseen. Se basa en la teoría según la cual animales parientes que se asemejan exteriormente, también han de asemejarse en sus cargas genéticas.

Crianza hipertrófica
El excesivo desarrollo de rasgos característicos específicos, tales como tamaño, determinadas partes del cuerpo o aspecto general, logrado con sistemáticos métodos de crianza, puede dar lugar a taras y degeneraciones, con trastornos de comportamiento (→ «Raza deforme»).

Cruz
Parte de la columna vertebral situada entre los omoplatos, pero sin rebasarlos. El tamaño del perro se mide «a la cruz» (→ «Alzada»).

Cruzamiento
Apareamiento entre ejemplares de distintas razas, como por ejemplo un Terranova y un San Bernardo, que produce el Leonberger (Perro de Leonberg). O el apareamiento entre especies distintas, como caballo y asno. La mayoría de las razas caninas han surgido por cruzamientos. Ejemplos típicos son el doberman o el terrier de Airedale. El criador entiende también por cruzamiento el apareamiento entre animales de la misma raza, pero sin parentesco alguno entre ellos.

Cuarentena
Aislamiento temporal de animales enfermos o presuntamente infecciosos, para impedir epidemias. Ante el peligro de rabia inexistente en estos países, todos los perros que llegan a Inglaterra, Noruega o Suecia o que son importados de esos países, tienen que estar en cuarentena durante varias semanas (la palabra en sí procede del francés y significa un espacio de tiempo de 40 días)

Cuarto delantero
Lo contrario de → cuarto trasero: Parte delantera del perro formada por pecho, omoplatos, patas delanteras y pies.

Cuarto trasero
Concepto tomado del caballo. Designa la parte posterior del perro, desde las caderas hasta las patas traseras.

Cubrición
El acto en sí de aparearse animales machos y hembras, en este caso perra y perro. Suele durar de 10 a 15 minutos. El cuerpo cavernoso del pene queda sujeto por la musculatura vaginal. El tiempo en que perra y perro permanecen íntimamente unidos, sin poder soltarse, se denomina enganche. Durante ese tiempo, la hembra y el macho quedan mirando en dirección opuesta. Echarles agua fría o cualquier otro intento de separarlos es un ensañamiento inútil. El enganche es completamente natural (→ también, «El perro y el amor», página 68).

D

Dar la mano
Costumbre nacida del originario gesto de pedir algo, que usan los cachorros, aún ciegos, cuando tratan de llegar a las ubres de la madre.

Dar vueltas
Dar vueltas sobre sí mismo varias veces antes de acostarse, no es un acto

instintivo del perro, sino una manera de adaptar su columna vertebral a la posición de sueño, que casi siempre es la circular. Es una reminiscencia de su pasado salvaje: era necesario dar vueltas sobre la hierba alta para prensarla y preparar así el lugar en que iba a dormir.

Deambular
El perro va de un lugar a otro sin saber adónde (cosa que los machos tienden a hacer con frecuencia). Si un perro deambula pese a que sale de paseo con regularidad, puede deberse a trastornos de comportamiento o a mala educación.

Dentadura
Los perros adultos sanos tienen 42 dientes de formas distintas: incisivos, colmillos, premolares y molares. Según la forma craneal y la raza, existen diferentes formas de dentaduras, correctas unas y no deseables otras:
La dentadura en forma de tenaza: propia de los perros silvestres, la → dentadura en forma de tijera, propia de casi todas las razas, la dentadura con → prognatismo inferior de los bóxer y bulldog, la dentadura con → prognatismo superior que suele darse en los teckel y perros de rastro.

Dentadura en forma de tijera
Los incisivos superiores cubren a los inferiores sin espacio intermedio, de manera que al cerrar la dentadura se obtiene un efecto de tijera. Es deseable para casi todas las razas.

Deporte canino
Concepto que abarca toda ocupación intensiva con el perro: crianza, educación sistemática, adiestramiento, asistencia a exposiciones, participación en carreras, pruebas y otras manifestaciones cinológicas (→ Cinología). Fue inventado en Inglaterra a mediados del siglo pasado. En Alemania comenzó a practicarse en 1870, época en que surgieron las primeras sociedades y asociaciones caninas.

Desazón
Sensación de irritación que parte de los terminales nerviosos. Puede indicar: falta de aseo, baños frecuentes con productos inadecuados; pulgas (→ «Pulga de perro», página 124), liendres, ácaros de la hierba (en verano y otoño); garrapatas → garrapatas; alergias; eccemas (en la parte interna de los muslos o en el lomo se aprecian enseguida); nefritis.

Displasia de la articulación de la cadera
Malformación hereditaria de la articulación de la cadera en perros muy grandes. Es consecuencia de un pronunciado aplanamiento de la cabeza articular de las patas traseras, que se mueve con holgura en la cavidad articular y produce cojera en una o en las dos patas; al perro le resulta difícil levantarse cuando está sentado. Los síntomas pueden ser reducidos con un tratamiento adecuado que evitará que el proceso de deformación siga progresando, pero la enfermedad es incurable. Razas que tienen propensión a ella: pastor alemán, San Bernardo, perro montañero, terranova, mastines, weiler rojo, bobtail, bóxer, dogos daneses, retriever del Labrador, Leonberger. Se trata mayormente de perros muy pesados o que tienen una depresión en la línea dorsal (perros pastor y bóxer). Por consiguiente, al adquirir alguna de esas razas, préstese atención a la posible displasia.

Domesticación
Del latín *domesticus* = de la casa: proceso de amansar a animales salvajes para convertirlos en caseros. Hace 15000 a 10000 años, a finales de la Edad de Piedra, el lobo se convirtió en perro. Hay distintas versiones al respecto:
- Según Konrad Lorenz, es fruto de la colaboración entre lobos y hombres en la caza, para beneficio de ambos.
- Según Wolf Here; los lobeznos eran mantenidos como alimento en reserva; poco a poco se convirtieron en guardianes del almacén y ya no volvieron a comportarse como animales depredadores.
- Según Erik Zimen: fueron las mujeres las que iniciaron el proceso de domesticación utilizando los lobeznos como cojines calientes, como guardiane y para el aseo de los niños (comían sus

excrementos y los limpiaban con sus lamidas), tal como se desprende de las observaciones llevadas a cabo entre los pobladores nómadas de la tribu turkana, en la estepa del Norte de Kenia.

Dominancia
Herencia genética que se manifiesta claramente en su imposición sobre otras. Así tenemos que, por ejemplo en los schnauzer, el gene del de color negro es dominante sobre el gene del color → salpimienta (salpicado de gris).

Dormir
Para el perro, dormir es más importante que alimentarse: los daños causados por un cansancio excesivo conducen a la muerte con rapidez. Los perros pueden dormirse profundamente en unos segundos y despabilarse por completo, también, en el mismo tiempo. No hay motivo de preocupación si su perro dormita y duerme 20 horas de las 24 del día. Para él, eso es sano.

Dorso en carpa
Expresión técnica que define a un dorso muy elevado sobre las ijadas, y que, en general, puede ser considerado como un ligero defecto. Es una característica propia de la raza bulldog y del galgo italiano.

E

Emplumado
Capa de pelos semilargos (→ Plumas) en patas, orejas o cola.

Enfermedades propias de la raza
Las que son frecuentes en determinadas razas de perros (Capítulo de razas, páginas 128 a 166).

Envejecimiento
Se manifiesta a partir de los 6 años de edad, empezando por los labios y la mandíbula y extendiéndose al hocico a través de la mejilla; a los 8 ó 10 años, también afecta a los ojos. Los perros de más edad tienen también síntomas de vejez en frente y cabeza. Los perros de utilidad envejecen antes que los perros caseros.

Época de celo
Son dos los períodos anuales en los que la perra suele quedar preñada: en la primavera (enero a marzo) y en otoño (agosto a octubre) aunque con muchas excepciones. Los perros pequeños tienen un ciclo de 4 meses, mientras que los perros grandes lo tienen de 8 meses. Los basenjis, perro muy popular de Nueva Zelanda, una sola vez al año. El celo tiene tres fases:
1. Un plazo previo de 10 días, con menstruación.
2. Unos 12 días de plenitud con disposición al apareamiento.
3. Etapa de descenso.
Signos de que la perra está en celo son el aumento de tamaño de labios y vagina y las marcas que la perra va dejando con pequeños regueros de orina; los machos se interesan, entran por ella y la acosan.

Escarbar
Escarbar, después de dejar su marca, es signo de potencia social, sin que vaya dirigido contra ningún individuo en particular. A menudo, si los perros pequeños escarban o rascan puede tratarse de una acción inconexa, como cuando bostezan.

Espéculo nasal
Especie de almohadillado duro situado en el extremo de la nariz del perro, negro en casi todos los casos, siempre muy húmedo y con una cierta movilidad, profundamente surcado y con aspecto de trufa o de baya gigante (→ «El sentido del tacto», página 51). Los etólogos le han dado tal nombre porque, en el encuentro entre dos perros, también tiene una función óptica (→ «El contacto nasal», página 58).

Espolón
También llamado falso dedo, falsa garra o pie de lobo. Dedo de las patas traseras sin contacto con el suelo. Reminiscencia del pasado como lobo, suele darse en razas de gran tamaño, como San Bernardo, mastín de los Pirineos o el beauceron (un gran perro pastor francés) aunque también en pequeños. Si no forma parte de la exigencia racial suele

ser extirpado por el criador en las primeras semanas de la vida del cachorro. Los espolones de las patas delanteras reciben el nombre de → pulgares.

Examen de perro guardián
Perro y amo deberán estar inscritos en un club deportivo de perros de utilidad o en una sociedad de perros pastores. El examen está dividido en tres grados según las distintas edades del animal y es necesario aprobar los tres, uno tras otro:
Grado I: Perros a partir de los 14 meses.
Grado II: Perros a partir de los 16 meses.
Grado III: Perros a partir de los 18 meses.
También hay tres campos de trabajo: Prueba de rastreo, prueba de obediencia y servicio de protección.

Exposiciones
→ CAC, CACIB, CACIT

F

Factor letal
Factor hereditario que conduce a graves malformaciones y a veces puede ocasionar la muerte prenatal. A menudo guarda relación con determinadas características apreciadas por los criadores. Así tenemos que el color blanco del bullterrier o el manchado del dálmata pueden ir acompañados de ceguera. Los factores letales también pueden ser → recesivos, es decir, permanecen encubiertos, para evidenciarse en el apareamiento consanguíneo.

Fauces
Parte de la cabeza del perro formada por el → belfo y la cavidad bucal. Cada raza tiene sus propias características.

FCI
Fédération Cynologique Internactional: fundada en Bélgica en 1912. En ella están representados criadores y dueños de perros de 49 países.

Fenotipo
Aspecto externo e individual de un perro. Conjunto de cargas genéticas (genotipo) e influencias externas.

Flecos
Nombre dado a los largos pelos de las orejas.

Fogosidad
Agresividad anclada en la propia manera de ser del perro, que guarda relación con la consciencia de su propia fuerza. El perro no sólo se sirve de ella para defenderse, sino que, debidamente orientada, puede también ser aprovechada para la defensa del dueño (→ «El umbral de la excitación»).

Fondeo
Minucioso examen de un perro joven para determinar sus aptitudes en el adiestramiento, sobre todo en cuanto a perros de utilidad se refiere; es factor decisivo para el adiestramiento.

G

Garrapata
Nombre zoológico: *Ixodes ricinus*. Tiene un milímetro de tamaño cuando está «vacía». Se incrusta en la piel del hombre y en la del perro y succiona sangre hasta adquirir el tamaño de un guisante. Solamente las hembras succionan sangre, y una vez satisfechas se dejan caer sin más. El picotazo provoca un fuerte picor. Cómo eliminar las garrapatas: aplique alcohol, aceite o un ungüento especial contra garrapatas para, al cabo de unos 10 minutos, quitarlas de la piel con unas pinzas o con unas tenazas especiales. Se ha de extraer la garrapata entera, con cabeza y órganos bucales. En España es frecuente la garrapata parda *(Rhipicephalus sanguineus)*, si bien sólo puede desarrollarse a temperaturas superiores a los 20 °C. Resulta peligrosa, pues puede transmitir la meningitis. Pregunte a su veterinario si hay casos en los alrededores.

Glándulas anales
Diferentes glándulas situadas en la región anal, en las que se forman materias olfativas que impregnan los excrementos y excitan el interés de los congéneres por los excrementos y el ano. Si están obstruidas o saturadas, el perro desliza su trasero por el suelo (→ página 34).

Glaucoma
Aumento de la tensión interna del ojo. Suele ser hereditario. Síntomas: fotofobia, lagrimeo constante, pupila dilatada. Es frecuente en razas como el cocker spaniel, caniche, foxterrier y basset. Es necesaria la visita al veterinario.

Gruñir
La mayoría de las veces es señal de que el perro está a disgusto o de que se le molesta, pero también puede significar que está contento, por ejemplo cuando juega. El tono varía, yendo desde una apagada vibración hasta un impresionante rugido.

Grupo de adiestramiento
En una exposición, grupo de al menos tres ejemplares de igual raza, adiestrados en la misma perrera. En una misma jornada, los perros tienen que alcanzar una nota individual mínima de «bien».

H

Híbrido
Bajo el punto de vista zoológico, término correcto para denominar al perro bastardo o mestizo. Crías de padres de diferentes razas.

Hocicada
Un gesto de petición propio de los cachorros, destinado a conseguir su parte de alimento de la boca de la madre. Los perros adultos lo utilizan como saludo y en señal de afecto junto con sus lametones. Cuando un perro nos olfatea, se le pueden dar golpecitos cariñosos en la espalda o un toque ligero en la nariz. Esta acción es utilizada por el hombre como sucedáneo de la hocicada, y cualquer perro normal así lo entenderá.

Hound
Término inglés aplicado al perro de muestra (o de caza en general) para diferenciarle del perro común («dog»). Denominación especial de los perros dedicados a la caza del zorro, como basset, beagle, zorreros, harrier, otterhonud y staghound. En Inglaterra también se consideran como perros de caza (hounds) el basenji, el bloodhound, el elkhound, los lulús y los perros de rastreo o perdigueros.

Hueso
Símbolo de la alimentación del perro, que, en la práctica, ya ha sido superado. Influye en la digestión, como lo demuestra el color blanco de los excrementos después de la ingestión de huesos. El alegato en favor del hueso aduciendo que el perro necesita ejercitar sus músculos maxilares con huesos naturales, ya no tiene razón de ser desde el momento en que se les suelen dar trozos de piel de búfalo (generalmente cortados en forma de hueso) que, al ser masticados, favorecen la digestión. Alternativa natural: huesos tiernos de ternera.

I

Idiosincrasia
Conjunto de cualidades, aptitudes, predisposiciones físicas y psíquicas, tanto innatas como adquiridas, que determinan la manera de comportarse del perro respecto al mundo y las personas que le rodean.

Impuesto sobre perros
El perro es el único animal doméstico por el que hay que pagar impuestos. Municipios y estados introdujeron esta exigencia, en el primer tercio del siglo pasado, para impedir que proliferara en exceso la tenencia de perros. Los dueños de los perros tienen la obligación de comunicar la adquisición de su perro a las autoridades municipales dentro de las 2 primeras semanas. Con el justificante de pago del impuesto, las autoridades harán entrega de una placa que el perro llevará puesta siempre que salga de casa o abandone la finca particular (→ página 23).

Incitación al juego
El juego es un elemento característico del → lenguaje corporal del perro. Para demostrar que no quiere atacar sino jugar, el perro encoge su parte delantera mientras mantiene la parte trasera levantada, con la cola empinada, al tiempo que ríe.

Inculcación
Concepto utilizado por los etólogos para designar aquellas impresiones que permanecen imborrables. Para los cachorros es de gran importancia que el apego a *una* persona se haga extensivo a *las demás* (→ «Apego al hombre»).

Instinto de caza
Instinto heredado de los lobos y desarrollado en algunas razas de perros, pero cuyas reminiscencias están presentes en todas ellas. De ahí la necesidad de llevar a su perro sujeto con la correa cuando se encuentre en un coto de caza.

J

Jadear
Respiración acelerada, con las fauces abiertas y la lengua fuera para tratar de refrigerarse. Una especie de sustitutivo del sudor, ya que el perro solamente tiene glándulas sudoríparas en las patas y aun así, estan atrofiadas.

Juez de competición
Es quien decide la calificación de un perro en los concursos de belleza y en las competiciones de adiestramiento. Hay jueces especializados en una o varias razas y otros sin especializar (All-rounder). El ejercicio de la función de juez exige una previa e intensa formación profesional.

L

Lactancia
La perra amamanta a sus cachoros durante las 5/8 primeras semanas. Durante las 2 primeras semanas no suele ser necesario dar a los cachorros alimentación adicional.

Lanosidad interior del pelaje
Son los pelos lanosos situados por debajo de la capa externa del pelaje, los mismos que protegen del frío en invierno y de la radiación solar en verano. Característica de muchas razas es disponer de una lanosidad interior muy espesa, por ejemplo los perros de trineo o los landseer.

Lenguaje corporal
La etología denomina así a las distintas posturas que adopta el perro para expresarse (→ postura imponente e → incitación al juego).

Línea sanguínea
Línea de ascendencia de una determinada familia racial que se refleja en el → pedigree. El término en sí hace referencia a la falsa creencia de que la sangre es la portadora de los genes hereditarios.

Listado
Bandas transversales oscuras sobre pelaje más claro, como en el dogo alemán, en el bulldog, el bóxer o el bullterrier.

Listón
Mancha oscura y alargada que va desde la nuca hasta el extremo de la cola, como en el caso del dogo francés (llamado también moloso).

M

Marca aromática
Corta micción con la que el macho «marca» su territorio, tratando de anular las marcas aromáticas dejadas por otros perros machos. Por eso los machos levantan la pata muchas veces.

Mascarilla
Zona perfectamente delimitada de la cara del perro, de un color que destaca sobre la coloración básica de ésta; casos típicos son el mastín y el dogo francés (en negro), el collie de la Frontera y el landseer (en blanco), así como diferentes tipos de terrier.

Modificación
Alteración de la forma corporal normal por factores externos de índole no genética, como por ejemplo la del tamaño del perro. La influencia del medio ambiente es fundamental en estos casos.

Modos de andar
Las diferentes maneras en que el perro avanza: paso lento, paso ligero, trote y galope.

Morder los talones
Forma parte del repertorio de juegos practicados por el cachorro de lobo con sus padres, y sigue siendo practicado por el perro adulto. Entre los mastines montañeros de Appenzell, la mordedura de talones (hincando el diente) forma parte de su labor como perros guardianes.

Mordeduras a niños
Los casos de mordeduras a niños son muy numerosos. El mayor riesgo lo corren los niños de edad escolar. Las heridas ocasionadas no suelen ser graves en su mayoría, y casi siempre son ocasionadas por perros del vecindario o de la misma familia del niño. Razón: falta de conocimientos sobre el comportamiento de los perros.

Muda
En climas templados tiene lugar dos veces al año; su intensidad depende del mantenimiento, cuidados y alimentación del perro. Durante la muda, el aseo del perro, su peinado y cepillado, tienen especial importancia. (→ página 32).

Muertes repentinas
Causas posibles:
- Hemorragia interna por perforación de hígado o bazo.
- Fallos cardiovasculares (en razas de gran tamaño).
- Retorcimiento de estómago; en perros grandes, tras haber ingerido un exceso de comida difícil de digerir.
- Insolación.
- Agotamiento; tal es el caso de perros de muestra que viven habitualmente en la ciudad y son precipitadamente llevados de caza al levantarse la veda.
- Asfixia provocada por la ingestión de grandes trozos de carne.
- Uremia, a causa de un exceso de urea en el organismo.

Mutación
Alteración del aspecto interno o externo «a saltos» genéticos. Es hereditaria, porque la alteración alcanza lo más profundo de la masa genética. Sus causas siguen siendo aún hoy en día, desconocidas para los científicos.

N

Neocenia
Interrupción del desarrollo en la juventud al haberse alcanzado la completa madurez sexual. Es consecuencia de la domesticación. La etología lo explica así: el perro es un lobo que no ha pasado de cachorro, y el hombre es un mono que no ha pasado de la infancia.

O

Oreja doblada
Hay orejas ligeramente dobladas (→ oreja semiaguzada), como las del collie, en que sólo lo están en la punta y orejas muy dobladas, como las del foxterrier, en las que todo el tercio superior de la oreja cae hacia adelante. No es deseable que el pastor alemán tenga orejas dobladas.

Oreja de murciélago
Oreja tiesa, alargada, ancha en la base y redondeada en la punta, como las del bulldog francés.

Oreja de tulipán
Oreja tiesa y puntiaguda que recuerda la forma del tulipán, como las del skye terrier, o terrier de Nueva Zelanda, el terrier escocés o el pastor alemán.

Oreja en forma de pétalo
Oreja con el músculo del oído doblado hacia abajo. La punta se dirige hacia el ojo, dejando ver parcialmente el interior del músculo del oído. Ejemplos: bulldog inglés, galgo y whipett, o lebrel inglés.

Oreja en uve
→ Oreja doblada en forma de uve. Ejemplo: foxterrier.

Oreja plegada
Oreja medianamente larga, de inserción alta, con lóbulos caídos hacia adelante como en el caso del dogo francés.

Oreja semiaguzada
También → oreja ligeramente doblada, en la que sólo el extremo superior se dobla hacia adelante, tal en el collie o el sheltye.

Oreja tiesa
Oreja erecta. Antes se conseguía en parte mediante el → recortado de la oreja. La oreja tiesa natural necesita a veces seis meses y aún más hasta adquirir la posición definitiva. Las orejas tiesas son atributo natural de razas como: el pastor alemán, el chow chow, el lulú, el samoyedo, el basenji y el bullterrier. Orejas tiesas recortadas tienen: el schnauzer, el pinscher, el doberman y el pastor alsaciano (también llamado dogo alemán).

P

Papada
Piel que cuelga de la garganta. Permitida en el → «standard» de razas como el San Bernardo, el basset y otros.

Pedigree
Certificado oficial de la genealogía de un perro de raza, expedido en impreso oficial y firmado por el tenedor de libros de crianza y por el → criador. Se incluye en él una detallada descripción del perro y de sus antepasados, hasta la tercera generación como mínimo. Se suele confundir erróneamente con el → árbol genealógico.

Pelaje externo
Capa de pelo hirsuto que cubre la → lanosidad interior del pelaje.

Pelaje originario
Pelo original, formado por espesa lanosidad interna y una capa externa de pelos semilargos, como puede verse en el pastor alemán.

Pelo áspero
Capa externa del pelaje formada por pelos cortos o semilargos, ásperos al tacto y que crecen en diferentes direcciones. Ejemplos: teckel de pelo duro y varias clases de terrier.

Pelo corto
También llamado pelo raso. Capa externa del pelaje formada por pelos cortos dispuestos casi al ras de la lanosidad interna. Ejemplos: bóxer, doberman o variantes del teckel, etc.

Pelo duro
Pelo originario corto y duro, como el del foxterrier o el drahthaar alemán.

Pelo erizado
Pelo duro, semilargo, áspero y más bien erecto. También se le denomina pelo encrespado semilargo. Ejemplos: el stichelhaar alemán, el terrier de la Frontera o el pinche arlequín (affenpincher).

Pelo hirsuto
Pelo muy largo y ordinario, como el del bobtail. Tiende a formar nudos apelmazados en perros como el comodoro y el puli, o perro de lanas, como el caniche.

Pelo largo
Suave y larga capa exterior del pelaje con buena lanosidad interior, caso del terranova; sin lanosidad como en el setter o delgado y sedoso como en el maltés. Si la lanosidad es densa y los pelos de la capa exterior se curvan, se dice que es un pelaje originario largo, como sucede en el lulú.

Pelo ondulado
La → lanosidad interior y la → capa externa del pelaje son onduladas, como en el lebrel ruso o borzoi.

Pelo rizado
Cada pelo se ensortija como en el del caniche y tiende a formar nudos. Si es poca la rizosidad y el pelo es más ordinario, como en el bobtail, se denomina → pelo hirsuto.

Penacho
Los largos pelos que cuelgan del → rabo.

Perrera
- *Recinto cercado* que sirve de cobijo al perro y dentro del cual el animal vive en libertad.
- *Contingente de perros* que tiene un criador y que ha sido registrado oficialmente a un nombre determinado.

Perro guardián
Perro que ha pasado uno de los tres → exámenes de perro guardián.

Perro joven
Se entiende por tal el perro que ha rebasado la edad de cachorro, pero aún no llega a los 18 meses.

Perro macho
Macho es un término que se aplica a toda clase de animales refiriéndose a los de sexo masculino. Un perro macho es, por consiguiente, un perro de sexo masculino.

Perro obeso
Rebajar el sobrepeso requiere un proceso muy lento: si se da al perro un 60% de la comida que necesita normalmente, el sobrepeso sólo se reducirá un 2% del peso del cuerpo en cada semana. He aquí una receta que se ha mostrado eficaz: en lugar de un día de ayuno total a la semana, una dieta que estimule el metabolismo: leche agria con medio bollo de trigo candeal poco tierno (→ también «Dieta para el perro», página 92).

Perros de muestra
Razas con especiales aptitudes para la caza y que, por eso mismo, sólo deben estar en manos de cazadores. Esa es la razón de que el capítulo de razas de este libro (→ páginas 128 a 166) no aparezca ninguna raza de perros de muestra, salvo algunas excepciones que, aunque también se utilizan para la caza, se han convertido de hecho en perros caseros, como son los teckel, spaniel, retriver o setter. Entre los perros de muestra se cuentan el podenco suizo, el perdiguero, el madriguero y el podenco. En la Ley de caza, tienen un trato privilegiado los perros de muestra al igual que los perros pastores, perros lazarillo y perros policía. Aunque pudiera parecerlo, no deben ser considerados como perros asilvestrados.

Perros de rastro
Bracke alemán, podenco suizo y podenco francés.

Perros enanos
Los perros más pequeños pero de constitución física bien proporcionada. No deben confundirse con perros que padecen trastornos patológicos del crecimiento (enanismo). Formas enanas de numerosas razas se logran mediante sistemas especiales de crianza.

Perros parias
Proceden de los Balcanes y se extienden hasta el sur de Asia. Viven siempre en las proximidades del hombre. No se sabe a ciencia cierta si se trata de perros asilvestrados pertenecientes a antiguas razas o de perros en proceso inicial de → domesticación. Para el dogo de Canaán, en Israel, hay hasta unas normas de raza estandarizadas.

Perros Shensi
Perros tropicales primitivos que subsisten sin necesidad de intervención del hombre. Se han localizado unos 15 tipos diferentes, como el lulú de Batac en Sumatra, el perro papú de Nueva Guinea, el perro del Camerún y el perro pigmeo, por citar algunos nombres de los existentes.

Perros silvestres
Junto a los → perros parias y los → perros Shensi, hay una serie de auténticos perros silvestres que aún no han sido debidamente estudiados. Son animales de rapiña pequeños o medianos con nombres un tanto desconcertantes; por ejemplo: perro marta, perro hiena, lobo melenudo o zorro desgreñado.

Perruna
Especie de torta que J. Spratt presentó en 1860 en Inglaterra como alimento especial para perros. Su ayudante era Charles Cruft (→ página 114). Actualmente, las tortas perrunas se componen de cereales y carne muy picada, con sustancias minerales y vitaminas. Se conservan mucho tiempo, son fáciles de digerir y tienen un alto valor nutritivo.

Picaduras de insectos
No suelen ser excesivamente peligrosas, a excepción de las producidas en la cavidad bucal, que pueden ocasionar dificultades respiratorias. En tales casos hay que llevar el perro al veterinario y también si, como consecuencia de esas

picaduras se produce una reacción febril o trastornos circulatorios en el animal.

Pies de gato
Pies pequeños, macizos y arqueados como los de los gatos. Son característicos de razas como border terrier, el chow chow, el dálmata, el moloso, el lulú y el whippet.

Pies de liebre
Pies alargados, planos y estrechos, como los del borzoi o los del perro maltés.

Pies de lobo
→ Espolón

Pigmentación
Acumulación de sustancias colorantes alrededor de los párpados, en el espéculo nasal y en el borde de los belfos. Es deseable en perros de color blanco.

Plumas
Nombre que reciben los pelos largos y suaves situados en la parte posterior de las patas delanteras de los setter o de los spaniel.

Preñez
En las perras dura un promedio de 63 días (→ página 70).

Preñez aparente
También llamada falsa maternidad. Trastorno hormonal y de comportamiento que aparece a las 8 ó 9 semanas después del celo, es decir, en el momento en que la perra, si hubiera tenido → cubrición positiva, debería parir sus cachorros. Aumenta el tamaño de las ubres y el perímetro del vientre. La perra se comporta como si estuviera preñada o tuviera sus cachorros, es reacia a dejar su sitio y se niega a abandonar la vivienda. Construye un nido, utiliza el calzado y otros objetos como sucedáneo de los cachorros; la preñez aparente puede convertirse en una falsa maternidad, y las mamas llegan a producir leche. Esa lactancia, a la que son especialmente propensas las hembras del basset, dura unas 4 semanas. Esos síntomas pueden aparecer con intensidad menor. Pida consejo al veterinario.

Prognatismo inferior
Los incisivos de la mandíbula inferior muerden por delante de los de la mandíbula superior quedando entre ellos un intersticio más o menos grande. Rasgo característico de las razas bóxer, bulldog, moloso y pequinés. Su falta en estas razas hay que considerarla una deficiencia.

Prognatismo superior
Popularmente conocido de forma errónea, como mordida superior. La mándibula inferior es demasiado corta y la mandíbula superior muerde por encima: los incisivos de ésta quedan delante de los de aquella. Este tipo de dentadura se considera defectuosa, aunque suele darse en razas de cráneo alargado, como en los perros de rastro, el teckel y el spaniel.

Prueba de rendimiento
Pruebas a que son sometidos los perros de muestra y los de guarda por parte de las distintas asociaciones. En caso de superarlas, se expide el correspondiente certificado.

Pulga de perro
Puede darse también en el hombre, lo mismo que la pulga del hombre puede pasar al perro. Para diferenciarlas hay que usar la lupa: la pulga de perro, llamada científicamente *Cinocephalides canis*, es más larga que la del hombre, llamada científicamente *Pulex irritans*, y no salta tanto. Las picaduras escuecen y pueden provocar reacciones alérgicas. Síntomas: manchas rojas y señales de picaduras acompañadas de puntos negros (excrementos); el perro se rasca mucho. La pulga sólo ataca al perro para obtener su alimento y luego se retira, para quedarse entre las mantas o en la misma cesta del perro. De ahí que haya que usar desinfectantes en aerosoles o en polvo no sólo para el perro sino también en la cesta (estos productos se adquieren en establecimientos especializados de animales o en farmacias).

Siga estrictamente las instrucciones). Existe también un preparado que, si se frota sobre una zona de la piel, combate y elimina por completo las pulgas a través de la corriente sanguínea.

Pulgares
Se llaman así a los → espolones de la parte posterior de las patas delanteras, situados a unos centímetros del suelo. como no se utilizan, hay que cortarlos periódicamente (→ página 33). Si crecen en formas de gancho, pueden enredarse en el collar y producir lesiones. Algunos criadores suelen eliminarlos a edad temprana. Yo abogo por su conservación. Son un instrumento natural del perro que éste utiliza cuando roe huesos o juega con un palo.

Pulso
Se aprecia en la parte interna de la pata trasera, cerca de la ingle. Pulsaciones de un perro sano: razas grandes y medianas: 70 a 100; razas más pequeñas: 100 a 130. Los cachorros pueden tener hasta 200 pulsaciones por minuto.

Pureza de raza
Un perro de buena crianza se acredita por su → árbol genealógico, en el que se refleja su pureza de raza, lo que no debe confundirse con su pureza genética, pues entonces todos los perros de los mismos padres serían exactamente iguales.

Purgantes naturales
Hígado crudo, bofe, huevo crudo y caldo de carne de caballo.

R

Raza
Subgrupo de animales de una especie que se diferencian entre sí por determinados rasgos característicos. Las razas se definen según cánones un tanto subjetivos.

Raza deforme
Reciben ese nombre aquellas razas que han sufrido daños físicos por efecto de un sistema de crianza encaminado a conseguir un «ideal de belleza» o un «aspecto original». Ejemplo: los bulldog franceses, que a causa de su gran cabeza y de su pelvis estrecha tienen que ser traídos al mundo mediante cesarea. El terrier de Boston nace también con dificultades y además sufre frecuentes inflamaciones de córnea y ojos llorosos. Los dogos manchados y los collies, que suelen ser sordomudos. La contracción de los párpados en el Chow Chow y en el Shar Pei; → la displasia de la articulación de la cadera en el pastor alemán son tres deformaciones; también la reducción de la abertura de los párpados en el basset y en el San Bernardo. Mediante una crianza responsable, se pueden evitar esas deficiencias sin modificar esencialmente el aspecto general de las respectivas razas.

Razas de perros guardianes reconocidas
En Alemania, el pastor alemán, el bóxer, el weiler, el doberman, el gran schnauzer, el terrier de Airedale, el Hovawart y el bouvier. En Francia se incluyen además las razas de pastores franceses; en Bélgica las belgas, en Inglaterra el mastín de sudáfrica y en Hungría el mastín húngaro o Komondor.

Recesivo
Lo contrario de dominante (→ dominancia). Cargas hereditarias que a veces permanecen encubiertas, pero que siguen estando presentes en la masa genética y pueden volver a hacer acto de presencia en posteriores generaciones.

Recortes
Cortar la cola y/o las orejas del cachorro según el respectivo → standard de raza. En Alemania está prohibido desde el 1 de enero de 1987, fecha en que entró en vigor la Ley de Protección Animal. Lo mismo ocurre en otro países europeos.

Registro genealógico
También llamado libro de crianza. Libro que llevan todos los clubes de perros de raza, en los que se van inscribiendo las camadas de cada raza. Es una importante fuente de información sobre la historia de una raza. Sin embargo, en ese libro no se registran las taras de los distintos

ejemplares. Los → pedigrees cuyo contenido no tenga comprobación en el registro genealógico carecen de valor.

Revolcarse
Parece como si los perros tuvieran especial interés por todo lo que es desagradable a nuestro olfato. Cuanto mayor sea el esmero con que se mantenga y alimente a un perro, tanto mayor será su deseo de revolcarse entre cosas pestilentes. La cabeza, el cuello y la zona de los hombros son las partes preferentemente «perfumadas».

S

Sacudirse
Todos los perros dominan el arte de poner en forma músculos, articulaciones y todo el cuerpo en suma, sacudiéndose fuertemente al levantarse; una habilidad que debería servirnos de enseñanza. Si un perro no se sacude al levantarse, será mal presagio sobre su estado general; está viejo o enfermo.

Salpimienta
Así se denomina el color del pelaje que, siendo de tono oscuro en su capa externa, tiene las puntas más claras.

Seco
Se dice que un perro es seco cuando presenta una musculosa complexión física, sin adiposidades, con una piel delgada y tersa, bajo la cual destacan plásticamente músculos, ligamentos y huesos. El galgo y el bullterrier son buenos ejemplos de ello.

Seguro de responsabilidad civil
Según el Código Civil, si un animal mata o hiere a una persona o causa daños materiales, la responsabilidad recae sobre el dueño del animal. De ahí que resulte inevitable suscribir un seguro de responsabilidad civil. De la obligación de reparación de daños sólo quedan exentos los perros profesionales y, en cierta medida, los perros lazarillos.

Selección de raza
En condiciones normales de crianza, el criador suele seleccionar algunos animales para la reproducción; precisamente aquéllos que, en su opinión, reúnen las condiciones deseadas. De ese modo, puede conseguir alterar el aspecto externo de una raza, aunque no siempre para su bien. La selección natural hace que entre los animales salvajes, los machos más fuertes y de mayor vitalidad tengan más posibilidades que los débiles de conseguir una hembra y propagar así sus cualidades genéticas. Entre los lobos, sólo se reproducen los → animales alfa.

Sentido de la orientación
Facultad que tiene el perro para volver a encontrar la casa desde distancias muy grandes. Es un fenómeno que aún no se ha investigado debidamente.

Señales
Manchas aisladas de color pardo, gris, negro u otras tonalidades que aparecen como → marcas en la cabeza y el cuerpo de los perros blancos o de otros colores, como por ejemplo el basset o el pastor de los Alpes. Las señales pueden ser también marmóreas, sombreadas o atigradas, casos del pinter de Münsterland o del pointer común.

Soñar
Los perros sueñan en la fase REM, es decir la más profunda del sueño. Durante el sueño, se reviven acontecimientos acaecidos, el perro corre, mueve la cola y ladra. A medida que la edad avanza, los perros suelen soñar que corren más a menudo.

Standard
O standard de raza. Descripción del tipo ideal de una raza, con todo lo que la caracteriza. Está impuesto por las sociedades de canicultura correspondientes a cada raza, bajo la tutela de la → FCI, que se lo comunica a las demás asociaciones federadas para que haya unanimidad a la hora de valorar la raza de un perro. En el Congreso Cinológico de Mónaco se planificó la unanimidad del standard.

Standard de raza
→ Standard

Stop
Pronunciada escotadura entre la frente y la base de la nariz. El saluki y el afgano no tienen apenas stop, mientras que el bóxer, el pequinés y chin japonés lo tienen muy pronunciado.

T

Tamaño del perro
Se disginguen 4 grupos:
Perros muy pequeños o enanos, con una altura máxima de 24 cm hasta la cruz.
Perros pequeños, de hasta 41 cm de altura.
Perros medianos, de hasta 62 cm de altura.
Perros grandes, de más de 62 cm de altura hasta la cruz.

Tan
Término inglés que significa «bronceado» y designa un color entre el pardo amarillento y el pardo tostado.

Tatuaje
Marca en la oreja o en la parte interna del muslo del cachorro con el número que le corresponde en el libro de crianza. Estos tatuajes de letras o combinaciones numéricas sirven para identificar a perros huidos, robados o abandonados.

Temperatura corporal
En el perro adulto varía entre 38,2° y 38,8°. Temperaturas de más de 39,5° indican fiebre, en cuyo caso hay que acudir al veterinario, a no ser que se trate de una excitación momentánea (en las perras). Si la temperatura de un perro enfermo baja de los 37,8°, será señal de hipotermia lo cual es mal síntoma. (→ también Medición de la temperatura, página 99).

Templado
Perro seguro de sí mismo y de buenos nervios (→ también «Umbral de excitación»).

Tiznón
→ Señal de color entre tostado y rojizo de los perros de color más oscuro, casi siempre negros.

U

Umbral de excitación
Intensidad de una excitación externa que desencadena una reacción en el perro. El umbral de excitación depende de la raza y del sexo; varía según las vivencias de la juventud y de acuerdo con cada situación. Los perros con «bajo umbral de excitación» reaccionan agresivamente ante el menor estímulo; los perros de alto umbral de excitación se mantienen relajados y dueños de sí mismos: San Bernardo, boubier, bullterrier y mastín tibetano. Los estándares raciales del brasileño o dogo de Burdeos exigen un bajo umbral de excitación, algo que, en mi opinión, resulta irresponsable e ilógico.

V

Valoración de formas
Valor que en las → exposiciones se asigna a un perro respecto a su belleza. Las calificaciones son: «sobresaliente», «muy bien», «bien», «suficiente» e «insuficiente». Para la valoración se toma como base el → standard de la raza.

Variedad de color
Diferente coloración del pelaje dentro de una misma raza, como en el cocker spaniel, el pastor alsaciano, el galgo y el caniche.

Ventear
El perro alza su nariz al viento, la mantiene en alto, y detecta partículas olfativas que flotan en el aire. Una prueba más de la extraordinaria capacidad olfativa del pero.

Vértebras coccíxeas
Nombre técnico de la cola.

Retratros de los perros de raza más apreciados

En el siguiente apartado de razas presentamos, con palabras e imágenes, 47 razas caninas, desde el dogo al teckel. Los «Retratos de los perros de raza más apreciados» le informarán sobre aspecto, mantenimiento y cuidados, así como sobre carácter, particularidades de cada raza y enfermedades.
Todos los términos técnicos contenidos en este capítulo están definidos en «El perro de la A a la Z» (→ páginas 112 a 127).

Cómo elegir la raza más conveniente
Puede hacerlo fijándose sólo en el aspecto externo, o atendiendo a determinados rasgos característicos de una u otra raza. Sea como fuere, trate de adaptar sus deseos a la realidad.
Considere si el perro soñado se adapta a su carácter y a las condiciones de su vivienda y a sus hábitos. Su perro nunca debe ser «de una talla demasiado grande», ni tampoco que pese más que su dueño; podrían darse situaciones en que no sabría cómo hacerse con él.
Por el momento, reduzca su elección a las razas más apreciadas. Actualmente son:

1. Pastor alemán
2. Teckel
3. Bóxer alemán
4. Cocker spaniel
5. Rottweiler
6. Terrier de Yorkshire
7. Caniche
8. Foxterrier
9. Terrier de Airedale
10. Schnauzer mediano

Aún así la elección resulta más difícil que la compra de un coche, pues de un coche siempre puede uno desprenderse si en la práctica nos resulta demasiado grande o demasiado pequeño, demasiado rápido o demasiado caro. Pero a un perro encariñado ya con su amo, sometido a él incondicionalmente y al que acepta como el único líder de su manada, la separación le producirá gran sufrimiento y será muy difícil que vuelva a tener apego a otra persona.
Antes de decidirse por una raza rara, infórmese adecuadamente. Las razas raras ofrecen perspectivas reducidas en cuanto a la crianza y los resultados del adiestramiento dependerán fundamentalmente de cada individuo en particular. A partir de esa base hay que conocer las posibles enfermedades y los defectos propios de la raza. Haga una visita al criador y lea toda la literatura que pueda encontrar sobre el tema (incluso en otros idiomas).

El porte y las características de una raza se describen en el «standard» (→ «El perro de la A a la Z», página 126), elaborado por el correspondiente club y reconocido por la FCI, lo que le da validez internacional. En las descripciones aportadas en este libro he seguido las pautas marcadas por los distintos «standards».

Nota: Casi todos los perros aquí recogidos han sido fotografiados en exclusiva para este libro. En su mayoría se trata de ejemplares recomendados por la VDH como bellos representantes de su raza y cuyas formas se ajustan a sus requerimientos.
Los perros que han ganado algún premio especial llevan asterisco, y al final del libro, en la página 170, el lector tendrá oportunidad de conocer sus nombres y los premios obtenidos.

▷
Página de al lado: Un perro ilustre: el campeón mundial de perros pastores alemán, en 1986, ganador del campeonato inter-clubes deportivos de 1986, campeón de la VDH en 1987; su nombre: Vran Vom Wildsteiger land.

Dem Sieger

Gran danés

Enorme perro de gran tamaño y cara alargada, considerado por sus criadores como «el Apolo de los perros».

Tamaño, peso: alzada mínima 80 cm; 85 kg y aún más. Cuerpo bien proporcionado.
Pelaje y color: corto, denso, liso y lustroso; cinco clases de color: amarillento, listado, con manchas blanco-negro, negro y atigrado.
Aspecto externo: noble, porte imponente, cabeza expresiva.
Adecuado para: experto en perros con mucho espacio disponible.
No adecuado para: principiantes y gente con vivienda poco espaciosa.
Mantenimiento: necesita habitación propia y educación consecuente.
Cuidados: de fácil aseo.
Condición como miembro de la familia: se hace querer, ladra poco. Buen vigilante por su aspecto intimidatorio. Receloso con los extraños.
Carácter racial: Seguro de sí mismo, majestuoso, no pendenciero, tranquilo, sensible, cariñoso con los niños.
Problemas raciales: el miedo que los dogos inspiran a mucha gente. La mejor manera de educarle es someterle a un programa de formación impartido por un club de esa raza.
Enfermedades propias de la raza: retorcimiento de estómago después de comidas pesadas; insuficiencia cardíaca.
Esperanza de vida: mediana.
Cantidad de alimento diario: hasta 19150 kjulios/4575 kcal.
Observaciones sobre la raza: Perro de ensueño (para la mayoría de los dueños) que siempre tuvo gran renombre. Por favor, no lo adquiera sólo por motivos de prestigio.
Foto: perra listada dorada, 1 1/2 años.

Dobermann

Raza alemana con imagen de «peligrosa». Fuerte y musculoso, muy veloz, guardián insobornable.

Tamaño, peso: hasta 70 cm de alto; hasta 26 kg de peso. Porte muy elegante.
Pelaje y color: corto, duro y denso. Negro, pardo oscuro o azulado con destacadas manchas color canela.
Aspecto externo: su «cara de póker» no permite conocer su estado de ánimo.
Adecuado para: deportistas o gente que busca un perro guardián atento y eficaz.
No adecuado para: gente que no practica deportes, no tiene rapidez de reflejos, y no necesita un perro guardián.
Mantenimiento: necesita una educación muy esmerada, mucho movimiento y trabajo. Puede vivir en perrera durante un cierto tiempo.
Cuidados: fácil aseo.
Condición como miembro de la familia: muy cariñoso con su familia y los niños.
Carácter racial: mucho temperamento, sin miedo, dueño de sí mismo, fogoso por naturaleza, sensible psíquicamente.
Problemas raciales: por un afán desmesurado de conseguir una raza de mayor belleza, hay perros Dobermann que sólo se distinguen por su agresividad y peligro.
Enfermedades propias de la raza: Propenso a la caída del pelo (no es propenso a la displasia de la articulación de las caderas).
Esperanza de vida: hasta 14 años.
Cantidad de alimento diario: 6200 kjulios/1480 kcal.
Observaciones sobre la raza: perteneciente a la familia de los pinscher, debe su nombre a Louis Dobermann (1860). Típico perro de un sólo dueño.
Foto: macho, negro, 2 años.

Afgano

Perro oriental muy atractivo; se considera a sí mismo con idénticos derechos que el hombre; un tipo original, con tendencia a la comodidad.

Tamaño, peso: 70 cm; hasta 30 kg. Un perro ante el que hay que parar y admirarse.
Pelaje y color: llamativamente largo y sedoso. Todos los colores son posibles.
Aspecto externo: tan elegante en su pelaje como ningún otro perro puede serlo.
Adecuado para: los verdaderamente enamorados de esta raza y personas con mucha sensibilidad.
No adecuado para: personas que no estén dispuestas a rendir tributo diario a su belleza, dedicandole mucho tiempo a su esmerado cuidado y aseo.
Mantenimiento: necesita correr todos los días y apegarse a una persona para toda la vida.
Cuidados: peinado y cepillado diario a fondo.
Condición como miembro de la familia: obediente por naturaleza. Sumiso y vigilante en la casa y en el jardín. No es fácil de mantener.
Carácter racial: cautiva por su manera de ser tranquila, por su aspecto sereno y agradable. Ama a sus dueños; se retrae ante extraños.
Problemas raciales: sus genes de galgo se manifiestan constantemente. Como caza por instinto, hay que llevarle de la correa cuando se sale con él.
Enfermedades propias de la raza: poco conocidas.
Esperanza de vida: normal.
Cantidad de alimento diario: para un perro de 28 kg de peso, 6910 kjulios/1650 kcal.
Observaciones sobre la raza: según la leyenda, Noé llevó afganos en el Arca, lo que habla por sí mismo de la antigüedad de esta raza procedente de Afganistán.
Foto: delante, macho rojo con mascarilla, 15 meses; detrás, macho azul, 3 años.

Saluki

Prototipo de galgo oriental. Corredor ligero como una pluma, aprende rápidamente, inteligente, ávido de los elogios de su amo.

Tamaño, peso: 60 a 70 cm; 14 a 25 kg. Bello, simpático, tierno.
Pelaje y color: sedoso con plumado, pelo liso sin plumado. De blanco a dorado con tizón, tirando a gris.
Aspecto externo: llama la atención su profunda y extraña mirada y sus hermosos ojos almendrados.
Adecuado para: verdaderos aficionados que puedan ofrecerle muchas excursiones al aire libre.
No adecuado para: gente que tiene un perro sólo para exhibirle y para darse importancia.
Mantenimiento: necesita mucha dedicación. No es perro apropiado para niños. Repito: muchas excursiones al aire libre para que pueda correr a sus anchas.
Cuidados: fácil aseo.
Condición como miembro de la familia: perro tranquilo que busca relación con una sola persona. Es preciso educarle con mucho cariño y de manera consecuente.
Carácter racial: tranquilo en casa, muy vital al aire libre. Correr es su vida.
Problemas raciales: no soporta el rigor ni la dureza en el trato, y no conoce la sumisión canina, difícil convivir con él.
Enfermedades propias de la raza: poco conocidas.
Esperanza de vida: normal.
Cantidad de alimento diario: para un perro de 20 kg, 5250 kjulios/1250 kcal.
Observaciones sobre la raza: lugar de origen: entre Turquía y el este de Turquestán. Corre muy ligero, como si flotara en el aire. Velocidad de carrera hasta 5 km/h.
Foto: perra color pardo con tonos grises, 3 años.

Pastor alemán

El perro de los superlativos: el más apreciado del mundo por su versatilidad, la raza más conocida, representada en las asociaciones caninas de mayor importancia.

Tamaño, peso: 62,5 cm de altura hasta la espalda; 30 a 35 kg de peso. Una ojeada basta para distinguir al macho de la hembra.
Pelaje y color: pelo fuerte con espesa capa externa y cola muy poblada. Negro, con manchas color pardo, amarillo y hasta gris claro, regularmente distribuidas.
Aspecto externo: cabeza de perfil bien definido, con ojos bellos y expresivos. Cuerpo bien proporcionado, gran armonía en todos sus movimientos. Es inconfundible.
Adecuado para: gente a la que le guste tener un perro muy obediente, que pueda llevar a menudo al campo de entrenamiento y ocuparse de él 2 horas diarias por lo menos. También gente de carácter enérgico, que necesite un perro guardián.
No adecuado para: gente de edad avanzada, poco enérgica y de carácter apacible o personas que no dispongan de una vivienda espaciosa. No es un perro que se ponga encima o debajo de un sofá, sin que esto signifique que no sea dócil.
Mantenimiento: necesita trabajar en el campo de entrenamiento y mucho movimiento, así como una educación y un entrenamiento de fondo. La élite de los pastores alemanes son los cachorros con pedigree rojo que proceden de una crianza muy selecta y cuidada (de un total de 30000 perros, se seleccionan 3000 al año).
Cuidados: cepillarlos a fondo diariamente, sobre todo durante el tiempo de la muda. Bañarles una o dos veces al año.
Condición como miembro de la familia: pero guardián extraordinario, que puede ser muy ladrador. Le gusta el trato íntimo con su familia. Cuidado en los cotos de caza, pues tiende a perseguir las presas. Los perros pastores se consideran «malos» si no tienen documentación expedida por la SV (= Asociación de perros pastores alemanes), por no haber pasado el examen de idoneidad racial. Por cada pastor alemán de raza, auténtico, hay otro que no lo es. (→ «Direcciones relacionadas con el perro»).
Carácter racial: ávido de aprender, con gran predisposición al sometimiento. Valiente, pero también sensible; temperamento mediano. Los perros poco sensibles necesitan mano dura.
Problemas raciales: si se le educa equivocadamente o el perro tiene un carácter inestable (como ocurre en los procedentes de criadores no reconocidos), se vuelve pendenciero y capaz de morder a perros y perras de pequeño tamaño.
Enfermedades propias de la raza: al adquirirle, cerciórese de que los padres del cachorro no hayan padecido displasia de la articulación de las caderas (provocada en la crianza en la perrera, por efecto de la inclinación de su línea dorsal). Diabetes como enfermedad senil. Neurosis que se traduce en pánico cerval.
Esperanza de vida: 14 años como máximo.
Cantidad de alimento diario: para un perro de 30 kg, 7100 kjulios/1700 kcalorías; para un perro de 32 kg, 7600 kjulios/1820 kcalorías.
Observaciones sobre la raza: la Asociación del perro pastor alemán (SV), fundada en 1899 por Max Emil Friedrich v. Stephanitz, ha impedido que el perro pastor alemán sea considerado simplemente como perro de moda o perro de prestigio. La asociación nunca asumió compromiso alguno en ese sentido.
Foto: macho, negro con manchas rojas y pardas, 6 1/2 años.

Collie

Perro pastor escocés de largo pelaje y gran belleza. Estuvo de moda dos veces en 100 años: primero bajo el reinado de la reina Victoria de Inglaterra, luego, como consecuencia de la película «Lassie».

Tamaño, peso: hasta 61 cm de alto; hasta 30 kg de peso. Cuerpo alargado con pecho hundido.
Pelaje y color: pelo largo, denso y duro en el collie común. Corto y denso en el collie de pelo corto. Amarillo-claro, tricolor (= negro con manchas canela) y mirlo azul (Blue Merle).
Aspecto externo: inconfundible desde que popularizó la imagen de «Lassie». Muy decorativo.
Adecuado para: gente que ama lo bello, con tiempo para el laborioso cuidado del pelaje y dinero para pagar una buena alimentación.
No adecuado para: gente que en realidad no quiere un perro sino una «Lassie» que se comporte como un ser humano.
Mantenimiento: necesita mucho espacio y largas carreras, mejor detrás de la bicicleta. Un collie que sale poco de casa degenera. Le gusta tener compañía. No es un perro de ciudad ni tampoco para tenerle en un piso.
Cuidados: peinar y cepillar a diario durante unos 15 minutos.
Condición como miembro de la familia: quiere estar siempre con su familia. Exige que se ocupen de él. Un buen perro para niños (aunque no tan bueno como «Lassie»). Permanece vigilante y lo demuestra ladrando. Como es natural, suelta pelo y, cuando llueve, trae suciedad a casa.
Carácter racial: guarda las distancias, no es un perro que se acerca a cualquiera. Desconfía de los extraños. Aprende bien y es obediente. Bastante sensible psíquicamente.
Problemas raciales: si se le exige demasiado se vuelve temeroso, histérico e incluso malo. Un adiestramiento demasiado duro puede llevarle a la neurosis. Hay que tener mucho cuidado a la hora de elegir adiestrador.
Enfermedades propias de la raza: anomalías en los ojos y trastornos visuales. El síndrome de la ectasia, llamado en Inglaterra «Collie Eye Anomaly», puede acabar en un desprendimiento de retina. Otra enfermedad típica es la llamada «Collie-nose»: un eccema en la superficie superior de la nariz, no pigmentada, como consecuencia de la radiación solar.
Esperanza de vida: muy alta. El collie puede llegar a vivir 15 años.
Cantidad de alimento diario: para un perro de 25 kg de peso, 6200 kjulios/1480 kcalorías.
Observaciones sobre la raza: el collie de pelo corto, cuya descripción coincide con la del collie de pelo largo, salvo en el pelaje, es menos corriente, pues no resulta tan atractivo como el anterior. A la familia de los collie pertenecen, también: el *collie barbudo,* que el lego podría confundir con el bobtail; el *collie de la frontera,* un perro guardián negro y blanco, y el *sheltie,* un collie en miniatura procedente de las Islas Shetland, donde no sólo los ponys y la ovejas son pequeños.
Foto: delante, perra amarilla y blanca, 14 meses; detrás, macho tricolor, 5 años.

Bobtail

El «Viejo pastor inglés» («Old Englisch Sheepdog») es un perro que parece salido de una saga escocesa. Es decir, es un perro encantador.

Tamaño, peso: Unos 56 cm de alto; entre 34 y 40 kg de peso. Apariencia rechoncha.
Pelaje y color: Hirsuto, con mechones, sin rizos, con lanosidad interior que repele el agua. Todas las tonalidades, desde gris, al entrecano y al azulado.
Aspecto externo: poco común, pues debajo del largo y espeso pelaje no se puede sino intuir cómo es el cuerpo y la cara.
Adecuado para: gente que desee tener realmente un perro de esta raza y dispuesta a ocuparse de él.
No adecuado para: personas a las que les guste dar órdenes y vivan en una casa pequeña.
Mantenimiento: necesita mucho espacio, muchas salidas al aire libre, mucha dedicación y mucho cariño.
Cuidados: peinar diariamente en profundidad (se tarda unos 30 minutos).
Condición como miembro de la familia: muy unido a la familia, pero quiere tener su propio «espacio libre» aunque sea pequeño. Se lleva bien con los niños y le gusta jugar.
Carácter racial: muy temperamental, bonachón, se adapta fácilmente, pero también es independiente y dueño de sí mismo.
Problemas raciales: no es un perro para amas de casa quisquillosas. Su largo y espeso pelaje recoge mucha suciedad.
Enfermedades propias de la raza: poco conocidas.
Esperanza de vida: alta.
Cantidad de alimento diario: para un perro de 35 kg de peso 8200 kjulios/1960 kcalorías.
Observaciones sobre la raza: su ladrido suena como una campana resquebrajada. Cuando va andando al paso parece torpe, pero al galope es elegante.
Foto: izquierda, macho, 5 años; derecha, perra, 2 años.

Chow Chow

Apariencia de león, orgulloso, aunque en sí es un perro tranquilo; curiosa manera de andar a zancadas y aire individualista.

Tamaño, peso: altura mínima 45,5 cm; 20 a 25 kg. Cuerpo muy compacto.
Pelaje y color: abundante, denso. De un solo color: negro, rojo, azul, canela, crema o blanco.
Aspecto externo: fiero e imponente.
Adecuado para: gente a la que motiva la terquedad y saben dominarle.
No adecuado para: personas que esperan de su perro una obediencia ciega.
Mantenimiento: vivienda normal, aunque también puede vivir al aire libre. Suele buscar el cariño y la compañía de una persona determinada.
Cuidados: profundo aseo del pelaje a diario.
Condición como miembro de la familia: atento vigilante, apenas mete ruido. No necesita mucho movimiento.
Carácter racial: testarudo hasta la saciedad. Perro de un solo amo o ama. No se le puede amaestrar. No es amigo de carantoñas.
Problemas raciales: se siente desgraciado si no está al lado de la persona por la que siente apego. Sensible al exceso de calor. Suelta mucho pelo.
Enfermedades propias de la raza: propensión a eccemas. Suele padecer de entropía de los párpados o entropión (inversión del borde libre de los párpados hacia el globo del ojo).
Esperanza de vida: alta.
Cantidad de alimento diario: para un perro de 22,5 kg de peso, 5870 kjulios/1400 kcalorías.
Observaciones sobre la raza: el más individualista de todos los perros. Es amigo de peleas y no es un buen perro para los niños.
Foto: macho, rojo, 6 años.

San Bernardo

Toda una leyenda. Un gigante circunspecto que fascina enormemente a los niños. Sin embargo, no se les debe permitir acariciar a cualquier San Bernardo.

Tamaño, peso: hasta 70 cm de alzada; unos 80 kg de peso. Cuerpo musculoso, cabeza voluminosa.
Pelaje y color: semilargo, liso a ligeramente ondulado; corto y espeso en los que tienen pelaje originario. Rojo con blanco, blanco con rojo, teniendo el rojo diversas graduaciones. Patas, pecho y extremo de la cola, siempre blanco.
Aspecto externo: majestuoso, sólo por su aspecto ya merece que se le tenga respeto.
Adecuado para: gente que disponga de mucho sitio (casa en el campo) y tenga un especial sentido de lo monumental.
No adecuado para: gente que no se sienta atraída por lo grande o tenga un «complejo de Barry».
Mantenimiento: no es un perro de ciudad, ni para tenerlo en un piso. Necesita alimentos de calidad y abundantes. Se le puede dejar al aire libre, aunque necesita tener una relación estable con la familia. Para su transporte, lo mejor es utilizar una ranchera o coche grande, un jeep, etc...
Cuidados: el de pelo largo requiere mucho tiempo para el peinado y cepillado; los de pelo corto son más fáciles de cuidar.
Condición como miembro de la familia: es un buen perro guardián y resulta fabuloso para los niños; no es muy ruidoso. No encuentra gran placer en el ejercicio, aunque hay que acostumbrarle a dar paseos regularmente. Sensible y muy apegado a las personas. Sus expresiones de alegría pueden derribar a una persona.
Carácter racial: tranquilo e incluso flemático, valiente, no se arredra ante nada, es duro y tiene espíritu combativo. Aprende con facilidad. Algunas familias dan ejemplares un tanto impetuosos que no son ciertamente el bravo Barry de nuestros sueños.
Problemas raciales: por razones de crianza, a veces resulta demasiado corpulento, lo que casi le imposibilita el movimiento. A ser posible, los cachorros no deben subir escaleras y menos aún bajarlas, pues esto puede provocarles rotura de ligamentos.
Enfermedades propias de la raza: en general, es una raza muy resistente, aunque tiene propensión a enfermedades cutáneas, al ectropión (inversión de los párpados hacia afuera) a la displasia de la articulación de las caderas. Atención a los retorcimientos de estómago.
Esperanza de vida: unos 10 años.
Cantidad de alimento diario: para un perro de unos 70 kg de peso, 15800 kjulios/3775 kcalorías; para un perro de 80 kg, 18050 kulios/4312 kcalorías. Es bastante más de lo que necesita un obrero que realiza trabajos duros.
Observaciones sobre la raza: los San Bernardo tuvieron su época dorada a principios del siglo XIX, cuando empezaron a ser utilizados como perros salvavidas en el convento del gran San Bernardo. Adquirieron especial renombre cuando, en 1865, comenzó la crianza como perro de raza fuera del convento. En los tiempos del santo fundador del convento, el San Bernardo se convirtió en perro de moda, por el que se llegaba a pagar hasta 2000 escudos de oro por ejemplar. El San Bernardo más famoso fue Barry, que llegó a salvar la vida de más de 40 personas durante el período de 1800 a 1814.
Foto: Perra de 4 años.

Bóxer alemán

Animal musculoso con aspecto de atleta de decathlón, defensor sin miedo y gran protector. Siempre dispuesto a jugar, hasta en edad avanzada. Es el perro ideal para una familia.

Tamaño, peso: alzada del macho 57 a 63 cm; de la hembra, desde 53 cm. Unos 30 kg de peso, según tamaños. Cuerpo de fornidos huesos y estructura cuadrada.

Pelaje y color: corto y lustroso, duro, muy pegado al cuerpo. Color rojo cervato a amarillo. Son preferidos los tonos medios; también los hay listados. Mascarilla negra limitada a la boca.

Aspecto externo: todo un paquete muscular lleno de energía, cuya línea dorsal inclinada da la impresión de ser un resorte presto a saltar. Expresión facial un tanto seria.

Adecuado para: familias que practiquen deporte, a ser posible con niños, y que vivan en una casa grande.

No adecuado para: personas a las que les guste tener chucherías por toda la casa; también las que sean delicadas y frágiles, y personas de edad o que lleven una vida muy sedentaria.

Mantenimiento: necesita espacio (más del que puede ofrecerle una vivienda normal). Salidas periódicas, correr detrás o junto a la bicicleta y una buena dosis diaria de juego, en el que suele comportarse con cierta rudeza. Es recomendable trabajar con él, pues pertenece a una de las reconocidas razas de perros de utilidad.

Cuidados: fácil aseo.

Condición como miembro de la familia: buen guardián y buen perro familiar, quiere mucho a los niños. Inquilino agradable aunque con mucho temperamento. Hay que alabarle mucho, y es preciso educarle consecuentemente.

Carácter racial: robusto, tanto física como psíquicamente, inteligente, fácil de manejar si se le educa adecuadamente. Con mucho temperamento y muy arrojado. Le gusta hacer carantoñas y siempre está dispuesto a jugar, hasta en edad avanzada.

Problemas raciales: no es precisamente amable con los otros perros. Puede ser pendenciero. En cuanto se excita un poco, arroja espuma por la boca.

Enfermedades propias de la raza: agarrotamiento de la columna vertebral en la vejez. A partir de los 8 años, es más propenso al cáncer que el resto de las razas. Propensión a alergias; también suelen sufrir con frecuencia de displasia de la articulación de las caderas.

Esperanza de vida: unos 10 años.

Cantidad de alimento diario: para un perro de 30 kg de peso, 7100 kjulios/1696 kcalorías.

Observaciones sobre la raza: en 1895, se presentó en Munich a un bulldog alemán cuyo dueño le dio el nombre de bóxer; un año después, se fundó el Club del Bóxer. ¿A qué se debe ese nombre? ¿A que tiene nariz chata, parecida a la de los boxeadores? ¿A que el perro lucha con las patas delanteras como si boxeara? No se sabe. En todo caso, el perro gustó y también el nombre, y hoy ocupa uno de los más altos puestos en la lista de los preferidos. A propósito: al bóxer le afecta también la prohibición de recortarle las orejas en algunos países. Aquí se muestra un ejemplar con las orejas no recortadas.

Foto de la izquierda: macho, listado, dorado rojizo, 10 meses.

Foto de la derecha: perra, rojo cervato, 6 años.

Lebrel irlandés (Irish Wolfhound)

Este perro gris, procedente de la verde Irlanda, es el mayor de los perros del mundo. Cuando le apoya las manos en sus hombros puede verle la raya del pelo.

Tamaño, peso: alzada de los machos, unos 85 cm, siendo muy importante la exacta medición del tamaño; peso mínimo, unos 55 kg (tiene que ser mucho más ligero que el dogo alemán o gran danés). Cuerpo vigoroso e imponente.
Pelaje y color: tosco y duro, pegado al cuerpo, a las patas y a la cabeza; especialmente largo y duro por encima de los ojos y en la mandíbula inferior. Bris, listado, rojo, negro, blanco puro y cervudo.
Aspecto externo: elegante. Inspira miedo a las personas a las que no gustan los perros. Una raza fuera de lo corriente.
Adecuado para: personas equilibradas que dispongan de una gran finca con jardín y suficientes ingresos económicos para poder mantenerlo y alimentarlo debidamente.
No adecuado para: gente que viva en la ciudad y que sólo pretenda llamar la atención con su perro. No es un perro para principiantes.
Mantenimiento: condicionado ante todo por el tamaño del perro. En los primeros 18 meses necesita mucho alimento y muy nutritivo. Caminatas diarias junto a la bicicleta o el caballo, o largos paseos suelto.
Cuidados: aseo diario del pelaje con peine metálico y cepillo duro. Le gusta el mal tiempo, lluvioso y que le ensucie.
Condición como miembro de la familia: inquilino agradable que no necesita realmente mucho sitio dentro de la casa, pues él mismo se contiene y se mueve con tranquilidad. El buen comportamiento forma parte de su naturaleza sosegada y nada exigente. Necesita un amo muy equilibrado que le eduque con firmeza pero sin dureza.
Carácter racial: «Un caballero cuando se le acaricia, una fiera cuando se le azuza». Es pacífico; no es buen guardián, pero su mera presencia intimida. Suele ser afable con los extraños, aunque a veces se retraiga un poco. Inadecuado para tenerlo en una perrera y bajo ningún concepto ha de ser educado para la agresividad.
Problemas raciales: si es que los hay, sólo pueden ser debidos a su tamaño y a que se le saque poco de paseo.
Enfermedades propias de la raza: poco investigadas, pues es muy pequeño el número de ejemplares existentes. Sólo se ha detectado cierta predisposición a las enfermedades de la mucosa nasal (rinitis).
Esperanza de vida: mediana.
Cantidad de alimento diario: para un perro de 60 kg de peso, 13600 kjulios/3248 kcalorías.
Observaciones sobre la raza: era el perro de la nobleza, que lo llevaba consigo a la caza del lobo o le azuzaba contra sus adversarios para derribarlos del caballo. Hubo un tiempo en que estuvo prohibido su envío al extranjero, aun como regalo. Es el ejemplo típico de cómo un perro combativo, poderoso y arrojado por naturaleza, también puede ser pacífico.
Foto: delante, perra listada en gris oscuro, 3 1/2 años; detrás, macho, colores de tono crema, 3 1/2 años.

Setter irlandés (Irish Setter)

Un hermoso perro de lujo con mucho temperamento, tras el que se oculta incansable: un corredor de Maratón con pelaje de hermosos colores.

Tamaño, peso: alzada entre 54 y 62 cm; peso 18 a 25 kg. Figura esbelta, elegante, musculosa.
Pelaje y color: espeso, liso, en parte corto y en parte semilargo, con una especie de flecos en el abdomen, el pecho y el cuello. Rojo castaño por entero, sin huellas de negro; puede tener pequeñas manchas en el pecho, los dedos o la frente.
Aspecto externo: amistoso y afable, pero no tan manso como parece. Tiene un dominio absoluto sobre sus movimientos. La palabra armonía es la que mejor le cuadra.
Adecuado para: estetas –con vivienda normal o grande– a los que les guste pasear o andar en bicicleta dos o más horas diarias.
No adecuado para: personas a las que no les guste moverse o que empleen mano dura en su trato con el perro.
Mantenimiento: entre todos los perros de lujo es el más resistente y al que más gusta el agua. Necesita salir mucho y que se le dedique mucho tiempo, en ese orden de importancia. No es perro para vivir en la ciudad.
Cuidados: cepillado diario y limpieza diaria de las orejas.
Condición como miembro de la familia: pasable como perro guardián; no suelen gustarle mucho los viajes en coche. Como es natural, suelta mucho pelo. Perro muy apegado a las personas, cuyo contacto necesita ineludiblemente, lo que resulta un tanto raro tratándose de un perro de muestra tan seguro de sí mismo como éste.
Carácter racial: siente gran apego hacia su dueño. Según haya sido criado, puede tener una psiquis poco sensible o hipersensible. Independiente, inteligente.
Problemas raciales: testarudo y cabezón si se le saca poco de paseo. Si se le exige demasiado en el adiestramiento, se vuelve muy sensible a los ruidos, y hasta temeroso.
Enfermedades propias de la raza: no hay muchos datos sobre las enfermedades que pueda padecer en particular. Hay que ocuparse meticulosamente del aseo de sus orejas para evitar inflamaciones: después de una operación de otitis, estos perros se hacen insoportables.
Esperanza de vida: alta, hasta 15 años.
Cantidad de alimento diario: para un perro de 20 kg de peso, 5250 kjulios/1254 kcalorías.
Observaciones sobre la raza: desde hace 200 años, el setter es el representante genuino de los perros de muestra de pelo largo británicos, en sus tres versiones:
El setter blanco, con señales negras y de color naranja, representativo de amplias zonas de Inglaterra (setter inglés).
El setter negro, con su tiznón pardo rojizo, representativo del suelo rocoso de Escocia (Gordon Setter, así llamado en honor del duque de Gordon o setter escocés).
El setter rojo, representativo de Irlanda (setter irlandés), que es el más resistente y polifacético.
Foto: perra de 4 años.

Euroasiático

Nueva raza conseguida en los años cincuenta en Weinheim an der Bergstrasse, a partir del chow chow, el wolfsspitz y el samoyedo.

Tamaño, peso: hasta 60 cm de alto; 20 a 32 kg de peso según tamaños.
Pelaje y color: semilargo, pelo gris suelto, con espesa lanosidad interior. Rojo, amarillento, gris lobuno, negro o negro con señales de otros colores.
Aspecto externo: parecido al spitz, pero con cabeza similar a la del lobo.
Adecuado para: familia con niños; en una vivienda de tamaño normal o más grande. Es poco ruidoso.
No adecuado para: gente que sueñe con un perro de un sólo amo.
Mantenimiento: se adapta extraordinariamente a todo.
Cuidados: fácil aseo, por la clase de pelaje.
Condición como miembro de la familia: agradable; guardián tranquilo, de naturaleza muy abierta. Aprende con facilidad. Le gusta jugar. Necesita mucha dedicación y cariño.
Carácter racial: presta atención a lo que su amo quiere de él; posee un encanto natural que le hace aprender con facilidad. Tiene instinto cazador.
Problemas raciales: suele traer mucha suciedad a casa. Por lo demás, sin problema alguno.
Enfermedades propias de la raza: no se conocen.
Esperanza de vida: alta, 14 años.
Cantidad de alimento diario: para un perro de 25 kg de peso, 6200 kjulios/1481 kcalorías.
Observaciones sobre la raza: lograda amalgama entre el temperamento del Wolfsspitz y el tranquilo carácter del Chow Chow. Le gusta ladrar pero se contiene.
Foto: macho, gris lobuno, 4 años.

Retriever dorado

Con su pelaje lustroso, largo y dorado, es el más bello de la familia de los retriever, lo que ha hecho que de perro de muestra haya pasado a perro de hogar.

Tamaño, peso: hasta 62 cm de alto, hasta 32 kg de peso. Estructura simétrica, resistente corredor.
Pelaje y color: capa externa lisa; espesa lanosidad interna que repele el agua. Todas las tonalidades de dorado y crema.
Aspecto externo: decorativo.
Adecuado para: familias que tengan tiempo de ocuparse de él.
No adecuado para: para gente con viviendas pequeñas o que viva al borde de un bosque.
Mantenimiento: necesita salir mucho y estar muy ocupado. Le gusta cumplir las tareas que se le imponen. También se le puede tener en la ciudad, siempre que se le garanticen abundantes salidas.
Cuidados: es fácil mantenerle limpio.
Condición como miembro de la familia: cariñoso, equilibrado, no agresivo. Se lleva bien con otros animales domésticos. Insensible al viento y al tiempo meteorológico. Buen guardián, pero no ruidoso.
Carácter racial: amable, cariñoso con los niños, fácil de conducir. Aprende bien y con gusto. Nadador apasionado. No es agresivo.
Problemas raciales: quiere y tiene que estar ocupado. En lugar de adiestrarlo para la caza, si no es usted cazador entrénelo para hacer de él un perro guía, apto para circular en medio del tráfico ciudadano.
Enfermedades propias de la raza: opacidad del cristalino (cataratas) al llegar a la vejez.
Esperanza de vida: alta.
Cantidad de alimento diario: un perro de 30 kg de peso necesita 7100 kjulios/1696 kcalorías.
Foto: perra de 6 años y cachorro de 8 semanas.

Hovawart

«El perro que guarda la finca» tiene una larga historia. No es precisamente un modelo «en serie», igual a todos los demás, sino un perro hermoso y fuerte con el que pronto se establece una estrecha relación.

Tamaño, peso: hasta 70 cm de alzada; hasta 35 kg de peso. Macho y hembra se distinguen claramente.
Pelaje y color: pelo largo, ligeramente ondulado, sin lanosidad interna, sin rizos. Rubio, negro intenso o color básico negro con manchas rubio a pardo dorado.
Aspecto externo: de fuerte constitución ósea, vigoroso pero elástico; impresionante.
Adecuado para: gente que no se pasa la vida en casa y desea un perro original; y que quieran y puedan actuar ellos mismos como «perros alfa».
No adecuado para: principiantes que hacen sus primeros intentos con un perro. Gente que deja que otros decidan por ellos.
Mantenimiento: necesita entrenarse, trabajar, grandes excursiones o caminatas, un hogar o unos niños a los que proteger; una persona que él acepte como su jefe de manada.
Cuidados: a pesar de lo largo de su pelo, resulta fácil de cuidar, puesto que el pelaje carece de lanosidad interna.
Condición como miembro de la familia: se somete sin dificultad si hay una mano firme (sin que sea dura) que lo dirija. Posee buenas condiciones genéticas como vigilante y perro guardián. Es de una rapidez impresionante. Ladrido sonoro y profundo que sólo deja oír cuando es preciso.
Carácter racial: le gusta aprender y aprende bien; tiene buenos reflejos y está seguro de sí mismo. Valiente y duro, aunque también sensible. Tiende a ser perro de un sólo amo. Pertenece a una raza reconocida como perro guardián. Observa, sopesa la situación y actúa con rapidez. Más bien manso que mordedor.
Problemas raciales: sometido a un adiestramiento demasiado rígido se vuelve débil de carácter e incluso se lanza a morder al menor motivo.
Enfermedades propias de la raza: en casos muy reducidos, displasia de la articulación de las caderas.
Esperanza de vida: relativamente alta.
Cantidad de alimento diario: un perro de 30 kg de peso necesita 7100 kjulios/1696 kcalorías; un perro de 35 kg, 8200 kjulios/1960 kcalorías.
Observaciones sobre la raza: no se trata del resultado de cruzamientos para conseguir un tipo determinado, sino que es la nueva forma del viejo Hovawart, que ha sido «reconstruido» a partir de las razas ya existentes y que ha vuelto a ser criado sistemáticamente desde los años veinte. Durante ese proceso, se valoró más la propia esencia del perro que su forma externa. Por eso hay diferentes tipos de Hovawart en cuanto a su aspecto externo: ligeros y pesados. Para una familia es motivo de tranquilidad tener un Hovawart en la casa rondando por sus alrededores, si se trata de una casa en el campo.
Foto de la izquierda: perra rubia, 4 años.
Foto de la derecha: perra manchada de negro, 2 años.

Montañero bernés

Perro de hermoso pelaje y colores adecuados para un libro ilustrado. Imponente, impresionante e inconfundible.

Tamaño, peso: 66 a 68 cm; hasta 40 kg. Corpulento y fuerte.
Pelaje y color: suave y lustroso, largo, liso o ligeramente ondulado. Negro con destacados tiznones rojo-parduzco; lucero blanco, manchas blancas en patas, extremo de la cola y pecho.
Aspecto externo: causa respeto y admiración.
Adecuado para: familias con niños, casa y jardín.
No adecuado para: viviendas pequeñas o gente que sólo quiera un perro como objeto decorativo.
Mantenimiento: necesita espacio y actividad. Si se le mantiene al aire libre, necesita integración total en la familia.
Cuidados: cepillado a fondo periódicamente.
Condición como miembro de la familia: quiere mucho a los niños, protector atento. Vigilante que no molesta con sus ladridos.
Carácter racial: no es precisamente un perro manso y pacífico; pero si se le enseña ataca con genio, con el cuerpo y las patas delanteras, sin llegar a morder. No es un perro rebelde, pero tampoco un corderillo. Es un perro guardián por excelencia.
Problemas raciales: aprende lentamente pero no olvida lo aprendido. Después de los 18 meses de vida, no le conviene el cambio de dueño. Puede presentar una cierta agresividad hacia miembros de la familia.
Enfermedades propias de la raza: displasia de la articulación de las caderas.
Esperanza de vida: mediana.
Cantidad de alimento diario: un perro de 35 kg de peso necesita 8200 kjulios/1960 kcalorías.
Observaciones sobre la raza: buena disposición a trabajar y a practicar deportes caninos.
Foto: macho, 5 años.

Montañero de Entlebuch

Es el más pequeño de las cuatro razas de perros montañeros. Su aspecto externo engaña considerablemente, pues, en el fondo, es un perro encantador a más no poder.

Tamaño, peso: por debajo de los 50 cm; 25 a 30 kg. Formato alargado.
Pelaje y color: corto, compacto, duro y lustroso. Negro con tiznones rojo pardo intenso, manchas blancas y lucero blanco.
Aspecto externo: muchos legos lo toman por mestizo.
Adecuado para: gente que desee tener un perro con temperamento, pero que sepa enseguida lo que se exige de él.
No adecuado para: gente que da mayor valor a las apariencias que a la realidad.
Mantenimiento: sin problemas como perro familiar en una vivienda de la ciudad.
Cuidados: fácil aseo.
Condición como miembro de la familia: se siente muy unido a su gente, a la que defiende con valor y firmeza. Buen guardián, con un volumen de ladrido soportable. Nunca molesta.
Carácter racial: necesita actividad, aunque no excesiva. No es pendenciero. Le gusta jugar. Se vuelve irritable en la vejez. Instinto de perro guardián muy acentuado; no siente pasión alguna por la caza. Le gusta mucho aprender.
Problemas raciales: Ninguno prácticamente. Es un perro ideal.
Enfermedades propias de la raza: cola atrofiada de nacimiento. En general, no es propenso a enfermedad alguna.
Esperanza de vida: alta.
Cantidad de alimento diario: 6200 kjulios/1480 kcalorías.
Foto: macho de 4 años.

Terranova

Perro de gran corpulencia con voluminosa cabeza y dulce mirada. Un gigante negro como el betún, que se mueve con asombrosa facilidad. El mejor nadador de todos los perros.

Tamaño, peso: Hasta 75 cm de alto; 50 a 62 kg de peso según tamaño. Aspecto robusto y corpulento.
Pelaje y color: largo, liso y espeso. Duro al tacto, casi tosco, y graso. Negro, negro con tintes pardos y tostados. También de color pardo, pero raras veces. El de color blanco y negro se constituyó como raza propia en 1960 como Landseer, o Terranova continental europeo.
Aspecto externo: Su pelaje, espeso y abundante, le da el aspecto que le caracteriza. Tiene membranas natatorias entre los dedos.
Adecuado para: gente con niños, mucho espacio y un lago en las cercanías; quienes gusten de estar mucho en el agua o cerca de ella.
No adecuado para: habitantes de la ciudad o que ocupen una vivienda pequeña.
Mantenimiento: aparte de su gran afición al agua, no es nada exigente. Detesta el calor.
Cuidados: hay que cardar el pelaje periódicamente. No es conveniente bañarle en casa.
Condición como miembro de la familia: bonachón; se lleva bien con gatos y otros animales domésticos. Tiene un acendrado instinto protector y siente verdadera debilidad por defender al débil frente al fuerte: es, pues, un perro ideal para los niños. Necesita un amo equilibrado, al que se somete por sí mismo. Se mueve con cuidado dentro de la vivienda. Puede estar al aire libre siempre que tenga suficiente contacto con la familia.
Carácter racial: pacífico por naturaleza, nada pendenciero. Buen guardián, ladra poco, le basta con gruñir. Muy unido a su gente. No soporta que lo dejen en manos extrañas. Según Lord Byron: «El Terranova tiene todas las virtudes del hombre y ninguno de sus defectos».
Problemas raciales: cuando está en el agua, ladra con todas sus fuerzas.
Enfermedades propias de la raza: propenso a la displasia de la articulación de las caderas. Estrechamiento de la aorta.
Esperanza de vida: mediana.
Cantidad de alimento diario: un perro de 55 kg de peso necesita diariamente unos 12500 kjulios/2990 kcalorías.
Observaciones sobre la raza: los perros que ayudaban a los pescadores de Terranova a sacar las redes a tierra y recoger los peces que se salían de sus mallas no siempre se parecen, necesariamente, a los gigantes negros de la actualidad. Los antiguos Terranovas tenían, más bien, el aspecto de perros de trineo y a veces eran utilizados para arrastrar cargas de un lugar a otro. La primera sociedad canina de esta raza se fundó en Inglaterra, en 1886. Resulta relativamente fácil adiestrar al Terranova como perro de salvamento de naufragios de personas que se están ahogando en el agua: sujeta por el brazo a la víctima y la arrastra hasta la orilla.
Foto: Macho, negro, 5 años.

Kuvasz

Su nombre es turco y significa «vigilante seguro». Es de nacionalidad húngara y de una gran belleza.

Tamaño, peso: hasta 75 cm de alto; hasta 40 kg de peso. Grande y bien proporcionado.
Pelaje y color: tosco y ondulado, cola con penacho. Blanco total, que también puede ser de color marfil.
Aspecto externo: Llama la atención su vigor y majestuosidad.
Adecuado para: experto que necesitan un guardián insobornable.
No adecuado para: principiantes que sueñan con perros grandes y vigorosos.
Mantenimiento: no es un perro para tener en casa. Garantizándole suficiente contacto con la familia, puede vivir al aire libre.
Cuidados: hay que cardar y cepillar el pelo periódicamente.
Condición como miembro de la familia: temperamento muy vivo. Muy cariñoso con los niños de la familia, pero receloso con los demás. Afectuoso, pero no zalamero. No soporta las injusticias.
Carácter racial: muy valiente, buen guardián, famoso por su inteligencia. No se somete fácilmente, por eso necesita un adiestramiento especial para perros guardianes.
Problemas raciales: necesita tener estrecho contacto con personas, pues de lo contrario se vuelve salvaje y muy peligroso.
Enfermedades propias de la raza: propensión al moquillo.
Esperanza de vida: unos 10 años.
Cantidad de alimento diario: un perro de 40 kg necesita diariamente 8800 kjulios/2100 kcalorías.
Observaciones sobre la raza: puede llegar a recorrer hasta 25 km al trote y necesita mucho movimiento.
Foto: macho de 3 años.

Rottweiler

La ciudad de Rottweil da nombre a este perro descendiente de los ganaderos de Württemberg: Un «derroche de fuerza» con cola atrofiada.

Tamaño, peso: hasta 68 cm de alzada; unos 50 kg de peso. Vigoroso y primitivo.
Pelaje y color: pelaje originario tosco, corto y con buena lanosidad interior. Negro intenso con resaltantes señales pardo rojizo.
Aspecto externo: gallardo y amenazante.
Adecuado para: familias con hijos y jardín.
No adecuado para: personas que no practiquen deporte y principiantes en el trato con perros.
Mantenimiento: necesita moverse mucho y estar siempre ocupado en algo.
Cuidados: fácil aseo.
Condición como miembro de la familia: buen guardián sin ser ladrador. Se mantiene expectante mientras piensa qué debe hacer. Muy buen perro familiar. Lo mejor es tenerle en un jardín con perrera, pero manteniendo contacto con la familia.
Carácter racial: de lento desarrollo tanto físico como psíquico, pero con gran capacidad de aprendizaje. No tiene miedo a nada, es firme y vigoroso, seguro de sí mismo; no es rebelde, pero tampoco se deja llevar con facilidad. Se le considera como uno de los ascendientes de los famosos Dobermann.
Problemas raciales: perros especialmente duros en la lucha y, además, insensibles al dolor.
Enfermedades propias de la raza: entropión (estrechamiento de la abertura de los párpados); casi erradicada la displasia de la articulación de las caderas. Es un perro de salud muy resistente.
Esperanza de vida: unos 10 años.
Cantidad de alimento diario: Un perro de 50 kg de peso necesita 11400 kjulios/2720 kcalorías.
Foto: macho de 6 años.

Retriever del Labrador

Retriever significa «perro de cobra», y el retriever del Labrador es, además, un especialista en la búsqueda de las piezas en el agua. Este perro, de temperamento equilibrado y fácil convivencia, ha pasado de ser perro de caza a perro de compañía.

Tamaño, peso: 55 a 62 cm de alto; 25 a 31 kg de peso. Gran estabilidad pese a su corpulencia.
Pelaje y color: Corto, resistente, sin ondas y sin emplumado en patas y cola. Lanosidad interna que repele el agua. Cola cubierta alrededor de pelaje espeso y compacto (cola de nutria). Negro o blanco pajizo; un único color sin manchas.
Aspecto externo: amistoso. Muy activo, se mueve con mucha vitalidad.
Adecuado para: familia con niños que salgan mucho de paseo y a los que les guste ocuparse constantemente de su perro. Es bueno llevarle de caza.
No adecuado para: viviendas pequeñas, personas que no se mueven de casa y gente de ciudad que tiene poco tiempo.
Mantenimiento: se adapta a todas las situaciones, tanto en casa como en los viajes, en el jaleo del tráfico o en el campo: no crea ningún problema.
Cuidados: cepillado regular. Por lo demás, de fácil aseo.
Condición como miembro de la familia: muy cariñoso con los niños, apacible y fácil de educar. No tira cuando va sujeto a la correa. Se lleva bien con otros perros y animales domésticos. Guardián relativamente bueno. Muy apegado a las personas. No es adecuado para vivir en una perrera.
Carácter racial: tendencia apacible, no hace ruido, equilibrado incluso en medio del tráfico de la ciudad. No se arredra y es muy resistente.
Problemas raciales: como es un perro de caza activo, trabajador y resistente a las variaciones climatológicas, no puede quedarse en casa sin hacer nada durante los paseos, le produce gran satisfacción recoger y traer las cosas que se le tiran.
Enfermedades propias de la raza: displasia de la articulación de las caderas y, en algunas familias, hemofilia. En conjunto es un animal fuerte y resistente.
Esperanza de vida: alta.
Cantidad de alimento diario: un perro de 25 kg de peso necesita 6200 kjulios/1480 kcalorías; el de 30 kg, 7100 kjulios/1700 kcalorías. En una jornada de caza aumenta considerablemente el consumo de julios/calorías.
Observaciones sobre la raza: No siempre se utilizan los retriever preferentemente para cazar. De entre todas sus castas: el retriever de pelo rizado, el retriever de pelo liso, el retriever de Chesape, el retriever de Nueva Escocia, el retriever del Labrador y el retriever dorado, sólo los dos últimos se emplean como perros de compañía cada vez más apreciados. Por otra parte, tanto el retriever del Labrador como el retriever dorado son excelentes buscadores de droga y también se les adiestra como perros lazarillos.
Foto: macho, pajizo, 6 años.

Lulú alemán

Lulú lobo, Gran lulú, mediano, pequeño y enano

Aunque los alemanes y algunos criadores les llaman «spitz», en el resto de Europa es más conocido como lulú, con su hermoso pelaje es un perro cautivador que parece hecho a la medida. Existen cinco variedades, que sólo se diferencian en el tamaño y en la manejabilidad. Una raza que merece extenderse cada vez más.

Tamaño, peso: lulú lobo: 55 cm de alto; 25 a 28 kg de peso. El gran lulú: 40 a 55 cm; 25 kg. El lulú mediano: 32 cm; 6 a 7 kg. El pequeño lulú: 23 a 28 cm; 4 a 5 kg. El lulú enano: hasta 22 cm; 2 a 3 kg. Tronco recto con dorso corto.
Pelaje y color: cuelga del cuerpo con laxitud, formando melena. No es ni ondulado ni hirsuto. Según los tipos, los colores pueden ir del gris lobuno al gris plata, pasando por negro, blanco, pardo, naranja, hasta azul y crema.
Aspecto externo: cabeza de zorro, con mucho pelaje.
Adecuado para: personas que no tengan vecinos sensibles al ruido y que no tengan alergia al pelo de perro.
No adecuado para: personas que tengan vecinos sensibles al ruido, que tengan en casa alfombras valiosas y muebles tapizados y especial preferencia por ropas oscuras y cuidadas.
Mantenimiento: según tamaño, desde un pequeño piso a una casa con jardín, que puede guardar. Necesita mucha actividad, pues está ansioso por aprender.
Cuidados: cepillarlo diariamente a fondo, con cepillo de cerdas naturales: siempre de atrás hacia adelante.
Condición como miembro de la familia: cuanto más pequeño, más ladrador. Desconfía de los extraños, buen guardián, fiel a la casa; no se enfurece con facilidad, pero tampoco lo aguanta todo.
Carácter racial: de gran inteligencia y gran capacidad de aprendizaje, fácil de llevar. Fiel y cariñoso con su propia familia. El gran lulú es un perro de compañía en el que se puede confiar; el pequeño lulú es un perro de ciudad; el lulú enano es un perro faldero.
Problemas raciales: sus constantes ladridos son más bien un trastorno del comportamiento, que una peculiaridad de la raza. Pueden ser frenados mediante una educación adecuada.
Enfermedades propias de la raza: en general, se trata de un perro sano y robusto. El lulú enano es propenso a cálculos urinarios, luxación de menisco y bronquitis senil.
Esperanza de vida: es, de todos los perros, el que más años vive.
Cantidad de alimento diario: lulú lobo y gran lulú: unos 6200 kjulios/1480 kcalorías. Lulú mediano: 2400 kjulios/575 kcalorías. Pequeño lulú y lulú enano: unos 1100 kjulios/260 kcalorías.
Observaciones sobre la raza: en sentido literal, tiene validez el dicho alemán: «si el spitz ladra, la hacienda está protegida». Hay razas alemanas con nombres indicativos del lugar donde se crían: Mannheimer Spitz (lulú de Mannheim o pequeño lulú negro). Weinbergspitz (Spitz de Weinberg o gran lulú negro de Suabia). El lulú está pasado de moda: así como en la década de los setenta estuvo muy en boga, hoy se encuentra en franco retroceso.
Foto de la izquierda: Izquierda: lulú enano hembra, colores lobunos, 1 1/2 años; derecha: lulú enano de Pomerania, macho, color naranja, 8 meses.
Foto de la derecha: lulú lobo, hembra, gris claro con manchas oscuras, 2 años.

Terrier de Airedale

«El rey de los terrier», es un perro que no se arredra ante nada; se empleó hace algún tiempo para combatir a las nutrias por tierra y agua.

Tamaño, peso: 58 a 61 cm; 22,5 kg. Veloz y bien proporcionado.
Pelaje y color: doble pelaje: capa externa densa y tosca; corta y suave capa lanosa interna. Color avellana claro con «silla» negra o entrecana.
Aspecto externo: expresivo, parece de alambre.
Adecuado para: personas que quieren un perro sin complicaciones, y que además pueda servirle de protección.
No adecuado para: personas quisquillosas o poco estables.
Mantenimiento: necesita una vivienda grande, a ser posible con jardín y muchos paseos y excursiones.
Cuidados: cada 8/12 semanas hay que cardarle el pelo.
Condición como miembro de la familia: el mejor perro familiar; muy cariñoso con los niños. Buen guardián. Es bonachón y casi todo le gusta.
Carácter racial: inteligente y ávido de aprender, agradece la actividad. Gran capacidad de comprensión. Vital y juguetón, incluso de viejo.
Problemas raciales: convive difícilmente con otros perros o animales domésticos.
Enfermedades propias de la raza: propenso a eccemas e hinchazones cutáneas.
Esperanza de vida: alta.
Cantidad de alimento diario: un perro de 20 kg de peso necesita 5250 kjulios/1250 kcalorías.
Observaciones sobre la raza: pertenece a una de las razas reconocidas como «perros de utilidad», puede, por tanto, practicar con él, los deportes usuales de tales perros.
Foto: macho, 3 años.

Dálmata

Un alegre corredor de fondo que sigue llamando la atención por los grandes lunares de su pelaje. Es un perro especialmente «llamativo».

Tamaño, peso: 50 a 61 cm de alto; hasta 25 kg de peso. Musculoso y bien proporcionado.
Pelaje y color: corto, duro, denso, liso y lustroso. Todo blanco, con lunares muy destacados y bien distribuidos en color negro o pardo.
Aspecto externo: excéntrico.
Adecuado para: familias aficionadas al deporte, amantes de montar en bicicleta.
No adecuado para: gente a la que le gustan los perros caseros o que no quiera llamar la atención.
Mantenimiento: vivienda y jardín grandes; muchas salidas.
Cuidados: fácil aseo, pero le gusta mucho la limpieza.
Condición como miembro de la familia: vigilante; no es mordedor, no da ruido; poca pasión por la caza. No quiere apartarse de su dueño más de lo imprescindible.
Carácter racial: sin complicaciones, alegre, fácil de educar. Se adapta muy bien, un poco empalagoso. Gran afición a dar caminatas.
Problemas raciales: necesita un amo psíquicamente equilibrado, y se convierte en su imagen. Reacciona fuertemente a estímulos y discrepancias.
Enfermedades propias de la raza: no suele tener propensión a ninguna en general. Si acaso, a eccemas por alto nivel de ácido úrico, y a cálculos renales.
Esperanza de vida: alta.
Cantidad de alimento diario: un perro de 25 kg de peso necesita 6200 kjulios/1480 kcalorías.
Observaciones sobre la raza: en otros tiempos era un perro de compañía de jinetes y coches de caballos; por su aspecto y sus ganas de aprender, también puede ser un buen perro de circo.
Foto: macho, 6 años.

Schnauzer
Enano, mediano y gigante

Perros vigorosos, en tres tamaños, con cejas y barba bien desarrolladas. Antes se les dedicaba a mantener las cuadras y establos limpias de ratas y acompañaban a los carreteros. El schnauzer gigante (reconocido como raza de utilidad) procede de 'a Alta Baviera.

Tamaño, peso: schnauzer enano: 30 a 35 cm; 8 kg de peso. Schnauzer mediano: 45 a 50 cm; 15 a 18 kg. Schnauzer gigante: 60 a 70 cm; unos 40 kg. Más bien rechoncho que esbelto, en todos sus tamaños.
Pelaje y color: tosco, duro y denso, con su típica barba. Negro total y salpimienta. El schnauzer enano, también puede ser de color plateado negruzco y con marcas blancas.
Aspecto externo: brioso, enérgico, se defiende bien; no necesariamente afectuoso.
Adecuado para: Gentes sencillas que no quieren aparentar más de lo que son, tanto si viven en un apartamento, como en un piso grande o en una casa con jardín (y con niños).
No adecuado para: personas poco decididas y de corazón muy sensible.
Mantenimiento: según el tamaño, se le puede tener en un apartamento, en un piso grande o en una casa con jardín. Todos los schnauzer necesitan salir mucho de paseo; el gigante también necesita estar muy ocupado.
Cuidados: cortar y cardar el pelo regularmente.
Condición como miembro de la familia: muy buen vigilante. Tiene un especial sentido de la propiedad, que en el schnauzer enano se manifiesta en sus ladridos. Juguetón hasta de viejo.
Carácter racial: psíquicamente sensible, pese a su robustez física. Obediencia ligera o mediana. Desconfiado con extraños. Valiente, incluso en su variedad enana.
Problemas raciales: los schnauzer gigantes tienen que estar siempre ocupados, pues de lo contrario pueden surgir dificultades (agresividad latente). El adiestramiento tiene que ser el adecuado y realizado de modo consecuente, puesto que los perros de desarrollo lento suelen ser muy juguetones. A los schnauzer enanos les gusta mucho jugar a creerse los dictadores de la familia.
Enfermedades propias de la raza: poco propenso a enfermar. Algunas familias son propensas a cálculos de la vesícula. En el schnauzer enano suele darse alteración de la articulación de las caderas (no displasia) durante la juventud.
Esperanza de vida: alta; muy alta en el caso del schnauzer enano.
Cantidad de alimento diario: Schnauzer enano: 265 kjulios/640 kcalorías; schnauzer mediano: para un perro de 15 kg de peso, 4200 kjulios/1000 kcalorías; schnauzer gigante: 8800 kjulios/2100 kcalorías.
Observaciones sobre la raza: Emparentado con el pinscher, la denominación de schnauzer se le dio relativamente tarde, teniendo en cuenta la antigüedad de la raza (el nombre de «perro ratero» ya existe desde hace siglos) y fue reconocido oficialmente en la Primera Guerra Mundial.
El schnauzer gigante trabaja como perro policía, en las aduanas, y como perro lazarillo, así como para detectar drogas y materias explosivas. El schnauzer enano (que es un schnauzer gigante a escala reducida), no tiene las carencias propias del enanismo. Se le puede llevar a cualquier sitio y es un extraordinario perro de ciudad.
Foto de la izquierda: schnauzer enano, macho, plateado negruzco, 1 1/2 años.
Foto de la derecha: schnauzer mediano, hembra, salpimienta, 6 años.
Foto página 60: schnauzer gigante, negro.

Caniches
Caniche enano, caniche pequeño y gran caniche

Un perro encantador en tres tamaños; el escritor Peter Scheitlein escribió en el siglo pasado: «El perro más perfecto es el caniche. Tiene carácter propio, es especial, original y genial. Todo en él es psiquis».

Tamaño, peso: caniche pequeño (punto de partida de la raza): 35 a 45 cm de alzada; unos 15 kg de peso. Gran caniche: 45 a 58 cm; hasta 22 kg. Caniche enano: 28 a 35 cm; unos 4 kg. Cuerpo de estructura cuadrada y formas armónicas.
Pelaje y color: espeso, lanoso, áspero y suelto, con su característico peinado. Negro, blanco, gris, pardo intenso, plata y melocotón (casi siempre colores únicos).
Aspecto externo: Es vital y alegre, con una forma de andar propia de un perro orgulloso, elegante e inteligente.
Adecuado para: para personas que estén solas o familias con niños que viven en la ciudad y desean tener un perro que aprenda enseguida y tenga un tamaño apropiado.
No adecuado para: personas de carácter dominante, impaciente o nervioso.
Mantenimiento: necesita un espacio proporcional a su tamaño, desde un apartamento hasta un piso normal. El gran caniche también necesita jardín. Si se le saca a corretear periódicamente y se respeta el horario de paseo, se adapta a cualquier forma de vida; pero no soporta la soledad.
Cuidados: peinar y cepillar a fondo tres veces a la semana. Llevarle al peluquero con periodicidad mayor o menor, según la clase de corte de pelo que se desee.
Condición como miembro de la familia: no se interesa mucho por otros perros; toda su atención se concentra en su familia y procura demostrarnos, una y otra vez, todo lo que ha aprendido. A veces puede resultar latoso, pero el caniche es un perro del que hay que ocuparse constantemente. Buen guardián, sobre todo el gran caniche. Los caniches enanos pueden ladrar demasiado. Los caniches no sueltan pelo.
Carácter racial: amable y tratable. Muy cariñoso, ansioso de relacionarse con personas y de aprender. Siempre alegre y dispuesto a todo. Según el escritor Richard Katz: «En el fondo, el caniche es una mezcla de payaso, ángel y diablo. Pero esos componentes varían mucho de un individuo a otro». Los caniches no sólo son fáciles de educar, sino que también se les puede enseñar a realizar ejercicios artísticos de gran complejidad.
Problemas raciales: prematuro encanecimiento en caniches de color pardo.
Enfermedades propias de la raza: Propensión a las siguientes enfermedades, sobre todo en el caniche enano: tendencia a lamerse las patas de modo nervioso con lo que se arranca los pelos; amigdalitis; cálculos en las vías urinarias; afecciones en los ligamentos, ataques de tipo epiléptico; luxación de menisco en perros jóvenes, dolencia ésta que suele ser frecuente en todos los tipos de caniche y que, en muchos casos, puede ser congénita.
Esperanza de vida: 12 años y más.
Cantidad de alimento diario: el caniche pequeño: 4200 kjulios/1000 kcalorías. El gran caniche: para un perro de 20 kg de peso, 5250 kjulios/1250 kcalorías. Caniche enano: 1655 kjulios/395 kcalorías.
Observaciones sobre la raza: quien desee presentar su caniche en una exposición canina, tendrá que atenerse a los requerimientos que se exigen en el corte de pelo: Corte a «lo león» (corte antiguo o clásico): se deja el pelo corto en los cuartos traseros, las fauces y las patas, dejando «puños» más

largos en las patas delanteras y traseras, un pompón en la punta de la cola, y una melena sobre cabeza y pecho hasta el final del dorso.
Corte a la moda (corte moderno): se deja «calzones» en cuartos traseros y delanteros, un pompón en la cola, pelo largo en cabeza y orejas (foto de arriba). Es el corte más utilizado. A igual calidad del perro, en las exposiciones se da preferencia al esquilado a «lo león» sobre el esquilado moderno. También el caniche de pelo rizado, cuyo pelo suave y lanoso se peina formando rizos de hasta 20 cm de largo, puede presentarse en concursos pero está pasado de moda. Por otra parte, los caniches de pelo rizado necesitan muchos más cuidados y experiencia que sus compañeros de pelo liso.
Consideraciones sobre la raza: ya en el siglo XIII, aparecen en las pinturas perros de aspecto parecido al caniche, que también fueron pintados después por Goya y Rembrandt. En la literatura figuran caniches de dos tamaños diferentes, como en la obra «Historia natural de los animales» de George de Buffon (1749), ya con el corte «a lo león», que no se hacía por razones estéticas puesto que el caniche no era sólo un perro faldero, sino que también se le usaba como perro de recogida en caza acuática. Precisamente el esquilado «a lo león» facilita la natación y el posterior secado.
Hasta 1945, Alemania fue considerada la patria original del caniche, pero luego ese papel le fue asignado a Francia por la FCI, la Federación Cinológica Internacional.
El «boom del caniche», que tuvo lugar a finales del siglo XVIII, se repitió 200 años después, cuando la gente refinada empezó a tenerlos en casa o a decorar sus viviendas con reproducciones en porcelana o plata. En la década de los sesenta, el caniche era el perro de moda por excelencia; el que no podía tener uno vivo, se compraba uno de cerámica o adquiría un paraguas con una cabeza de caniche en el puño o un pañuelo de cabeza que llevara impresa su imagen. Había caniches por todos los sitios. En esa época, el profesor Wilhelm Wegner se refirió al intensivo trabajo de «cosmetización» del caniche enano. Se teñía el pelo del perro cada 4 semanas a juego con el propio color del pelo del dueño estableciendo así una competencia química con los nuevos colores de las crías, como el azul grisáceo, el café con leche o el bicolor. En la actualidad, apenas se llegan a registrar 3000 caniches al año en los libros de crianza: la moda de esta raza ha pasado, al menos por el momento.
Foto izquierda de la página 148: caniche enano, hembra, melocotón, 4 años.
Foto derecha de la página 148: caniche pequeño, hembra, negra.
Foto de la página 149: gran caniche, hembra, blanca, 3 años.

Cócker spaniel
y otros spaniels

«El perro con ojos que nunca mienten» es un perro de caza diligente y vigoroso que se ha convertido en perro de compañía o de familia. El cócker inglés es el spaniel más extendido.

Tamaño, peso: hasta 41 cm de alzada; 12,5 a 14,5 kg de peso. El cócker americano es algo más pequeño (35,5 a 38,1 cm) y ligero de peso. El cócker tiene una estructura física compacta.
Pelaje y color: plano y sedoso, no ondulado. El emplumado no es muy abundante. Color uniforme negro o rojo, negro con señales rojas, blanco y negro, blanco y naranja, blanco y negro con tonos casca, azul abitarrado. El cócker americano tiene un pelaje más abundante, sobre todo en las orejas, y menos ondulado. Ojos muy expresivos. Los mismos colores que el cócker inglés.
Aspecto externo: un perro muy bonito, de elegantes movimientos, y con un cuerpo que tiene la misma medida desde la cruz al suelo que desde la cruz al extremo de la cola. El americano tiene la cabeza más redonda.
Adecuado para: personas a las que les gusten los perros cariñosos y sensibles, que tenga tiempo para cuidarlos y para sacarlos a dar grandes paseos, y que no sean demasiado meticulosas con sus cosas.
No adecuado para: personas que confunden la autoridad con la dureza y que tienen obsesión por los sillones sin mácula.
Mantenimiento: precisa más actividad de lo que se cree: un largo paseo diario, mucho tiempo de dedicación para cuidar el pelaje y para controlar las orejas. Alimentación moderada y consecuente.
Cuidados: hay que peinarlo y cepillarlo diariamente, utilizando un peine especial. De vez en cuando, conviene estirar el pelo y hacer que se lo corte un profesional. Controlar las orejas periódicamente, acudiendo para ello al veterinario alguna que otra vez.
Condición como miembro de la familia: no es muy fiable como perro guardián. En cuanto se excita lo más mínimo se le llena la boca de saliva, lo que no resulta agradable para muchos. Ladra más fuera de casa que dentro de ella. Se aprovecha de cualquier punto débil del amo, por lo que necesita una educación consecuente.
Carácter racial: de juguetón y travieso a cariñoso, afable y sensible. Es, por naturaleza, un incansable perro de caza. Fácil de educar y llevar.
Problemas raciales: los cócker spaniel son muy comilones y dominan el arte de pedir con un encanto y una mirada irresistibles. Por consiguiente, hay que darles una comida no demasiado rica en calorías y es preciso controlar su peso a menudo. Algunos científicos son de la opinión de que el factor genético del color rojo de los cócker va unido a un gene que provoca agresividad. Otros científicos, en cambio, consideran que esa «furia» que suele apoderarse de animales adultos machos de color rojo, y que les incita a morder sin previo aviso, se debe a un comportamiento erróneo por parte del amo. No hay tratamiento alguno contra eso.
Enfermedades propias de la raza: infecciones en las orejas, eccema en los pliegues del labio inferior, afecciones de ligamentos, casos congénitos de glaucoma y propensión a tumores de las glándulas sebáceas y a melanomas.
Esperanza de vida: hasta 16 años.
Cantidad de alimento diario: un perro de 13 kg de peso necesita 4080 kjulios/975 kcalorías.
Observaciones sobre la

raza: si no se emplean para la caza, los spaniel necesitan dar diariamente un paseo de al menos una hora y, una vez a la semana, hacer alguna excursión de mayor duración. Su gran afición a cazar hace que no se le pueda dejar correr libremente, por lo que se aconseja llevarle sujeto con una correa desenrollable automática, lo que le permitirá tener libertad de movimientos dentro de un radio de acción más amplio. En los clubes de spaniel de caza se protegen las siguientes razas: cócker spaniel inglés, spaniel galés, spaniel inglés, spaniel irlandés de aguas, clumber spaniel, spaniel de campo y spaniel de sussex. Todos ellos son perros de muestra especializados, a excepción del cócker.
El spaniel galés, blanco y rojo oscuro intenso, es un perro venteador y cobrador de primera clase.
El spaniel inglés, es especialista en la búsqueda de la presa entre matorrales.
El spaniel irlandés de aguas, con sus ricitos, es un perro de aguas especializado.
El clumber, corpulento y pesado, está especializado en la caza del faisán.
El spaniel de campo, es perfecto para la caza menor.
El Sussex, busca los rastros dando ladridos.
Foto izquierda de la página 150: macho, naranja abigarrado, 5 años, con cachorro de 10 semanas.
Foto derecha de la página 150: 3 spaniels. De izquierda a derecha: macho, naranja abigarrado, 5 años; hembra, parda abigarrada con tonos avellana, 4 años; macho, pardo abigarrado, 4 años.
Foto izquierda de la página 151: hembra, pardos abigarrados con tonos avellana, 2 años.

Spaniel del rey Carlos

Gracioso spaniel de pequeño tamaño con expresivos ojos, stop poco pronunciado y cortas fauces.

Tamaño, peso: hasta 30 cm de alto; 4 a 8 kg de peso. Elegante y vigoroso.
Pelaje y color: largo, sedoso y sin rizos; se permite un ligero ondulado. Blanquinegro con señales rojas. También color castaño sobre fondo blanco perla (Blenheim), rojo negruzco o rojo intenso (Ruby), o Negro y avellana («Black and tan»).
Aspecto externo: muy elegante, con los característicos movimientos de todos los spaniel.
Adecuado para: gente que quiere un spaniel típico, pero «algo más manejable».
No adecuado para: gente que sólo quiera un perro de lujo para adorno sobre el sofá.
Mantenimiento: se adapta a cualquier forma de vida. Disponiendo de sitio suficiente, se pueden tener dos o, como mucho, tres perros.
Cuidados: peinar y cepillar a diario.
Condición como miembro de la familia: fácil de educar; le gustan los largos paseos y, sin embargo, se le puede tener en un piso pequeño. Vivaz y de buen humor. Muy confiado.
Carácter racial: seguro de sí mismo, le gustan mucho los niños (cosa rara tratándose de un perro pequeño) y se lleva bien con otros perros. Buen cazador.
Problemas raciales: Hay que prestar gran atención al cuidado de las orejas y a la lacrimosidad ocular.
Enfermedades propias de la raza: anomalía congénita de los párpados. Luxación de la rodilla. En conjunto, es un animal de salud fuerte.
Esperanza de vida: alta.
Cantidad de alimento diario: un perro de 7 kg de peso necesita 2500 kjulios/590 kcalorías.
Foto: macho, «black and tan», 5 años.

Akita-inu

Este inu (perro) procede del Japón y es el representante más imponente de la familia internacional de los lulús.

Tamaño, peso: 61 a 67 cm; hasta 48 kg de peso. Estable, con mucha sustancia.
Pelaje y color: pelos originarios con capa lanosa interna espesa y suave. Se dan todos los colores, siendo los más frecuentes rojo con mascarilla clara, y pardo rojizo con mascarilla oscura.
Aspecto externo: robusto y un tanto amenazador. Es característica su cola enrollada.
Adecuado para: personas que entiendan algo de perros, que aceptan el fuerte carácter propio del akita, y que quieren tener un perro muy especial.
No adecuado para: personas que dan gran valor a la obediencia y a la sumisión, y que viven en una zona frecuentada por muchos perros.
Mantenimiento: necesita mucha paciencia y cariño. Desea trabajar y mantenerse activo.
Cuidados: fácil aseo.
Condición como miembro de la familia: es obediente y siente gran apego a la familia. Tranquilo, equilibrado, valiente y sin miedo a nada. Más bien indiferente con los extraños. Vigilante.
Carácter racial: no se deja doblegar y no le gustan los perros que no se le someten inmediatamente.
Problemas raciales: puede resultar de temperamento excesivo.
Enfermedades propias de la raza: displasia de la articulación de las caderas. Caries. No compre perros en el Japón si no está presente un experto.
Esperanza de vida: no consta.
Cantidad de alimento diario: para un perro de 45 kg de peso, unos 9500 kjulios/2260 kcalorías.
Foto: macho, rojo con mascarilla clara, 7 1/2 meses.

Husky siberiano

El perro de trineo más apreciado del mundo, pero es sólo para especialistas. Muy manso y fuerte.

Tamaño, peso: hasta 59 cm de alto; hasta 27 kg de peso. Es ágil y ligero de pies.
Pelaje y color: plano, en una sola dirección y semilargo. Capa externa sobre suave lanosidad interna. Del blanco puro al negro, siendo lo más frecuente blanquinegro y gris.
Aspecto externo: Un lobo de ojos castaños, azules o cada uno de un color.
Adecuado para: deportistas de invierno apasionados, que conduzcan trineos.
No adecuado para: gente comodona e inactiva.
Mantenimiento: necesita relativamente poco espacio, pero mucha libertad de movimientos fuera de casa. Le gusta arrastrar y, a ser posible, vivir en manada.
Cuidados: en la época de la muda peinar a fondo con peine de acero.
Condición como miembro de la familia: sin agresividad hacia las personas. Cariñoso, asequible, pero muy testarudo. Necesita una persona que le obligue.
Carácter racial: su ansia de independencia y su necesidad de correr son tan grandes, que no puede ser considerado propiamente como un perro de compañía. Dentro de una manada, los perros se entretienen intensamente entre ellos y liberan sus energías.
Problemas raciales: si el husky no puede tirar de algo, empieza a ir de un lado a otro, y eso puede ser peligroso.
Enfermedades propias de la raza: animal robusto. Tiene propensión a ectopías de las vías urinarias.
Esperanza de vida: no consta.
Cantidad de alimento diario: un perro de 25 kg de peso necesita 6200 kjulios/1480 kcalorías.
Foto: hembra, blanco-gris, 7 años.

Sabueso («beagle»)

Un alegre perro de jauría y cazador de liebres; tan manso como testarudo. Cuerpo vigoroso de elegante perfil. Por su tamaño «manejable», puede recomendarse como perro de familia para vivir en un piso.

Tamaño, peso: alzada no inferior a 33 cm y no superior a 41 cm; entre 10 y 18 kg. Esta raza se caracteriza por su buen humor.
Pelaje y color: corto, denso, fuerte, cola bien poblada de pelo grueso y siempre blanca en la punta. Todos los colores auténticos de los perros sabuesos, nunca color chocolate. El tricolor es el más frecuente: sobre fondo blanco, placas negras y color pardo a rojo, o bicolor como «Tan and White» o «Lemon and White» (rojo sobre fondo blanco).
Aspecto externo: mirada apacible en un rostro liso característico, en el que dominan las puntas del espéculo nasal. Se nota claramente que es un excelente rastreador.
Adecuado para: gente a la que le guste moverse y desee tener en cada casa un perro de gran vitalidad, que resulte manejable para los niños.
No adecuado para: quienes consideren que la cualidad esencial de un perro debe ser su dureza.
Mantenimiento: necesita vivir en sociedad con las personas, y siente más apego a la familia en conjunto (jauría) que a una persona. Hay que sacarle de paseo con regularidad, a ser posible junto a la bicicleta, siempre sujeto con una larga correa.
Cuidados: fácil aseo (para el cuidado del pelaje utilizar guantes de goma con rugosidades).
Condición como miembro de la familia: agradable, apenas ladra, se lleva bien con todo el mundo, amable. No es precisamente un buen vigilante. Su instinto de grupo es tan fuerte que se alegra ante cualquier visita. El intruso que entra en casa es considerado por él como una visita más.
Le gusta jugar, y suele ser un perro muy amigo de los niños.
Carácter racial: sociable (le gusta convivir con otros perros); siente gran apego hacia las personas y es amigo de que le hagan carantoñas. Es muy suyo, pero no agresivo o fogoso. Procura eludir la obligación de obedecer. Dueño de sí mismo e independiente.
Problemas raciales: aunque salga de paseo suficientemente, siempre tenderá a ventear y a seguir rastros en cuanto pueda escapar al control de su amo. Su educación no está exenta de problemas, pues, pese a ser tan tratable, tiene un carácter muy personal. Entre los sabuesos, la mayor parte de los accidentes mortales son causados por atropello.
Enfermedades propias de la raza: perro robusto; no consta que tenga especial predisposición a alguna enfermedad en concreto. Es la raza más utilizada como animal de ensayo en laboratorio.
Esperanza de vida: 12 años.
Cantidad de alimento diario: para un perro de 15 kg de peso, 4200 kjulios/1000 kcalorías.
Observaciones sobre la raza: desde siempre, ha sido empleado como cazador de liebres tanto en jauría o como rastreador solitario. Tiene necesidad de correr desaforadamente. En las cacerías de rastreo se utilizan principalmente jaurías de «beagles».
Foto: a la izquierda, hembra, tricolor, 6 años; a la derecha, hembra, tricolor con motas, 10 años.

Bullterrier

No es del agrado de todo el mundo este musculoso perro, con su larga y robusta cabeza y la inescrutable expresión de su cara. Su carácter oscila entre el de un «gladiador» y el de un «caballero andante».

Tamaño, peso: unos 54 cm de alzada; un máximo de 23 a 28 kg de peso. No debe estar gordo, pero tampoco ha de verse su musculatura.
Pelaje y color: corto, liso y lustroso, duro al tacto. Blanco puro con marca en la cabeza (monóculo); listado o rojo, pajizo o tricolor.
Aspecto externo: todo un paquete de músculos. Los legos suelen comparar al bullterrier con un lechón por su piel blanca y sonrosada.
Adecuado para: gente que sabe tratar con perros, una familia con espacio más o menos grande y en la cual haya al menos una persona que tenga tiempo.
No adecuado para: Personas corrientes y con un sentido burgués de la belleza.
Mantenimiento: necesita mucho cariño, que devuelve con creces. Mucho espacio para que pueda moverse con soltura; un jardín cercado con una alta valla o una perrera donde mantenerle algunas horas; aunque si es preciso podría ocupar un espacio reducido; edúquele consecuentemente a base de mucha paciencia.
Cuidados: fácil aseo.
Condición como miembro de la familia: protector y guardián seguro. No es demasiado ruidoso. Juega con los niños durante toda su vida. Es un auténtico miembro de la familia. El cariño que siente por su gente llega casi a la adoración.
Carácter racial: tiene una gran fuerza de voluntad que raya en la testarudez, pero es fácil de conducir si se tiene mano izquierda, y acaba por someterse a su dueño. No es pendenciero, pero es un invencible luchador si otro perro le ataca. Insensible al dolor. Tiene capacidad para diferenciar perfectamente al perro grande del pequeño, al fuerte del débil. Lo mismo da largos paseos que se pasa horas holgazaneando.
Problemas raciales: puede ser celoso. Es absolutamente inconsciente de los peligros que puede correr con el tráfico ciudadano. Los hermanos de camada, del mismo sexo, casi nunca se llevan bien entre sí. Si se le educa intencionadamente para hacerle agresivo, puede resultar muy peligroso.
Enfermedades propias de la raza: es sensible a enfriamientos (nefritis) y catarros. Ceguera en el bullterrier blanco. Estrechamiento de las válvulas cardíacas (estenosis pulmonar).
Esperanza de vida: alta, unos 14 años.
Cantidad de alimento diario: para un perro de 25 kg de peso, 6200 kjulios/1480 kcalorías.
Observaciones sobre la raza: en el siglo pasado, fue criado exclusivamente para luchar contra toros (de aquí su nombre) y contra otros perros. Se caracteriza por su fiereza, agilidad y valentía. Esa característica hereditaria sigue fascinando, aún hoy en día a mucha gente, que ve en el bullterrier un «arma» contundente para la que no necesita licencia. Por eso el bullterrier, que se ha convertido en un pacífico perro, tenga que estar sólo en manos de personas honestas y con fuerte carácter.
Foto de la izquierda: hembras. La de la izquierda, rojo con blanco, 5 años; la de la derecha, dorado listado con manchas, 4 años.
Foto de la derecha: macho, blanco con señales negras, 1 año.

Foxterrier
de pelo duro y de pelo liso

Este perro es todo un torbellino, con la naturaleza de un buen caballo de caza. Siempre está dispuesto y en su sitio; le gusta pelearse; es elegante, osado y emprendedor. Muy inteligente y un extraordinario camarada para la aventura.

Tamaño, peso: no más de 39,4 cm de alto; unos 8 kg de peso. Siempre en tensión, como un muelle de acero.
Pelaje y color: el foxterrier de pelo liso tiene el pelo duro, espeso y abundante; mayormente blanco con manchas color negro o pardo y lucero en la cabeza. El de pelo duro: rizoso y apretado, tan denso y alambrino como la capa fibrosa que cubre la cáscara de los cocos. Cuesta trabajo separar el pelo con los dedos hasta llegar a la piel. La capa lanosa interna es suave. Los colores son los mismos del foxterrier de pelo liso.
Aspecto externo: despierto, siempre atento, de una gran astucia y lleno de energía.
Adecuado para: gente alegre, con niños o sin ellos, que no pierdan los nervios fácilmente.
No adecuado para: personas pusilánimes, inseguras y nerviosas o inconsecuentes.
Mantenimiento: necesita más espacio de lo que su tamaño parece exigir: una vivienda de tamaño mediano y a ser posible con jardín. Necesita programas ocupacionales, juegos y grandes paseos, preferiblemente atado a la correa.
Cuidados: el de pelo liso resulta de fácil aseo. Al de pelo duro hay que arreglarle cuatro veces al año con maquinilla, tijeras, navaja y cardador. Quien no tenga «mano de escultor» es mejor que lleve el perro al peluquero canino.
Condición como miembro de la familia: buen guardián, muy temperamental pero puede resultar ruidoso. Es un perro incansable con los niños. No crea problemas al llevarle en coche, del que es un buen guardián.
Carácter racial: inteligente, se aprovecha de las debilidades de los demás. Carácter firme y decidido, activo, pero no sin descanso. Puede permanecer inmóvil durante horas ante la guarida de una rata. Es muy recomendable darle una educación esmerada y consecuente. Es un perro alegre y que da alegría a los demás.
Problemas raciales: tiende a retraerse por celos. Puede volverse pendenciero fácilmente. Determinados sistemas de adiestramiento pueden hacer de él un animal extremadamente nervioso. Se lleva mal con otros perros, incluso con los de su misma raza.
Enfermedades propias de la raza: suele padecer de cálculos biliares, glaucoma y diabetes senil. Pero la mayoría de las veces que se lleva el foxterrier al veterinario es para curarle heridas ocasionadas por peleas.
Esperanza de vida: 12 a 14 años.
Cantidad de alimento diario: para un perro de 7.5 kg de peso, 2500 kjulios/600 kcalorías.
Observaciones sobre la raza: a principios del siglo XIX, eran perros cazadores de zorros empleados en las monterías. A partir de 1860, los foxterrier de pelo liso se incluyeron en las cacerías a caballo a la inglesa realizadas en todo el continente. En los años veinte y treinta, el foxterrier de pelo duro se convirtió en el perro de moda, lo que no benefició a la raza en modo alguno. En 1949, se registraron en Alemania 10000 camadas, luego decayó el interés por esa raza, pero volvió a ascender después. En 1989 había inscritos 1656 perros. El foxterrier de pelo liso es bastante más raro que el de pelo duro.
Foto: izquierda, foxterrier de pelo duro, hembra, blanca con manchas pardas y negras, 1 1/2 años; derecha, foxterrier de pelo liso, macho, pardo y blanco, 2 años.

Bulldog inglés

La antigua raza de perros de pelea se ha convertido en uno de los perros familiares más apreciado. Un perro inconfundible, con cabeza poderosa y ancho cuerpo.

Tamaño, peso: no está nada prescrito referente a la altura (unos 40 cm), el peso ideal es de 24 kg. Un bondadoso manojo de fuerza.
Pelaje y color: denso, corto y suave. Blanco, rojizo, amarillo rojizo, amarillo-claro o listado. El color claro es más importante que la tonalidad. Sólo el negro aparece salpicado de manchas.
Aspecto externo: entre grotesco y gruñón-amenazante. No es un perro para todo el mundo.
Adecuado para: familias con niños y de gusto especial. Para individualistas capaces de aceptar que también un perro puede tener personalidad propia
No adecuado para: deportistas o personas que quieren un perro obediente al máximo.
Mantenimiento: no es muy amigo de largos paseos; tampoco es tan sensible al calor como suele decirse. Necesita que su dueño se dedique a él con cariño, cariño que devuelve con creces. Se le puede tener en un piso pequeño.
Cuidados: fácil de cuidar, si se exceptúa la meticulosa limpieza periódica de los pliegues de la piel.
Condición como miembro de la familia: buen talante, paciente, se pone nervioso en muy raras ocasiones; insobornable. Con un alto nivel de resistencia a la excitación. Hay que molestarle extremadamente para que se enfade. Cuando muerde (y defiende a su familia con gran vehemencia), sólo suelta a su presa cuando su adversario está «fuera de combate». Esto ha dado lugar a que se le llame vulgarmente «perro de presa».
Carácter racial: se le valora como un perro activo, con la elegancia arrolladora de los gordos. No debe ser agresivo. Es muy testarudo, por lo que incluso una educación consecuente no suele dar demasiados frutos. Su personalidad es tan fuerte que hace que sus dueños se conviertan en «fans» absolutos del bulldog. Se interesa más por sus dueños que por otros perros.
Problemas raciales: al respirar, resuella de manera muy audible. Su aparato digestivo funciona muy bien; no es, pues, un perro para personas de olfato muy sensible. Préstele atención y limpie los dobleces de la piel con regularidad.
Enfermedades propias de la raza: problemas respiratorios y aversión a la cubrición. A causa de la relativa anchura de cabeza de los cachorros, suele ser necesario hacer la cesárea a las hembras. En conjunto es un perro robusto sin trastornos físicos.
Esperanza de vida: mediana.
Cantidad de alimento diario: para un perro de 24 kg de peso, 6000 kjulios/1430 kcalorías.
Observaciones sobre la raza: eficaz y famoso como perro de luchar contra toros, osos y alimañas. Algunos perros llegaron a ser tan populares como pueden serlo actualmente las estrellas del fútbol. Es el perro nacional de Inglaterra y simboliza lo que los ingleses consideran atributos de su raza: valor, resistencia y flema. Durante algún tiempo, en Francia, se prohibió que sus dueños los sacaran a la calle «por sanguinario». En el resto de los países europeos es una raza poco común. En Alemania, por ejemplo, sólo se inscriben unos 74 ejemplares al año.
Foto: macho, listado oscuro con mancha blanca, 3 años.

Bulldogs franceses
Bully

Perros caseros franceses con un toque especial. No se arredran ante nada y siempre buscan un estrecho contacto con su gente.

Tamaño, peso: hasta 30 cm de alto; hasta 12 kg de peso. Rechoncho y vigoroso.
Pelaje y color: corto, denso y lustroso; va desde blanco a negro; también listado.
Aspecto externo: serio y peligroso; «ríe», pero con el cuerpo. Inconfundible.
Adecuado para: personas que vivan en un piso alto de una casa de varias plantas sin ascensor.
No adecuado para: personas que desean tener un perro manejable de la familia de los dogos.
Mantenimiento: se adapta a cualquier forma de vida.
Cuidados: fácil aseo.
Condición como miembro de la familia: muy apegado a las personas; capta todos los estados de ánimo. No se arredra por nada; es un guardián valiente y fuerte, que no ladra si no es necesario.
Carácter racial: un perro alegre y jovial, pero siempre con dignidad. Personalidad muy marcada; no se somete fácilmente.
Problemas raciales: sensible al exceso de calor. Respira ruidosamente. Bien dispuesto para la cubrición, con tendencia a partos difíciles, lo que imposibilita la crianza masiva de esta raza.
Enfermedades propias de la raza: deformación de vértebras pero sin consecuencias patológicas. También se dan casos de prolapsos de ligamentos.
Esperanza de vida: mediana.
Cantidad de alimento diario: para un perro de 10 kg de peso, 3100 kjulios/740 kcalorías.
Observaciones sobre la raza: tal bulldog surgió en Francia, en 1880, como cruce de terriers y mops.
Foto: macho, manchado, 2 años.

Mops

El más pequeño de los molosos, es un perro enano robusto y proporcionado, de aspecto muy particular.

Tamaño, peso: hasta 32 cm de alto; hasta 8 kg de peso.
Pelaje y color: corto, lustroso; gris plata a melocotón, con mascarilla negro intenso y listón en el dorso.
Aspecto externo: algo huraño, con grandes ojos y mirada apacible. Inconfundible.
Adecuado para: principiantes que quieran un perro tranquilo y sin complicaciones y que, además, tenga cabida en un piso pequeño.
No adecuado para: gente convencional que en realidad sueña con tener un perro pastor.
Mantenimiento: mucho cariño y pocos paseos.
Cuidados: fácil aseo.
Condición como miembro de la familia: agradable. No es ni nervioso, ni apático. Nada ladrador. Buen guardián. Muy afectuoso.
Carácter racial: amable, juguetón, reposado, alegre. A veces flemático, y con una gran inteligencia.
Problemas raciales: al respirar, resuella de manera muy audible. Tiende a engordar demasiado con facilidad. Hay que limpiar habitualmente los pliegues de la piel para que no se le formen eccemas.
Enfermedades propias de la raza: peligro de inflamaciones de córnea (*queratitis*) o de tumores de córnea (*Ulkus Corneae* o queratomas). Propenso a los resfriados. Por lo demás, es un perro robusto.
Esperanza de vida: hasta 15 años.
Cantidad de alimento diario: 2500 kjulios/600 kcalorías.
Foto: hembra, gris roca, 4 años.

Basset

Este perro de varios colores, al que pueden acariciar tres niños a la vez (vulgarmente se le conoce por «perro salchicha»), lleva siempre las orejas y la nariz pegadas al suelo. Largo, pero de piernas cortas, fuerte de huesos y con poderosas patas; mirada que parece cargada de preocupaciones: no está hecho para gusto de todos, aunque sus «fans» le adoran: yo convivo con bassets desde hace un cuarto de siglo.

Tamaño, peso: 33 a 38 cm de alto; unos 30 kg de peso. Tiene que ser musculoso y fuerte.
Pelaje y color: liso, corto, denso, más bien ordinario. De tres colores: blanco, negro y rojo o blanco, negro y blanco limón; bicolor: blanco y rojo. Pero los hay de todos los colores propios de los perros de caza y se aceptan como propios de la raza.
Aspecto externo: inconfundible. A los legos les causa extrañeza. les parece un dachshund gigante. Tiene una ligera forma de moverse, característica en él.
Adecuado para: gente fuerte, con buenos nervios, y un sentido especial para la testarudez a ultranza.
No adecuado para: quienes prefieren las formas corpóreas clásicas, quienes son físicamente débiles, para las personas de avanzada edad y para fanáticos de la limpieza y de la obediencia.
Mantenimiento: desde una vivienda normal para arriba. Por lo menos una hora diaria de paseo (además de las salidas habituales). Como es un perro de jauría no le agrada quedarse solo.
Cuidados: fácil de asear, pero hay que limpiar cuidadosamente y muy a menudo ojos y orejas.
Condición como miembro de la familia: tratable. No sirve como perro guardián, aunque mete mucho ruido. Consciente de sí mismo, determinante y testarudo.
Carácter racial: una extraña mezcla de pereza y vivacidad. Equilibrado psíquicamente, tesonero e indolente. En términos generales, es un perro afable. Pero hay perros machos muy dominantes, y hasta algunas hembras. Se le puede tener con un segundo perro.
Problemas raciales: es difícil de educar, puede ser muy tozudo. Sus altisonantes ladridos se oyen desde muy lejos. Cuando se pone a seguir un rastro, resulta casi imposible sujetarle con la correa.
Enfermedades propias de la raza: en ciertas ramas genéticas, los machos heredan la propensión a cálculos biliares. En las hembras tendencia a la maternidad aparente con gran producción láctea. Los machos tienden a la hipersexualidad. El ectropión (inversión del párpado inferior) sigue siendo, por desgracia, una exigencia los requisitos de las normas de la raza, que considera una meta, conseguir «que se vea el rojo del párpado inferior». Pese a lo largo de su línea dorsal (que parece más larga por lo corto de las patas), no tiene problemas de ligamentos.
Esperanza de vida: unos 12 años.
Cantidad de alimento diario: para un perro de 30 kg de peso, 7100 kjulios/1700 kcalorías aproximadamente.
Observaciones sobre la raza: por naturaleza, un perro de muestra que caza en jauría. Es uno de los mejores rastreadores, incluso en los terrenos más difíciles. Resistente como ningún otro perro, sorprende por la velocidad de sus movimientos. El empuje que imprimen sus patas traseras es extraordinario. Hace tiempo que pasó su época de perro de moda. En aquel entonces, en la década de los setenta, había una gran cantidad de bassets muy nerviosos.
Foto: macho, 3 años.

Briard
Pastor de Brie

«Corazón cubierto de pelo» se llama en su patria francesa a este pastor convertido en perro familiar.

Tamaño, peso: hasta 68 cm de alto; hasta 30 kg de peso. Musculoso y bien proporcionado.
Pelaje y color: denso, largo, «que cruja entre los dedos». Todos los colores excepto el blanco, siendo preferidos los colores oscuros.
Aspecto externo: causa sensación por su pelo de chivo y la caída de sus ojos.
Adecuado para: gente que entienda algo de perros, comprensiva y consecuente en sus gustos.
No adecuado para: todos los demás, principiantes o gente cómoda.
Mantenimiento: no es un perro para tenerle fuera en la perrera, pero tampoco para estar en un piso. Necesita bastante actividad.
Cuidados: peinarlo y cepillarlo regularmente. Lavarlo de vez en cuando.
Condición como miembro de la familia: perro muy duro con corazón muy blando. Ama a su gente por encima de todo. Odia estar solo. Es un buen perro para niños.
Carácter racial: vivaracho y despierto. Inteligente. Muy temperamental.
Problemas raciales: en caso de no proporcionarle suficiente ocupación, se la busca él mismo, y los resultados no siempre son agradables. Le gusta el mal tiempo y es normal que entre en casa, lógicamente, sucio y mojado.
Enfermedades propias de la raza: muy sano. Libre de neurosis y de displasia de la articulación de las caderas. No consta que padezca enfermedades concretas.
Esperanza de vida: alta.
Cantidad de alimento diario: para un perro de 30 kg de peso, 7100 kjulios/1700 kcalorías.
Foto: hembra, leonada, 4 años.

Pastor de los Pirineos
Berger des Pyrénées

No es muy grande ni muy pesado, pero su energía es superlativa. Es una raza más bien rara.

Tamaño, peso: entre 38 y 48 cm; 8 a 12 kg de peso. El de pelo corto es algo más grande.
Pelaje y color: una mezcla de pelo de chivo y lana de oveja. Siempre denso, tanto si es largo como si es semilargo, y peinado a contraviento. El «standard» racial permite los colores, excepto el blanco.
Aspecto externo: la expresión de astucia, espectación y vivacidad de su cara son incomparables.
Adecuado para: gente muy consecuente que desee tener un perro tranquilo en casa y un corredor temperamental fuera de ella.
No adecuado para: personas inconsecuentes e indecisas.
Mantenimiento: tiene necesidad de mucho movimiento.
Cuidados: sin complicaciones.
Condición como miembro de la familia: muy vigilante, defiende todo lo que sea suyo. Desconfía de los extraños, muy cariñoso con los niños, afectuoso.
Carácter racial: sana agresividad, dentro de sus justos términos, impetuoso y apasionado; independiente, consciente de sí mismo. Las hembras tienden a hacer carantoñas.
Problemas raciales: no hay que hacerle enfadar pues resulta peligroso.
Enfermedades propias de la raza: muy sano. No constan enfermedades especiales.
Esperanza de vida: llega a muy viejo.
Cantidad de alimento diario: para un perro de 10 kg de peso, 3100 kjulios/740 kcalorías.
Observaciones sobre la raza: no sólo sirve como perro guardián, sino también como perro de arrastre y salvavidas en casos de aludes de nieve.
Foto: izquierda, macho, fauve (leonado), 2 años; derecha, macho, arlequinado, 4 años.

Teckel
De pelo áspero, de pelo corto, de pelo largo

De todas las razas caninas, el teckel es uno de los más conocidos: su aspecto y su nombre resulta familiar para casi todo el mundo. En cada uno de los tres mantos distintos hay en tres clases de tamaños: 1) tamaño normal. 2) enano y 3) el teckel conejero.

Tamaño, peso: se mide por el perímetro torácico. Normal: de 35 cm a 45 cm como máximo (alzada hasta 27 cm), 5 a 9 kg; enano: hasta 35 cm (alzada según los casos), 4 kg; tipo conejero: hasta 30 cm, hasta 3,5 kg.
Pelaje y color: de pelo largo (el preferido por el 50% de lo poseedores de este tipo de perros): suelto, sedoso, con penacho en la cola como una bandera; monocolor rojo, o bicolor negro y marrón. De pelo duro: (preferido por el 40%, en segundo lugar): pelo duro como alambre, con capa lanosa interna, barba y cejas pobladas. Todos los colores, pero especialmente colores sucios. Pelo corto (preferido por un 10% y relativamente raro): corto, denso, lustroso. Rojo monocolor o bicolor negro y pardo.
Aspecto externo: perros bien proporcionados, vigorosos al máximo, con cortas patas, cuerpo alargado y cabeza en posición altanera y provocativa.
Adecuado para: personas que vivan en la ciudad o en el campo, que tengan un piso pequeño o grande. Es decir para todo el mundo.
No adecuado para: Gente inconsecuente, que no valora la firmeza de carácter en los perros.
Mantenimiento: Lo mismo da que esté muy ocupado y tenga gran actividad como lo contrario. Tampoco tiene mayor importancia el tamaño de la vivienda, pero no debe ser más alto que un segundo piso si no hay ascensor (→ «Problemas propios de la raza»). Los teckel son verdaderos maestros en hacerse los desentendidos cuando se les llama; pero como es un perro de muestra se le puede educar para que obedezca.
Cuidados: peinarlo y cepillarlo regularmente si se trata de un ejemplar de pelo largo. En general, su aseo resulta fácil. Al de pelo áspero no es necesario arreglarle el pelo ni cortárselo.
Condición como miembro de la familia: si se les educa adecuadamente, estos perros superan a la fama que les acompaña. Si no, pueden erigirse en tiranos de la familia. Buenos vigilantes aunque muy ruidosos.
Carácter racial: un perro duro, inquieto y de gran vitalidad. Valiente, con un alto sentido de su propio valor; personalidad muy marcada. Los hay con temperamentos para todos los gustos. Criados masivamente (lo cual es frecuente), se vuelven medrosos e histéricos.
Problemas raciales: subir y, sobre todo, bajar las escaleras no es bueno para los perros jóvenes, que pueden llegar a padecer de la espalda. Una educación inadecuada puede convertirle en animal pendenciero, siempre metido en peleas contra perros más grandes. Hay algunos tan osados (sobre todo entre los de pelo áspero) que no saben darse cuenta de que no pueden estar a la altura de un bóxer o de un pastor alemán.
Enfermedades propias de la raza: el llamado entumecimiento del teckel es un mal que pueden padecer esos perros como consecuencia de lo largo de su línea dorsal que oprime los nervios, lo que puede conducir a la parálisis. Ese entumecimiento puede ir desde el reuma al prolapso de ligamentos y acabar en el anquilosamiento de la columna vertebral. El entumecimiento del teckel suele aparecer en animales de 4 a 5 años de edad pero, una vez curado, desaparece para siempre. De ahí la importancia de acudir al veterinario tan pronto como se observen los primeros

síntomas de perturbación de la movilidad de los cuartos traseros. Un tratamiento inmediato es el mejor remedio. Por lo demás, cuanto más fuerte sea la constitución del perro y mayor proporción exista entre altura y longitud, tanto menor será el riesgo de que contraiga esas enfermedades. Los machos son propensos a los cálculos de las vías urinarias (cistitis), mientras que los teckel de pelo corto lo son a la demodicitis o sarna folicular. Los de pelo largo rojo suelen presentar en ocasiones un afán desordenado de morder y de defenderse (→ furia de cócker). Los dachshunds viejos y gordos pueden padecer diabetes.

Esperanza de vida: 12 a 14 años.

Cantidad de alimento diario: para un perro de 7,5 kg de peso, 2500 kjulios/600 kcalorías.

Observaciones sobre la raza: En algunos países se llama dachshund a esta raza. En Alemania, la asociación que lleva su registro se llama «Deutsche Teckelclub» (Club alemán del Teckel). Pero los «teutschen Dächsel» (Dachshunds teutones) ya aparecieron en los libros de caza del siglo XVI y en la Historia natural de Konrad Gessner (1551) como «Dachshund de pelo corto», los «Dachshund de pelo áspero» son mencionados por primera vez en 1811 por el escritor de libros de caza Carl Emil Hartig. Aunque su observación «...pero no suelen ser tan cortos de patas y tan inclinados como los de pelo liso...» parece indicar que existieron cruces con terriers. Probablemente se tratara del terrier escocés «Dandie Dinmont», un perro de aspecto muy peculiar, robusto y nada parecido al teckel, con un mechón de pelos suaves en lo alto de la cabeza. Como es frecuente en él el color salpimienta, el teckel de pelo duro ha heredado de él su color sucio.

Los teckel de pelo largo aparecen en la literatura mucho más tarde. En el libro «Niederjagd» (Caza menor) de Carl Emil Diezels, en 1880, se presenta al dachshund de pelo largo, patas zambas y gran corredor, como un perro venteador útil. Escribe Diezel: «Sin duda alguna, el dachshund es el representante más encantador de la especie canina. Extraordinariamente fiel, cariñoso y solícito, además de inteligente y capaz de aprender con facilidad. En casa se comporta correctamente y es muy limpio. En la finca es un guardián fiel, fiable y siempre alerta. Para el cazador es un acompañante insustituible. Es, en cierto modo, un perro universal». Las patas zambas fueron durante un corto tiempo el ideal de belleza del teckel y lo que le ha hecho popular. Ni siquiera las revistas de humor prescindieron de él.

En «Fliegenden Blätter», A. Roesler estuvo publicando cada semana y durante años un chiste sobre los dachshunds. En el primer libro sobre este perro, aparecido en 1885 y titulado: «El Dachshund, su historia, cría, adiestramiento, utilidad, además de un tratado de estética», su autor R. Corneli opina: «Todo guarda forestal con un distrito a su cargo, debería tener una parejita de teckels».

Foto izquierda de la página 160: teckel de pelo áspero, macho, colores sucios, 6 años.

Foto derecha de la página 160: teckel de pelo corto, hembra, rojo y negro, 2 años.

Foto de arriba: teckel de pelo largo, macho, rojo con capa externa, 2 años.

Basenji

Procede de una raza centroafricana antiquísima que nunca ha sido cruzada con sangre extraña. Un perro elegante, llamativo y poco ladrador.

Tamaño, peso: 40 a 43 cm de alto; hasta 12 kg de peso.
Pelaje y color: corto y sedoso, piel elástica. Rojo zorruno, negro total o negro con tonos avellana; las patas, el pecho y el extremo de la cola siempre blancos.
Aspecto externo: andar ligero; orejas tiesas, pequeñas y puntiagudas; cola enroscada sobre el lomo. Un perro exótico.
Adecuado para: personas con gusto para lo especial y que sepan valorar un perro cariñoso, fuera de lo corriente y limpio.
No adecuado para: gente que quiera pasar inadvertida.
Mantenimiento: lo mejor es mantenerle en grupos de dos o tres; no suelen pelearse entre ellos. Necesita espacio y movimiento.
Cuidados: fácil aseo.
Condición como miembro de la familia: es un perro ideal para tener en una vivienda grande: no da olor, se limpia como un gato; no ladra, sino que «canta a la tirolesa». Muy alegre y cariñoso.
Carácter racial: muy atento a todo; sociable. Gran inteligencia; muy cariñoso. No siempre es obediente.
Problemas raciales: sabe cómo imponerse y salirse con la suya, más por su amabilidad que por su tozudez.
Enfermedades propias de la raza: anemia congénita, aunque se puede curar.
Esperanza de vida: unos 12 años.
Cantidad de alimento diario: para un perro de 10 kg de peso, 3100 kjulios/740 kcalorías.
Foto: hembra, roja y blanca. Año y medio de edad.

Kromfohrländer

Esta raza alemana, la más reciente de todas, procede del cruce de un foxterrier de pelo duro y un griffón bretón. De ahí su temperamento y su carácter.

Tamaño, peso: 38 a 46 cm de alzada; 12 a 14 kg de peso según tamaños.
Pelaje y color: denso con capa lanosa interna, dos clases: pelo áspero de distintos largos, pelo originario. Blanco con manchas color pardo.
Aspecto externo: los legos le consideran un mestizo.
Adecuado para: personas con vivienda pequeña que no temen al temperamento.
No adecuado para: gente que pretende adornarse con un perro de raza fácilmente reconocible.
Mantenimiento: necesita estar mucho tiempo fuera, sin que ello suponga problema alguno, dada su escasa pasión por la caza.
Cuidados: fácil aseo, pues su pelaje repele la suciedad.
Condición como miembro de la familia: es muy cariñoso y le gusta mucho jugar. Un buen perro para niños. Educación sin problemas, aprende rápido y bien.
Carácter racial: despierto, vital e inteligente; receloso hacia los extraños. Nunca histérico.
Problemas raciales: demasiado temperamental para una vivienda pequeña.
Enfermedades propias de la raza: perro muy robusto y resistente. No se conocen enfermedades características.
Esperanza de vida: muy alta (16 años y más).
Cantidad de alimento diario: para un perro de 13 kg de peso, 3940 kjulios/940 kcalorías.
Observaciones sobre la raza: el nombre le viene de su lugar de origen, en el distrito de Siegen: «Krumere Fursche» = surco tortuoso, que en el dialecto local se pronuncia «krom-fohr».
Foto: hembra, blanco con manchas, 3 años.

Terrier de West Highland
Westie

Pequeña raza de perro de muestra procedente de Escocia, robusto, vigoroso y no corrompido. Actualmente de perro de moda está pasando a convertirse en un perro faldero.

Tamaño, peso: 20 cm de alzada; 8 a 10 kg de peso. Cuerpo compacto.
Pelaje y color: pelo áspero formado por una dura capa externa y una densa, corta, suave y consistente capa lanosa interna. Absolutamente blanco sin tonos amarillentos.
Aspecto externo: pícaro y osado con cara de ángel, orejas cortas y fauces no muy largas.
Adecuado para: amigos de un encantador «gran perro» de tamaño pequeño, que quieran y puedan dedicarle mucho tiempo.
No adecuado para: gente que sólo quiere ir a la moda y no pretende más que tener un perrito mono y elegante para darse importancia.
Mantenimiento: necesita salir bastante, mucha dedicación, pero también una educación consecuente. Su temperamento sólo se puede moderar con mucha actividad e incluso por medio de un «trabajo» adecuado. Muy ansioso de aprender y dispuesto para las habilidades. Tiene que desfogarse una vez al día.
Cuidados: peinarlo y cepillarlo a fondo todos los días; arreglarle el pelo cada 3 meses. Pero no debe parecer demasiado cuidado.
Condición como miembro de la familia: un perro muy alegre y gran amigo de los niños, un verdadero camarada. No es ladrador. Buen guardián, con dentadura asombrosamente fuerte.
Carácter racial: muy altivo respecto a otros perros, y de gran robustez. Nada pendenciero. Cautiva con su encanto.
Problemas raciales: Debido a su inquebrantable instinto de perro de muestra, hay que llevarle sujeto a la correa cuando se salga con él a pasear por el bosque o por el campo. Si no se le da ninguna oportunidad de desfogar su temperamento, puede convertirse en un perro mordedor.
Enfermedades propias de la raza: mucho cuidado con los perros criados por capricho de la moda o adquiridos en las tiendas de animales: en la juventud es propenso a contraer enfermedades de la articulación de las caderas (enfermedad de Pethers); desazón e inflamaciones cutáneas como reacciones alérgicas.
Esperanza de vida: Alcanza una edad bastante avanzada.
Cantidad de alimento diario: según peso, 2 500 kjulios/597 kcalorías a 3 300 kjulios/790 kcalorías.
Observaciones sobre la raza: el westie es el perro blanco que aparece en los anuncios del whisky Black & White. El de color negro es un terrier escocés. Lord Buchanan hizo que se les representara en una pintura en 1892. Esta raza existe desde mediados del pasado siglo, cuando en Escocia se quería que los perros de muestra fueran blancos, para no confundirlos con las piezas de caza. Ya en 1927 se convirtió en perro de moda. Cita de una revista de la época: «Ha habido una revolución, y su majestad el pequinés ha tenido que abdicar ante la dominación más inteligente del astuto West Highland blanco». Pero la moda no duró mucho. Hasta hace dos años, los Westie eran más bien raros.
Foto: macho, 4 años.

Terrier de Yorkshire

Los legos se preguntan si es un perro o un juguete. A ello hay que contestar categóricamente: un perro. Este enano de hermoso pelo es un perro con mucho carácter. Fue utilizado como «arma de bolsillo» por los cazadores furtivos.

Tamaño, peso: entre 20 y 24 cm de alto; hasta 3,2 kg de peso. Con menos de 2 kg ya no cumplen los requerimientos del standard de su raza. Delicado y bien proporcionado.
Pelaje y color: el pelo sedoso, sin capa lanosa interna, es largo, liso y suelto, como si fuera un abrigo echado sobre el cuerpo. Azul acero oscuro desde detrás de la cabeza hasta la base de la cola; cabeza, pecho y patas color aleonado, siendo las orejas las de tono más oscuro.
Aspecto externo: lo más llamativo es su pelo liso y colgante, con un listón que va desde la nariz hasta el extremo de la cola pasando por todo el lomo.
Adecuado para: gente que tenga una vivienda diminuta y quiera tener un perro igual de pequeño, sin que por eso deje de ser un perro y que no escatime ni tiempo ni molestias para dedicarse al laborioso cuidado del pelaje.
No adecuado para: gente que quiera tener un perro al que darle algún que otro sopapo amistoso, pero no gustan de llevarlo en brazos.
Mantenimiento: no necesita salir mucho, pues busca actividad en cualquier sitio. A pesar de todo, es preciso paseo diario.
Cuidados: cada día, cepillar, peinar y darle un poco de aceite; bañarle una vez al mes. Hay que arreglarle el pelo de las orejas y patas cada 6 semanas. Sujetar con un prendedor o un lacito los largos pelos de la cabeza que caen sobre la frente, para que no le tapen la cara, le irriten los ojos o se metan en la escudilla al comer.
Condición como miembro de la familia: amable y despierto. Sin embargo, puede ladrar demasiado. Afectuoso, muy juguetón, por lo que también los niños pueden divertirse con él.
Carácter racial: Vivaracho, sin miedo. No es un enano medroso. No teme a perros más grandes que él. Defiende su propiedad y la de su dueño.
Problemas raciales: como perro de moda han permitido su reproducción sin orden ni concierto, con lo que a veces ni siquiera se parece a la imagen de la raza. A menudo se exigen precios excesivos por él. Los buenos y auténticos «yorkies» sólo se deben comprar a criadores responsables.
Enfermedades propias de la raza: entumecimiento de los miembros traseros como consecuencia de prolapso de ligamentos u otras enfermedades de la columna vertebral. Alteraciones craneales en «yorkies» de menos de 20 cm de alto. Esos superenanos son nerviosos y hasta neuróticos.
Esperanza de vida: alta, hasta 14 años.
Cantidad de alimento diario: para un perro de 3 kg de peso, 1320 kjulios/315 kcalorías.
Observaciones sobre la raza: en el siglo XIX, era utilizado en el condado de York como perro de caza (para introducirlo en las madrigueras de tejones y zorros). Al hacerse más largo su pelo, se convirtió en perro de moda y se intentó criarle cada vez más pequeño. Eso sigue sucediendo actualmente; por ello hay que atenerse a las medidas del standard: oficialmente no existen los mini-yorkshire.
Foto: delante, hembra; detrás, macho.

Terrier tibetano
Tibet apso

Raza tibetana cubierta totalmente de pelo (que es lo que significa la palabra «Apso»). Un perro encantador.

Tamaño, peso: 34 a 40 cm; 8 a 14 kg. Compacto y vigoroso.
Pelaje y color: dos capas; con pelo originario fino y largo, suelto o ligeramente ondulado. El pelo de la cabeza cae sobre los ojos. Blanco, dorado, color arena, gris o color arena, gris o color humo. Negro y también bicolor o tricolor.
Aspecto externo: recuerda algo al bobtail pequeño.
Adecuado para: quienes deseen un perro pequeño que no presenta ninguna complicación.
No adecuado para: fanáticos de la limpieza a los que les moleste la más pequeña mota de polvo.
Mantenimiento: sin complicaciones; necesita salir de casa regularmente, pero las salidas no tienen por qué ser muy prolongadas.
Cuidados: cuidado intensivo del pelaje: peinar, peinar y peinar. No hay que cortarle el pelo.
Condición como miembro de la familia: alegre, cariñoso, inteligente y muy entregado a su gente.
Carácter racial: buen guardián, recela de los extraños. Ataca valientemente si el caso lo requiere. No es pendenciero.
Problemas raciales: hay que educarle para que se deje peinar y bañar sin dificultad.
Enfermedades propias de la raza: poco propenso a las enfermedades: salvo dificultades para la cubrición (falta de semen), no constan.
Esperanza de vida: 16 años y más.
Cantidad de alimento diario: para un perro de 10 kg de peso 3100 kjulios/740 kcalorías.
Foto: a la izquierda, macho, negro y blanco; a la derecha: hembra, dorada.

Pequinés

Procede de los criaderos del emperador de China. Es un perro noble y exótico, con una peculiar forma de andar.

Tamaño, peso: 15 a 25 cm de alto; 1,5 a 6 kg de peso. Fuertes huesos, cuerpo muy próximo al suelo.
Pelaje y color: doble pelaje con gruesa capa lanosa interna y capa externa de pelos largos y estirados. Melena. Están permitidos todos los colores.
Aspecto externo: muy exótico con su cara aplanada y su fantástica capa de pelo.
Adecuado para: gente sin niños, con cierto gusto por lo especial.
No adecuado para: familias con muchos niños o gente que «lo único que quiere es un perro».
Mantenimiento: desde un apartamento en adelante. Hay que tener buena mano para educarle sin mimarle.
Cuidados: peinar y cepillar con frecuencia; limpieza periódica de las arrugas de la cara.
Condición como miembro de la familia: vigilante, lo que se manifiesta con sus ladridos. Tienen tendencia a convertirse en dictadores.
Carácter racial: ojos muy sensibles, propenso a resfriados. No es perro para niños.
Enfermedades propias de la raza: partos muy difíciles. Prolapso de ligamentos y luxación de rótula. Tirquiasis (desviación de las pestañas hacia dentro del ojo).
Esperanza de vida: los perros sanos pueden vivir de 16 a 18 años.
Cantidad de alimento diario: para un perro de 3,5 kg de peso, 1500 kjulios/360 kcalorías.
Foto: a la izquierda, macho, rojo claro, 1 año; a la derecha, macho, negro, 6 años.

Chihuahua

Este diminuto perro lleva el nombre de una localidad mejicana situada al pie de Sierra Madre.

Tamaño, peso: nunca mayor de 20 cm; entre 500 g y 2,5 kg. Alegre, vital, gracioso.
Pelaje y color: corto, denso y lustroso o largo y suave. Todos los colores, de un solo color, manchado o con lunares.
Aspecto externo: miniatura con orejas de murciélago. El perro más pequeño del mundo.
Adecuado para: gente que desee un perro faldero.
No adecuado para: gente que no sepa qué hacer con las cosas pequeñas.
Mantenimiento: se adapta a su dueño, en cuyos brazos es donde más a gusto está.
Cuidados: cepillar con regularidad el pelo largo; por lo demás, su aseo no presenta ningún problema. Mantener limpios los ojos.
Condición como miembro de la familia: muy afectuoso, prácticamente no ladra, sino sólo gruñe como es característico en él, para avisar si ve algo sospechoso. Muy inteligente.
Carácter racial: resistente, valiente y sin miedo. Como es natural, le gusta la actividad. Muy vital; no es perro para niños.
Problemas raciales: si se le deja utilizar la casa o la terraza para hacer sus necesidades, no se le saca a la calle o se le lleva siempre en brazos.
Enfermedades propias de la raza: está casi inmunizado contra las enfermedades habituales de los otros cachorros. Los de pelo corto pueden perder el pelo por completo. Partos difíciles y problemas con la dentadura.
Esperanza de vida: prolongada.
Cantidad de alimento diario: para un perro de 1,5 kg de peso, 800 kjulios/190 kcalorías.
Foto: dos ejemplares de pelo largo. El de la izquierda, macho, melocotón con blanco, 6 años; el de la derecha, macho, negro y leonado, 6 años.

Pinscher enano
antes: pinscher cervuno

Un enano con mucho temperamento, un «gran» perro en formato de bolsillo. Robusto pese a su aspecto frágil.

Tamaño, peso: 25 a 30 cm; 3 a 4 kg. Un pinscher alemán a escala reducida.
Pelaje y color: corto, denso, liso y pegado al cuerpo, lustroso. Colores uniformes en distintas tonalidades del pardo al rojo cervuno o bicolor, negro con manchas rojas o pardas.
Aspecto externo: pequeño, pero en ningún caso enano.
Adecuado para: gente que quiera tener todo un perro, adecuado a una minivivienda.
No adecuado para: gente con vecinos sensibles al ruido.
Mantenimiento: no es un perro para llevar en brazos o en una bolsa, sino un experto ratonero y gran andador.
Cuidados: fácil aseo.
Condición como miembro de la familia: vigilante, aunque, por desgracia, ladra con demasiada frecuencia. Cariñoso, afable, travieso y fiel.
Carácter racial: temperamento vivo, muy comprensivo. No le importa quedarse solo alguna que otra vez.
Problemas raciales: los perros criados con la finalidad de que su talla sea distinta a la que prescribe el «standard» pierden todo el encanto de sus características raciales.
Enfermedades propias de la raza: perro robusto que enferma poco. Propenso a cálculos biliares y a alteraciones en la articulación de las caderas (enfermedad de Pethers).
Esperanza de vida: muy prolongada.
Cantidad de alimento diario: 1 500 kjulios/360 kcalorías.
Foto: izquierda, hembra, color rojo, 2 años; derecha, hembra, negra y roja. Dos años y medio.

Para consultar

Direcciones útiles

Asociación Española del Perro Mastín Español
Casa de León, C/ del Pez 6-1º - 28004 - Madrid
Telf.: (91)2323857

Borzoi Club de España
Avda. Salamanca, 48 - 47014 - Valladolid

Club Caniche de España
C/ Madre de Dios, 43 - 28016 - Madrid
Telf.: (91)2593584

Club del Galgo Español
Lavaderos, 6, 2º. izda. - Cuéllar (Segovia)
Telfs.: (911)141434 - 140712

Club del Gos d'Atura Catalá de España
Potosí 12, Apdo. 522 - 17310 - Lloret de Mar (Gerona)
Telf.: (972)356974

Club del San Bernardo
Ctra. C-100, km 28,7 - 28150 - Valdetorres del Jarama (Madrid)
Telf.: (91)8417216

Club Español de Adiestramiento para Perros de Pastor, Guarda, Defensa y Utilidad
Alejandro Morán, 33 - 28025 - Madrid
Telfs.: (91)8941042 - 7473488

Club Español de Galgos Afganos
Chalet Valdelasflores - 28750 - San Agustín de Guadalix (Madrid)
Telf.: (91)8418122

Club Español de Molosos de Arena
Fondo de la Loma, 1. «Los Peñascales»
Torrelodones (Madrid)
Telf.: (91)8590488

Club Español de Perros Nórdicos
Playa Peñíscola, 17 - Urb. Bonanza
Boadilla del Monte (Madrid)
Telf.: (91)6330119

Club Español de Sabuesos
33594 - Posada de Llanes (Oviedo)
Telf.: (985)407135

Club Español de Terriers
Argensola 14-1º - 28004 - Madrid
Telf.: (91)4195664

Club Español del Antiguo Perro de Pastor Inglés
Mallorca, 307, 5º 2ª - 08037 - Barcelona
Telfs.: (93)2073467 - 2074472

Club Español del Bouvier de Flandes
Guardacostas, 6 - 46009 - Valencia
Telf.: (96)3526235

Club Español del Boxer
Apdo. 44 - 28007 - Madrid
Telf.: (91)2121316

Club Español del Braco Alemán
Riera de Horta, 8, tienda 1ª - 08027 - Barcelona
Telf.: (93)3498698

Club Español del Cà de Bestiar
Ramón Berenguer III, 4, 3º - 07003 - Palma de Mallorca
Telf.: (971)296423

Club Español del Cocker Spaniel
Del Pozo 13 - 28023 - Pozuelo (Madrid)
Telf.: (91)2121316

Club Español del Dogo Alemán
Apdo. 9 - 28220 - Majadahonda (Madrid)
Telf.: (91)6374474

Club Español del Mastín del Pirineo
Colón 6 y 8 - 50006 - Zaragoza
Telf.: (976)275528

Club Español de Montaña del Pirineo
Ctra. Burgos, km 22,2. «Finca Villa Susi»
28700 - San Sebastián de los Reyes (Madrid)
Telf.: (91)6527003

Club Español del Pastor de Brie
Embajadores, 175 - 28045 - Madrid
Telf.: (91)2396451

Club Español del Perro Pastor Alemán
Los Madrazo 16-2º C - 28014 - Madrid
Telf.: (91)4298049

Club Español del Perro Pastor Belga
«La Colina», Ctra. de Benacazón s/n.
Aznalcazar (Sevilla)
Telf.: (954)750584

Club Español del Perro de Muestra
Jardines, 7 - 48005 - Bilbao
Telf.: (94)4150941

Club Español del Podenco Canario
Vanegas, 7, 2º. - 35003 - Las Palmas de Gran Canaria
Telf.: (928)363309

Club Español del Podenco Ibicenco
Ramón Berenguer III, 4, 3.º - 07003 - Palma de Mallorca
Telf.: (971)296423

Club Español del Schnauzer
Bolivia 11 - 28016 - Madrid
Telf.: (91)6300281

Club Español del Yorkshire Terrier
Avda. Moratalaz 123, 4º - 28030 - Madrid
Telf.: (91)4307876

Collie Club de España
Castell Rubinat - 08590 - El Figaró (Barcelona)
Telf.: (93)8429109

Club Rottweiler de España
Apartado 147 - Mollet (Barcelona)
Telf.: (93)5681445

▷
Página doble siguiente: Terranova.

Criadero del Gran Oriente
El Masnou - Barcelona
Telf.: (93)5552891

Chinil Gassuachs. Cachorros y sementales
Carretera Mataró Granollers, km 13,8
La Roca - (Barcelona). Telf.: (93)8420107

Dobermann Club de España
Apdo. 14888 - 28080 - Madrid
Telf.: (91)2476855

Eurasier Club de España
Avda. 303, «Vila Bijou» - Casteldefels (Barcelona)

Real Sociedad Canina de Cataluña
Muntaner, 52, 4.º 1.ª - 08011 - Barcelona
Telf.: (93)2549266

Setter Club de España
Moncada, 5 - 48002 - Bilbao. Telf.: (94)4315177

Sociedad Canina Castellana
Piedad, 1, bajos - 47003 - Valladolid
Telf.: (983)259928

Sociedad Canina de Alicante
General Marvá, 30 - 03004 - Alicante
Telf.: (96)5208730

Sociedad Canina Costa del Sol
Álamos, 45 - 29012 - Málaga
Telf.: (952)222021

Sociedad Canina de Andalucía Occidental
Castillo de Alcalá de Guadaira, 7 - 41013 - Sevilla
Telf.: (954)625061

Sociedad Canina de Andalucía Oriental
Navas, 6, bajos - 18009 - Granada
Telf.: (958)226782

Sociedad Canina de Aragón
Colón 6 y 8 - 50006 - Zaragoza. Telf.: (976)275528

Sociedad Canina de Asturias
19 de julio, 10, 3º puerta 3 - 33002 - Oviedo
Telf.: (985)225433

Sociedad Canina de Canarias
Barcelona, 10 - 35006 - Las Palmas de Gran Canaria
Telf.: (928)240773

Sociedad Canina de Extremadura
Teniente Coronel Yagüe, 19 - 06001
Apartado 355 - 06080 - Badajoz
Telf.: (924)224787

Sociedad Canina Gallega
Altamira, 12 - Dena (Pontevedra)
Telf.: (986)743445

Sociedad Canina de Guipúzcoa
Oquendo, 2, «Círculo Mercantil» - 20004 - San Sebastián
Telf.: (943)423417

Sociedad Canina de La Mancha
Marqués de Villores, 52 - 02003
Apartado 212 - 02080 - Albacete
Telf.: (967)222636

Sociedad Canina de Mallorca e Ibiza
Ramón Berenguer III, 4, 3º - 07003 - Palma de Mallorca
Telfs.: (971)256051 - 296423

Sociedad Canina de Valencia
Moratín, 11 - 46002 - Valencia
Telf.: (96)3526235

Sociedad Canina de Vizcaya
Alameda San Mamés, 37, 3º - 48010 - Bilbao
Telf.: (94)4432044

Sociedad Canina Montañesa
Juan José Pérez del Molino, 15 - 39006 - Santander
Telf.: (942)376868

Sociedad Ecologista Ibérica
Guzmán el Bueno, 77 - Madrid
Telf.: (91)2441873

Sociedad Española del Deutsch Drahthaar
Sagues, 20 - 08021 - Barcelona
Telf.: (93)2095946

Spaniel Club de España
Huracán, 2 «Colonia Airesol» - Apartado 70
Majadahonda (Madrid)
Telf.: (91)6371326

Teckel Club de España
Acacias, 15 «La Morazuela» Las Rozas (Madrid)
Telf.: (91)6371938

Perros de raza premiados incluidos en este libro

Página 130. Dobermann, ganador juvenil de Baviera, en 1986
Página 131. Saluki, campeón americano.
Página 132. Pastor alemán, campeón de la SV 1984/85, campeón de la VDH/campeón mundial 1986.
Página 134. Bobtail (izquierda), campeón internacional/campeón mundial 1986.
Página 137. Lebrel irlandés (derecha, campeón de Alemania y campeón de la VDH/campeón mundial 1986.
Página 141. Montañero de Entlebuch, segundo en la Exposición mundial de Viena en 1986, campeón internacional.
Página 141. Montañero bernés, varias veces campeón de la VDH.
Página 144. Retriever del Labrador, campeón federal de Austria 1981.
Página 146. Terrier de Airedale, campeón alemán de perros jóvenes en 1985.
Página 147. Schnauzer enano, campeón europeo/campeón juvenil en 1987 de la mejor selección anual del P. S. K. (Club de Pinscher y Schnauzer).
Página 147. Schnauzer mediano, campeón de Alemania y de la VDH.
Página 151. Cócker spaniel, campeón juvenil.
Página 151. Terrier cavalier King Charles, campeón de Alemania, campeón de la VDH, campeón internacional, campeón federal/campeón mundial 1986.
Página 154. Bullterrier blanco, campeón de clubes 1987, campeón de la FCI, campeón de la VDH, campeón europeo, campeón de Holanda de clubes 1988, campeón de Alemania.
Página 157. Bulldog francés, campeón de Baviera 1988.
Página 158. Basset, campeón de la VDH, campeón de Europa.
Página 159. Pastor de los Pirineos, (derecha) campeón federal de Austria 1986.
Página 161. Téckel de pelo largo, campeón local 1987.
Página 165. Pequinés, (derecha) campeón alemán.
Página 166. Pinscher enano, (derecha) campeón alemán; (izquierda) campeón alemán de la VDH.
Página 168. Terranova pardo, campeón alemán de la VDH, campeón austríaco y campeón internacional, campeón de Europa 1986/88, campeón federal 1987.

Índice general y de razas

Los números de página indicados en **negrita** se refieren a las fotos.

C = cubierta

Agradecimiento

El autor y la Editorial agradecen a la fotógrafa Monika Wegler su valiosa colaboración. Gracias a su experiencia de muchos años en el trato con perros (y con sus dueños), y a la utilización de la técnica fotográfica más moderna, la señora Wegler ha conseguido plasmar en impresionantes fotografías toda la naturalidad y vitalidad de los perros, incluyendo retratos de perros de raza premiados, de mestizos y de graciosos cachorros.
La fotógrafa y la Editorial agradecen a todos los dueños de perros, criadores, clubs y asociaciones su colaboración, especial a la clínica veterinaria del Dr. Kienzle, en Munich, a la escuela canina Kotiza, de Gröbenried; a la escuela canina de Breisam (Obertaufkirchen), y al salón de belleza para perros Renée Müller, en Munich.

Título original: *Hunde*

Traducción: *Fernando M. B. de Quirós*

Fotografías: *Monika Wegler*

SEGUNDA EDICIÓN
segunda reimpresión, 1994

Carretera León-La Coruña, km 5 - LEÓN
ISBN: 84-241-2673-4
Depósito legal: LE.: 1119-1991
Printed in Spain- Impreso en España

EDITORIAL EVERGRÁFICAS, S. A.
Carretera León-La Coruña, km 5
LEÓN (España)

Notas importantes

Este manual Everest trata fundamentalmente de la adquisición y mantenimiento de perros. Autor y Editorial consideran importante señalar que todas las normas de mantenimiento contenidas en el libro se refieren, fundamentalmente, a perros jóvenes de normal desarrollo, procedentes de buenas crianzas, es decir, a perros sanos sin anomalías de carácter.
Al adquirir un perro adulto, hay que ser conscientes de que, por su contacto con otras personas, ya lleva inculcados ciertos rasgos característicos. Habrá que observarle atentamente, sobre todo en su manera de comportarse con las personas; sería conveniente también entrevistarse con su dueño actual. Si el perro procede de un depósito de animales, allí podrán facilitarle los antecedentes del perro. Hay perros que tienden a enfrentarse e incluso a morder a las personas, seguramente por las malas experiencias vividas. Tales perros sólo pueden ser adquiridos por expertos en adiestramiento.
Incluso los perros mejor educados y mejor vigilados pueden ocasionar alguna vez daños en propiedades ajenas o accidentes. Por su propio interés, es aconsejable que disponga de un buen seguro que le proteja, sobre todo de un seguro de responsabilidad civi, imprescindible en algunos casos.

▷
Fotos de la cubierta 4
Línea superior: Chihuahua, de pelo áspero, Akita-Inu
Línea media: caniche pequeño, terrier de Airedale, bobtail
Línea inferior: Kuvasz, afgano, pastor alemán

Guía fotográfica de cachorros

Página 152, derecha

Página 148, derecha

Página 163

ágina 161

Página 131, izquierda

Página 153

ágina 132

Página 158

Página 157, derecha

Guía fotográfica de cachorros

Página 151, izquierda

Página 142 y 168 / 169

Página 139, izquierda

Página 146, derecha

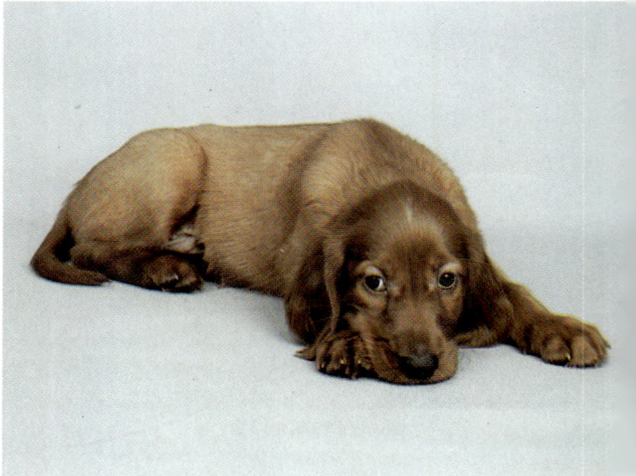
Página 138

Página 160, izquierda

Página 136, derecha

Página 141, izquierda

Guía fotográfica de cachorros

Página 134, izquierda

Página 155, izquierda

Página 134, derecha

Página 148, izquierda

Página 165, derecha

Página 143, izquierda